复旦中文学科建设丛书

现代汉语语法卷

革新与开拓

张豫峰 卢英顺 编选

商务印书馆
创于1897
The Commercial Press

图书在版编目(CIP)数据

革新与开拓/张豫峰,卢英顺编选.—北京:商务印书馆,
2017
(复旦中文学科建设丛书·汉语语法卷)
ISBN 978 - 7 - 100 - 15478 - 9

Ⅰ.①革… Ⅱ.①张… ②卢… Ⅲ.①汉语-语法-
文集 Ⅳ.①H14 - 53

中国版本图书馆 CIP 数据核字(2017)第 273951 号

革新与开拓

复旦中文学科建设丛书·汉语语法卷
张豫峰 卢英顺 编选

商 务 印 书 馆 出 版
(北京王府井大街36号 邮政编码100710)
商 务 印 书 馆 发 行
苏州市越洋印刷有限公司印刷
ISBN 978 - 7 - 100 - 15478 - 9

2018年1月第1版 开本710×1000 1/16
2018年1月第1次印刷 印张22
定价:60.00元

前　　言

　　复旦大学中文学科的开始,追溯起来,应当至1917年国文科的建立,迄今一百年;而中国语言文学系作为系科,则成立于1925年。1950年代之后,汇聚学界各路精英,复旦中文成为中国语言文学教学和研究的重镇,始终处于海内外中文学科的最前列。1980年代以来,复旦中文陆续形成了中国语言文学研究所(1981年)、古籍整理研究所(1983年)、出土文献与古文字研究中心(2005年)、中华古籍保护研究院(2014年)等新的教学研究建制,学科体制更形多元、完整,教研力量更为充实、提升。

　　百年以来,复旦中文潜心教学,名师辈出,桃李芬芳;追求真知,研究精粹,引领学术。复旦中文的前辈大师们在诸多学科领域及方向上,做出过开创性的贡献,他们在学问博通的基础上,勇于开辟及突进,推展了知识的领域,转移一时之风气,而又以海纳百川的气度,相互之间尊重包容,"横看成岭侧成峰",造成复旦中文阔大的学术格局和崇高的学术境界。一代代复旦中文的后学们,承续前贤的精神,持续努力,成绩斐然,始终追求站位学术前沿,希望承而能创,以光大学术为究竟目标。

　　值此复旦中文百年之际,我们编纂本丛书,意在疏理并展现复旦中文传统之中具有领先性及特色,而又承传有序的学科领域及学术方向。其中的文字,有些已进入学术史,堪称经典;有些则印记了积极努力的探索,或许还有后续生长的空间。

　　回顾既往,更多是为了将来。我们愿以此为基石,勉力前行。

陈引驰

2017年10月12日

出 版 说 明

　　本书系为庆祝"复旦大学中文学科百年"所策划的丛书《复旦中文学科建设丛书》之一种。该丛书是一套反映复旦中文百年学术传统、源流，旨在突出复旦中文学科特色、学术贡献的学术论文编选集。由于所收文章时间跨度大，所涉学科门类众多，作者语言表述、行文习惯亦各不相同，因此本馆在编辑过程中，除进行基本的文字和体例校订外，原则上不作改动，以保持文稿原貌。部分文章则经作者本人修订后收入。特此说明。

编辑部

2017 年 11 月

目　录

汉语语法理论与方法

汉语语法描写与解释

汉语语法理论与方法

我对研究文法、修辞的意见 *

陈望道

毛主席在《中国农村的社会主义高潮》中《合作社的政治工作》一文前所加的按语说:"我们的许多同志,在写文章的时候,十分爱好党八股,不生动,不形象,使人看了头痛。也不讲究文法和修辞,爱好一种半文言半白话的体裁,有时废话连篇,有时又尽量简古,好像他们是立志要让读者受苦似的。"主席的意思是要大家研究文法和修辞。不仅语文专家要研究,而且每个人都应该研究,因为我们要想讲话讲得好,作文作得好,文法和修辞有很大的帮助。文法和修辞将来会成为一种常识,这种常识不但是受高等教育的人要掌握,一般的人也要掌握,当然专门研究语文的人要更好地进行研究。

一、文法修辞研究虽然不同,但是可以同时进行

文法和修辞是两门科学。修辞比较具体,文法则比较抽象。比如农业的"八字方针",可以说成"八字宪法",就是一种修辞现象。修辞研究的条件很复杂。什么是修辞?修辞是利用每一国语文的各种材料、各种手段来表现我们所

* 本文系 1961 年 10 月 24 日在南京大学所作的学术讲演节要。

说的意思,它要讲究美妙,讲究技巧,但不是凌空的浮泛的,是利用语文的各种材料(语言、文字等等)来进行的。修辞的研究要从具体的运用上去观察,过去我研究修辞常到茶馆、戏院里去听。现在研究修辞的机会就更多了。我们常常开会听报告,有些报告不但政治意义很大,就是对研究修辞也有很大的意义。例如,周总理在辛亥革命五十周年纪念大会上的开幕词,从修辞上讲也是很好的。辛亥革命是失败的,本身没有多少话好谈,因此,有人把它讲到辛亥革命之前去,如革命派与改良派的斗争等等,这样好谈的东西就比较多,但和今天不容易联系起来。周总理以孙中山为线索,把它贯串起来,这样就可以把中山先生在"五四"以后所采取的联俄、联共和扶助农工的三大政策,把旧三民主义改为新三民主义等等也接连上去,而且可以遥遥接到我们党所领导的社会主义革命和社会主义建设。这样讲就很好。这次上海纪念辛亥革命五十周年,要我发言,我也大体以孙中山为一条线来谈。这说明修辞不能死守框框,不能讲辛亥革命就死抱住辛亥革命,不敢离开辛亥革命来做文章;我们可以讲讲以前的,也可以讲讲以后的,但这和八股文不同。八股文是离开内容来讲前一层、后一层的,我们是为了内容恰如其分来讲前后左右。所以修辞研究总是具体的。修辞不仅语文工作者要研究,学文学的也要研究,甚至更要研究。修辞是介乎语言和文学之间的一门学科。

文法研究比较抽象,要抽象到规律上去,要有概括。因此研究文法如果取材过分简单的话,就不足以分析语言的复杂现象。过去日本人曾挖苦《马氏文通》,说《马氏文通》是以西洋的筛子把汉语的材料筛了一通,单把通过筛子的材料拿来用。这就是说他用西方的框框硬套汉语,看起来很清楚,但不能解决问题。学问在乎能够概括繁复的事实,过于简单化,不能概括,就没有多大用处。当然研究修辞也要概括,但修辞研究总是比较具体,而文法研究则比较抽象。

文法和修辞虽然是两门不同的科学,但是可以同时并进。我们复旦大学语言研究室,研究文法的人要研究修辞,研究修辞的人也要研究文法。这两者的关系是很密切的，并进而可以使我们的研究更为周到全面。

二、确立文法研究，加强修辞研究

修辞的研究应加强一些，开展一些。研究修辞对于个人的修养来说，可以使每个人对于语言的了解更加正确，运用起来更有把握。过去有人把古书解释错了，其中有些是由于不懂修辞，如"三思而后行"中的"三"是什么意思呢？如果不懂修辞，就容易解错。现在有些人的文章常常说，"第一是和平，第二是和平，第三也是和平"、"第一是斗争，第二是斗争，第三也是斗争"，这又是什么意思呢？只有懂得这种修辞的用意，才能正确解释这类现象，也才能正确运用这类修辞手法，因此，研究修辞可以使我们精通语文事实。

修辞中的条件很多，而且很复杂，我们要看清楚关系。在修辞学里，有些语言事实可以从字面上得到解释，有些则不能从字面上来解释。我们对于各种语文事实不能单看表面，如"一日不见如三秋兮"，这里的"三秋"是指三年，现在我们也常讲"三秋"是指秋收、秋耕、秋种，意思完全不同，必须就具体问题作具体分析。修辞可分为消极的和积极的两类，消极修辞可以按照字面解释，积极修辞则不能按照字面解释。解放以后，数字用得很多，例如"三反""五反""三结合""百花齐放，百家争鸣""十边"等等，我们应该对它进行分析和调查研究。有些是属于消极修辞的，有些则属于积极修辞。如"万岁"是包括万万年的意思，"百家争鸣"的"百"是指不限于"百"，是多的意思，"百姓"的"百"和"万有文库"的"万"，都是指多的意思。有一次我到农村中去，问农民种"十边"是否恰恰是"十"呢？他们说可多可少，那么那"十"就是积极修辞。修辞现象不管有多少变化，都应该可以解释，可以言传，如"万岁"是指"多"和"无限"的意思，也有欢呼和喝彩的意思。我们懂得修辞就可以更精确地掌握语文的意思，就可以扩大言传的境域。运用起来也可以更敢于进行创造和了解他人的创造。例如我们常讲"吃绍兴""吃龙井",我们也就可以因为南京的干丝很有名,把吃干丝说成是"吃南京"。又如"八字宪法"也可以说作"八字方法"等等。如果我们懂得修辞,就能一目了然了。所以研究修辞可以使我们更正确地理解掌握语文现象。对个人来讲,要加强修辞研究,对国家来讲,也要加强修辞研究。工农业的突飞猛进,语文也就跟着突飞猛进,比如过去收稻叫打稻的,现在用机器来脱粒了,不再打了,于是语文中也就都说"脱粒",不说"打稻"了。总之,新的事实出现了,新的语文也随之出现。我们应该随时进行研究。

现在进行修辞研究比过去方便得多,过去找材料要到古书中去找,例如"回文",就只能在古书中才能找到,而现在我们在一般的文件中就可以找到"回文",如"我为人人,人人为我"。"语言""言语"也是回文。又如"顶真"过去也少见,现在报纸上也有用"猪多肥多,肥多粮多,粮多猪多"作为大标题了。"双关"以前用得也不多,现在也用得多了,例如《刘三姐》中就有不少双关的例子:

妹相思:妹有真心哥也知,蜘蛛结网三江口,水冲不断是真丝(思)。

哥相思:哥有真心妹也知,十字街头买莲藕,节节空心都是丝(思)。

我最近访问过江西,听到革命根据地一个歌谣:

不费红军三分力,消灭江西两只羊(杨)。

歌谣中的"羊"是"杨"的谐音,意指杨池生、杨如轩两个师,用的也是比较特别的析字法。现在找材料容易,有了材料就可以进行分析,概括出规律来。从材料中也可以概括出成功的失败的经验来。解放前上海的"大世界"是个藏垢纳污的场所,人们对它印象很不好。解放以后,就把它改为"人民游乐场",但改了以后,外宾来上海参观要找"大世界"却找不到了,所以后来又把它改了回来。这恐怕就是失败的经验。总的说来,我们是失败的经验少,成功的经验多。我们对成功的经验和失败的经验加以研究,就可以贡献一得之见。

我们说确立文法研究,并不是想抹杀过去研究的成绩,而是从过去的研究中确立进取的方向。文法研究在我国有着悠久的历史,自从外国文法学传入中国以后,对中国文法的研究曾经起了激荡的作用。开始的时候,有人企图搬用外国的文法来硬套中国的语文,但套不进去。几年前,大家争谈尾巴问题,有人说汉语有尾巴;有人说外国有,中国没有。认为有的就大谈其尾巴,认为没有的就干脆取消了词法。看起来这两种态度完全不同,但它们有一个共同点,就是认为研究文法必须研究尾巴。研究文法究竟是不是必须研究尾巴,必须认真探讨。我以为文法是研究组织的,文法把各个成分组织起来表示意思。"组织"和"结构"这两个术语要分开来用,"组织"是概括任何两个成分之间的关系和联系的,"结构"则是具体的组织,比如一个具体的句子的组织就叫做"结构"。近年来讨论"充分地研究"之类组织,有人特别注意其中的"地",但我们也可以讲"充分研究",没有"地"而组织还是基本上没有变。因此我们用不着特别重视这个"地"字。确立文法研究方向问题是一个学术问题,也是一个思想问题。过去曾有一个日本人说中国话里没有尾巴变化,不能讲文法,正如一只鸡没有鸡冠就无法分辨雌雄一样。我曾经写过一篇文章说他是"鸡冠派",其见识和孙传芳相差无几。孙传芳禁止妇女剪头发,说剪了头发就男女分不清了。我们认为不但剪了头发还是分得清,就是女扮男装也还是分得清的,戏台上乔装的杨八姐不是终于看出来了吗?过去外国学者认为汉语没有"形态",是低级的语言,后来有人起来辩护,说汉语也有"形态",这是善意的,但我以为可以不必这样讲。打个比方说,外国人认为只有黄头发才是头发,长黄头发的人才是人,我们则说黄头发是头发,黑头发也是头发,长黄头发的是人,长黑头发的也是人。头发颜色在人并不是主要的东西。所谓"形态"在语言中的地位也是一样。总之,文法研究必须打破以形态为中心的研究法,采用一种新的观点方法来研究文法,这种新的观点方法要不仅能够研究汉语的文法,而且能够研究外国语的文法。这样说是不是有点过于敢想敢说呢?也许有一些,但这是根据事实、根据我国语文需要提出的敢想敢说。我们认为,我们的文法研究者必须发挥一点敢想敢说的精神来找寻一条研究的出路。出路何在?大家起来找寻,我们是主张用功能(词在组织中的作用)来进行文法研究的,来建立新的文法体系的。我们认为这是一条大道。赞同用功能来研究文法的人慢慢地多起来了,但这个工作还需要大家来努力。

我们主张用功能来研究文法,所谓"形态",也不是与功能无关。"形态"只有它是功能的标志、表示组织上的作用的时候才在文法的研究上有作用。外国语有"形态"的也可以对"形态"多研究一些。我们讲功能,是把意义和形式统括起来的,它们的关系如下图所示:

可以看出,功能是讲各成分之间的联系和关系的。用功能来研究我国语文是必要的,也是可能的。也许有人会觉得从功能的观点研究文法前途茫茫,无从着手。我们认为如果能够看看各种学问兴废存亡的事迹,就会坚定起来,任何学问都是材料和观点的结合。材料充足,观点正确,就可以成为学问。材料贫乏,观点错误,这门学问就要消灭。要有材料必须进行调查研究。我们主张文法革新,反对文法生搬硬套,反对把某些特殊的现象当作普遍的现象。中国过去讲"形态"的要改,就是有些术语也要改,如所谓"范畴"到底是不是最高的类,不是最高的类为什么叫它"范畴"呢?

从功能的观点来研究文法,要有更多的人来做,我也曾经做了一点。例如区分词类,《马氏文通》以后,都是按意义(概念)来区分词类的。功能说是在同意义(概念)说的斗争中成长起来的。一种学说往往是在斗争中成长起来的。文法研究中还有形态派,主要是研究尾巴的,也要同他们辩论。方光焘先生是讲广义"形态"的,广义形态也是从关系和联系上讲的,所以也可以归为功能派。功能最近出现了各种不同的理解,我们讲功能是同组织连起来讲的。文法讲语文的组织规律,从小的方面讲,词素组合成词,从大的方面讲,词组织成句子。根据什么东西可以组织,什么东西不可以组织,什么同什么可以组织,什么同什么不可以组织,来进行分类。这样分出来的类就可以对我们的语言运用起指导作用。

我们讲功能是看分子与分子之间的作用的。功能是组织的功能,也就是各分子在组织上有什么不同的作用。过去有人把代词和副词归为虚词;这是从意义(概念)上来区分虚词和实词的结果。如果从功能着眼,以是否能单独运用,是否能充当句子成分作标准来区分词类,那么副词和代词都是实词。因为从功能的观点看来,虚词不能单独运用和充当句子的成分,这同语音学上区分元音和辅音有点相似。例如“方先生对语言学很有研究”这句话,也可以说:“他对语言学很有研究”,在这两个句子里,如果把“方先生”说成是实词,而把“他”说成是虚词,那就没有什么意义了。《马氏文通》以意义来分类,我们要批判它,因为意义分类是讲不通的。“桌子”“椅子”意义不同,但我们都把它归为名词一类。名词是意义的类呢,还是功能的类?“你、我、他”意义也不相同,但我们一般也把它归为一类,可见这样归出来的类,不是意义的类,而是功能的类。我写过一篇《试论助词》的文章,不同意助词是表示语气的说法,有人从意义上看,认为助词没有意义,但从组织作用上看,却很有意义,如“人者仁也”中“者也”等助词在组织上就有很大的作用。在文法上我主张用加法,他们却主张用减法。从功能的观点看,名词和代词可以合为一大类。总之,我们应该从词与词的关系上来看它的作用。还有人对功能说有别的解释,这说明我们的功能学说还有待于严密限定,使人不能随意下解释,希望大家一道来做这种工作。

文法研究从词的用法上来分类是对的。“形态”是功能的标志,如果“子”“儿”是形态的话,那么它也是标志功能的,因此分类必须看功能,因为有些带“子”“儿”的不一定都是名词,还必须看它的功能才能确定它的类。正好像炊事员要戴个白帽子,但不等于戴白帽子的人都是炊事员。这说明功能是主要的,形态不是主要的,如带“然”字的都是副词,但“征服自然”的“自然”就不是副词。可见只有标志功能的形态在分类上才有意义,凭“形态”分别出来的词类,归根到底还是功能的类。这样讲文法也许比较严密。

三、对研究的初步意见

1. 调查研究要以马克思主义作指导。

党的方针是非常正确的,不但表现在政治上,而且表现在学术上,我非常拥护和佩服。如党提倡调查研究,它的意义就很大。但是调查研究的结果是否有用,还要看调查方法是否正确。调查研究要以马克思主义作指导,调查研究是为了解决问题,真正做学术研究,首先要对调查研究有正确的理解。

2. 研究语文应发扬爱国主义和国际主义精神。

过去的留学生往往看不起自己中国人,有一次鲁迅和林语堂一起吃饭,谈到语言问题,林语堂说:"广东人总以为自己的广东话是国语,普通话反而不是国语,有一次我对他们讲英语,他们都肃然起敬了。"听到这里,鲁迅耐不住了,愤然问他:"你是什么东西,拿外国人来吓唬我们的同胞。"鲁迅是有爱国主义精神的。我们语文学界也曾经介绍了许多看不起中国人的东西进来,如汉语是低等的语言等等说法。要有爱国主义也要有国际主义,我们研究语文,应该屁股坐在中国的今天,伸出一只手向古代要东西,伸出另一只手向外国要东西。这也就是说立场要站稳,方法上要能网罗古今中外,我们学马列主义,学毛泽东思想不是为了贴标签,不是为了装门面,不能只在文章前面引几句毛主席的话,而后面就不接气了。我们研究语文,要把马列主义、毛泽东思想渗透到学术去,记得在上海有一次学术会议中我曾经说过,要相互勉励,要做到不用毛主席的一句话而能体现毛主席思想。总之,我们要形成一种新的风气,加强语文方面的研究,在党的领导下,发奋图强,努力做一点应做的工作。

原载《陈望道文集》第三卷,上海人民出版社 1981 年版

谈动词和形容词的分别

陈望道

一

邹啸先生的《语文十六问》里曾经提出"动词的定义要修改么"一个问题，这作为对于一般传统的动词定义的怀疑是很有讨论的价值的，前天和夏丏尊先生谈起，夏丏尊先生翻开《文章心理学》上所引的下面一段话给我看，也认为很可以考虑。那段话说：

> 将那属性作为流动的来描写的时候，就是动词；将那属性作为固定的来描写的时候，就是形容词。

我因为他的话引起，就将国内文法界的情形略略调查了一下，写成这一篇简短的文字。

二

对于动词普通多是把它跟形容词对照起来看。如马建忠先生把动词叫做动字（词），把形容词叫做静字（词），就是依据对待关系而起的两个名词，我们假使也把动词和形容词作为互相对待的两种词类看，它们之间可以分别之处大体不出这二点：

（一）陈述的功能。

（二）表现的内容。

一般流行的文法，多从（一）点着眼，以有没有陈述的功能作为动词和形容词分别的标准。所以将词类划作实体词、述说词、区别词、关系词、情态词五个大类的时候，会把动词归入述说词，就是说：动词是有陈述的功能的，"他去，我来"一类陈述的用法是它的常态；又会把形容词归入区别词，就是说：形容词是没有陈述的功能的，"长桥，高岸"一类简别的用法是它的常态。这完全是西洋一般的文法的翻版。动词、形容词的定义，如说"动词是用来叙述事物的动作或状态的"，"形容词是形容名词的"，也完全是西洋一般的文法上定义的翻版，行用既久，好像也并没有十分不便，平常也就马虎过去了。据实说来，中国语文的动词形容词的用法和西洋的实际并不完全相同。西洋的语文里形容词不能单独做陈述语，中国语文里并不如此，以中国的语文来说，例如：

山高月小，水落石出。

"落""出"等动词可以做陈述语，"高""小"等形容词也一样的可以做陈述语，而且其间并没有自然不自然的差别。反过来说，例如：

狡兔死，走狗烹，飞鸟尽，良弓藏。

"狡""良"等形容词可以做简别语，"走""飞"等动词也一样的可以做简别语，也是其间并没有自然不自然的差别。照中国语文的情形说来，要从有没有陈述的功能一点来划分动词和形容词的界限实际很有困难。所以也曾有人另辟途径，从表现的内容上去求两种词类分别的标准。

三

国内文法界走这条路的一共有两个人。一位是刘复先生，所说见他所著的

《中国文法通论》(一九一九年出版),一位是金兆梓先生,所说见他所著的《国文法之研究》(一九二二年出版)。两位之中有一位(就是刘复先生),已经在他后来著的书上收回他自己的话,现在只剩下了一位支持着那一说。

这说将动词和形容词合称为"相词"或"品态词"("相词"或"品态词"是与"体词"或"实体词"对待的名称,"体词"或"实体词"就是普通所谓名词代词)。再将相词或品态词分作两种:例如"山高月小,水落石出"一句中,"高"和"小"是"山"和"月"所固有的或永久的品态,他们就叫它为:

$\qquad$ "定相"或"永久品态词"(Permanent Attributes)

至于"落"和"出",虽然也是表示着"水"和"石"的品态,却是一时的现象,不久就要变动的,这种字,他们就叫它为:

$\qquad$ "动相"或"变动品态词"(Changing Attributes)

这里面所谓变动品态词,实际就是动词;所谓永久品态词,实际就是形容词。

四

我个人很同意于刘复先生在《中国文法讲话》(一九二二年出版)里批评以有没有陈述的功能分别动词和形容词的下面一段话:

主词必须是"名词"或"准名词"。语词(按就是陈述语,或述语)在欧洲语文中,必须是动词,或中间包含着一个动词。例如英语中"The flower is red."一句,"flower"是主词,因为它是个什么;"red"是语词,因为它是个怎样。但文法家不认 red 为语词,而认"is red"为语词,因为"red"不是动词,"is"才是动词("is"虽然不是动作,在文法上却应认为动词,所谓"同动词")。这种办法在我们中国语文中是说不过去的。因为在口语中,我们只能说:"花红",不能说:"花是红"或"花是红的"。即使勉强能说,"花是红"或"花是红的"的意义(至少是语气),也决不同"花红"一样。在文言中,更无从在"花"与"红"之间嵌进一个相当于"is"

的字(如"为""系"等)。又如戏曲或俗曲中常有的一句：

　　　出得门来,但见桃红柳绿……

你若要硬依了外国文法,改为

　　　出得门来,但见桃是红,柳是绿……

那就连极不懂文义的"贩夫走卒"*也要笑你的。

　　我觉得现在流行的以有没有陈述功能分别动词形容词的办法的确是可以修改的。再从表现的内容方面说,所谓动词是表示动作的、形容词是表示状况的旧说,也的的确确有修改的必要。关于这一点,陆志韦先生曾经写了一篇《汉语和欧洲语用动辞的比较》登在《燕京学报》第二十期。他以为动词是和形容词对待的,动词所表示的与其说是动作,不如说是变化,或是活动。他说:

　　　欧洲文法免不了把动辞看作动作的名辞,这在欧洲语已经是很勉强了的。这个定义也许不是语言学所产生的,乃是哲学的回光返照。凡动作必有动作者。现象论和某种心理学不愿从这个立场出发者,在西洋是异端邪术和整个思想系统格不相入,按照汉语的句法,动辞简直不必代表 act(更怕是 Akt)。事物的变化乃是"变动不居周流六虚"的,不必是"作之君作之师"的创造。动字的反面是静字,verb 可是没有反面的。

又说:

　　　动的反面是静。按照西洋人的心理,动作和关系不能属于一类,因为一是动的,一是静的。动辞既是代表动作的,当然不能又代表关系。汉语似乎指出中国人心理上的一种特性,以为关系是活动的。

　　动词和形容词不同的特征在乎一是动,一是静。就是雪村先生所谓流动和静止,也就是这篇文章的头上所引的所谓流动和固定。

　　我们综看国内文法界的情形,凡是着眼在表现的内容方面的,他们心眼中

---

* 引号是引者加的。

动词、形容词的定义大概可以用这样两句话来表现：

1. 动词是表示事物的变化活动的情况的词。

2. 形容词是表示事物的稳定静止的情况的词。

定义果真改为这样，牵动一定很多，必须详加考虑。至于雪村先生说的动中静态，静中动态，似乎还不十分难得说明。我们可以说它或则由于两类互相假借，例如"花来哼红"；或则由于一类之中又有小异，例如"走"和"坐"同是动词，而且同是自动词，而有些方言中表现起存续情形来，却有前置和后置的差别，或许就是因为大同之中又有小异，"走"是"演进"的变动，可以仿照演进的他动词的用法；"坐"是"延展"的变动，它可以用的，别的带有延展性的字如形容词，也可以仿照它用。但动词中间要分别演进和延展的地方到底有多少，还得调查。我们现在还只知道在说明跟"在"字有关的现象上有必要，而说明跟"在"字有关的现象时，是不是真像刘复先生在《中国文法通论》四版附言上说的，例外又有例外，单是一个"在"字的用法他已经写成了一本小册子，还未必全无缺漏（附言上他已经画了三种图，举了三组用法），也是一个问题。

原载《译报》副刊《语文周刊》第 15 期，1938 年 10 月 19 日　署名：雪帆。

谈存续跟既事和始事

陈望道

雪村先生最近写了两篇关于绍兴话里的"带""东""哼"和"来带""来东""来哼"的文章,两篇里面都包含着很丰富的材料,细心地整理起来,可以得到种种的结果。雪村先生自己也已经在两篇文章中做了两次的整理。两次整理的结果除出关于代名词的部分没有变更,也跟我们的意思没有出入外,关于涉及动词的一部分,可说结论已经大不相同了。他头一次整理的结果几乎全然不承认"带""东""哼"跟存续表现有关系;他第二次整理的结果却已经自动地承认了"带""东""哼"等字一身兼表"方事""既事""始事"等三事。所谓"方事"当然包含在"存续"里面,只有他指为"既事""始事"的两点,是他这一次提出的新说。假使可以成立,也足以补充前说的不足。现在试就这两点略加吟味,略述拙见,请雪村先生和别的研究语文的朋友们指正。

(1)雪村先生这次辨别出"来带开门"和"门开带"两句中间有一个极大的区别,我们认为也是这一次的讨论中间一个很难得的新发现。我们且看他的说明:

> 如"来哼关门"和"门关哼","来带开门"和"门开带",两者之间可以看出极大的区别。到了变成名词短语以后,更可以分析得十分清楚。如"来哼做个衣裳",这衣裳不是还在裁剪,便是还在缝纫,决不能就把来着在身

上的。倘使说，"做哼个衣裳"，这衣裳便已经脱离了刀剪针线，或者已经藏在箱橱里面，立刻可以把来穿着的了。

这说明我们很同意。就是换成普通的语体文，"在那里关门"和"门关在那里"，"在这里开门"和"门开在这里"，"在那里做的衣裳"和"做在那里的衣裳"，这说明也大体可以适用。不过这里有几个问题可以讨论：（一）这样的差别是存在"带""东""哼"上面（等于说存在"在这里""在那里"上面）的呢，还是存在动词"关""开""做"上面的？（二）这样的差别是不是可以说前者是"方事"后者是"既事"呢？对于这两个问题，雪村先生的回答好像都是肯定的：

　　用"来带""来东""来哼"前置，便成"方事"，用"带""东""哼"后置，便成"既事"。

这个回答我看可以再加讨论。我觉得这样的差别所以发生，原因在乎我们中国的语文里，一个表示演进的动词可以分别表示演进的"过程"和演进的"结局"。譬如同是一个开门的"开"字，我们可以用来表示过程，指示从不开到开的变动的进行，如图中箭线（1）；也可以用表示"结局"，指示前一过程的结果，如图中箭线（2）。故有时两字连

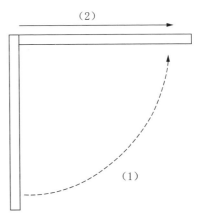

用，而意义不同。如说"开开门来"或"门开不开"。头一个就是表示演进过程的"开"，第二个就是表示演进结局的"开"。也有时两字分用，而意义不同。如说"来带开门"（或说"在这里开门"）和"门开带"（或说"门开在这里"）。也是前者指示演进程的"开"，后者指示演进结局的"开"。大概连用表示结局的可能性比较小，如"开开"可以说"开开"，"关拢"就不能说"关关"，"做好"也不能说"做做"；分用表示结局的可能性却就比较大，如"开在这里"可以说，"关在那里""做在那里"也一样可以说。分用的两个"开"字，意义固然不同，就是跟句中别的字

的关系也不一样。在"来带开门"(或"在这里开门")句中,它的主格假使是我,就是"我",假使是他,就是"他",决不是"门","门"在这句中是个宾语;而在"门开带"(或"门开在这里")句中,"门"却就是个主语。照普通的分别说来,就是:前边一个"开"是他动词,后边一个"开"是自动词。从这种种,我们都可以说,差别的根源在动词。同样一个动词,假使它是表示演进的,就可以随着用法不同,有时表演进的过程,有时表演进的结局,有时用做他动词,有时用做自动词。惟其差别在动词,所以当它表示演进的"结局"的时候,我们可以用种种表示"结局"的字眼补进去,如做的结局"好",读的结局"熟"等等,而意义仍归不会大走动。如雪村先生所说的:

> 我们可以说,"做哼个衣裳",意义等于"做好哼个衣裳","读东个书",意义等于"读熟东个书","学带个本事",意义等于"学会带个本事"。

再就动词说,我们也似乎只能说,同样一个动词可以有两种用法,因而有两种意义、两种功用,不能指定某方是"方事",某方是"既事"。在"开开门来"和"门开不开"等句中,两个"开"字所表示的固然有程序先后的不同,但也是指的"开门"和"门开"两件事,不能把"门开"当作"开门"的"既事"。单说"门开带"或"门开在这里"的时候,那就更其不便说它是"既事"。至于"带""东""哼"等字本身,前置的,固然是"方事",后置的,也不是距离以外,还含有"既事"的意味。它们所表现的,我看,还是我所谓"表示存在和继续的意思"的"存续"(见《议改"延续"为"存续"及其他》)。那时我说,"因为在那里"和"着","在面"和"面"等各种前置后置两式,都同时含有存在和继续两义,有时可从上下连络上看出侧重那一义,有时简直无从断定,如朱樱先生所说。现在就"来""东""哼"看来,我们可以说,前置的"来带""来东""来哼"侧重在继续义,后置的"带""东""哼"侧重在存在义,但也都是同时含有存在和继续两种意义。

(2)雪村先生说包含"来带"等字的句子,可以在末句附"哉"(即"了")字变成表"始事"的状况,我也以为可以再加讨论。我觉得"了"字,实在有两种不同的用法和意义。一种用在动词贴后,相当于苏州话的"仔"字,我在《议改"延续"为"存续"及其他》一篇文章中,曾经说是表示着落和结煞,倘使用更简单的话来说,也可以说是表示"转移"。因为无论是着落或结煞都不过是情况的"转移"。还有一种用在句子末尾,相当于苏州话和绍兴话的"哉"字,据我观察的结果,是表示"达到",表示情况推移"达到……地步"。文言中议论纷纷,久久不决的"矣"字,也可以这样解释。这字有时用得碰巧,固然好像是表示"始事",例如"吃饭了",但有时也好像是表示"既事",例如"饭开好了",再有时用得凑巧,又好像是表示"结果",例如"再不吃就冷了",再有时又好像是表示"过去",例如"后来我就去写文章了"。而在各例中好像一贯地都是含有"达到……地步"的意思,所以往往顶着承接连词"就"。但那表示演进过程和演进结局的差别,却在这个使用"了"字的时候也存在。所以说"开门了"和说"门开了"的中间,也有一个大区别。前者为表示"达到"演进的"过程",后者为"达到"演进的"结局"。不过所谓"达到",也有纯客观性的,也有带着主观性的,表示当事人方才注意到已经达到什么个阶段、方面、程度、价值的。在后面这种情形里,就即使用好像表示"始事"的话,如"吃饭了",也未必客观上真个是"始事"。也许是当事人方才注意到已达到,而实际是早达到了。譬如你吃饭快完了,我来看你,我才见你的时候,照俗例也不妨说一句"吃饭了?"鲁迅先生写的小说《祝福》里,祥林嫂说的"您回来了?"就是这样的一句话,说那话的时间据描写是在回到鲁镇以后第二天的下午。这是"了"字(即"哉"字)在不包含"来带"(或"在这里")等字的句子里的情形。添上"来带"(或"在这里")等字,说"来哼做衣裳哉""来东读书哉",情形也大概相同,即使有时恰好表示"始事",那"始事"的意味也是含有"哉"字(即"了"字)上面,不是含在"来带"等字上面的。"来带"等字的本身呢,除了指示距离以外,还是表"存续","来哼做衣裳哉",意义等于说"做衣裳已经在进行中"。"等于"前后的两句话,语气虽不同,意思可说并没有走动。

总之,以现在的所有资料说,"来带"等字表现存续的说法还可以不必修正,雪村先生的努力发掘,的确很有所发见,但那发见是在动词的意义差别方面。那差别再事深掘下去,或许可以因此规定他动词和自动词的区别,也是一件很有意义的工作。他前次论"带""东""哼"对他动词和自动词的关系的地方,徐文蔚先生在他的文章中说是佩服,我也认为是那篇文章中最精彩的部分,只因近来忽然遇到了一个例外的"飞"字,这次就把那部分的成就全部丢掉,而且踩它一脚,说是"最大的错误",我以为是非常可惜的。除非决定动词不分他自,应当从新拾起,并且在"不掠美,不争风"的文化工作的新风气里,重新合力探讨。

原载《译报》副刊《语文周刊》第 17 期,1938 年 11 月 2 日　署名:雪帆。

试论语法研究的三个平面

胡裕树 范 晓

近年来,国内外有些语言学家在语法研究中注意到区别三个不同的平面,即句法平面、语义平面和语用平面,这是语法研究方法上的新进展,有助于语法学科的精密化、系统化和实用化。但这样研究语法还仅仅是开始。如何在语法分析中,特别是在汉语的语法分析中全面地、系统地把句法分析、语义分析和语用分析既界限分明地区别开来,又互相兼顾地结合起来,这是摆在语法研究工作者面前的新课题,是值得进行深入探索的。

一

语法研究中的句法平面,是指对句子进行句法分析。句中词语与词语(即符号与符号)之间有一定的关系,这种关系是属于句法的(Syntactic)。词语与词语按照一定的方式组合起来,构成一定的句法结构,对句法结构进行分析,就是句法分析。对句子进行句法分析,主要从两方面进行。

一方面,对句法结构内部的词语与词语之间的关系进行成分分析,也就是着眼于句子成分的确定和结构方式的判别。传统语法学进行语法分析时,总要把句子分为若干成分,如主语、谓语、宾语、定语、状语、补语等等,这些都是句法分析的术语。传统语法学分析一个句子,就是要分析句子里各类实词(包括名词、动词、形容词、数词、代词、副词等)充当什么句子成分。比如"张三批评了李四",就得分析成主谓句,其中"张三"是主语,"批评了李四"是谓语,"批评"是谓语动词,"李四"是宾语。假如说成"李四被张三批评了",也得分析成主谓句,但这句里"李四"是主语,"被张三批评了"是谓语,"被张三"是介宾短语作状语,"张三"是介词"被"的宾语,"批评"是谓语动词。这样的成分分析,讲什么词充当什么句子成分,都是着眼于句子结构分析出来的。

与确定句子成分有联系的,就是结构类型的判别。结构类型决定于结构成分之间的关系,也就是决定于结构方式。比如"鸟飞""身体健康",是由主语和谓语两成分组成的,通常称为主谓结构;"飞鸟""健康的身体",是由定语和它的中心语两成分组成的,通常称为偏正结构;"读书""建设祖国",是由动词和它的宾语两成分组成的,通常称为动宾结构。研究一个组合体是什么结构,也是句法分析的重要内容。

另一方面,对句法结构内部的词语与词语之间的层次关系进行分析,也就是着眼于句法结构的层次切分。这种层次分析,要求把句法结构中词语之间的关系分为直接关系和间接关系、内部关系和外部关系,也就是要把句法结构的直接成分和间接成分以及内部成分和外部成分区别开来。例如"干大事的人",这个句法结构里"干大事"和"人"之间是直接关系,"干"和"大事"之间也是直接关系,但"干"和"人"之间以及"大事"和"人"之间都是间接关系。又如"张三的哥哥批评了李四的弟弟"这个句子,进行层次分析,词语间的直接关系可图示如下:

这个句子里"张三"与"批评"之间、"李四"与"批评"之间、"哥哥"与"李四"之间、"弟弟"与"张三"之间，都是间接关系。具有直接关系的组成成分，叫做直接成分；具有间接关系的成分，相对直接成分而言，是间接成分。凡直接成分之间的关系，是一个句法结构的内部关系，所以直接成分也就是内部成分；凡间接成分之间的关系，是这个句法结构内的某一成分与另一句法结构内的某一成分之间的关系，是一种外部关系，所以间接成分也就是外部成分。

传统语法学比较重视句子成分分析，而忽视句子的层次分析。它析句时采用的是句子成分分析法，即中心词分析法，它规定组成句子的单位是词（不是短语），词和句子成分相对应，原则上是一个词充当一个句子成分。在分析时，遇到偏正短语和动宾短语都要找中心词。找到了中心词，才算找到了句子成分。析句时把各种不同层次的句子成分放在同一线性平面之上，因此这种方法不太能反映结构的层次，往往也就难以说明词与词的组合关系。比如"打破了茶杯"，"茶杯"应是"打破"的宾语，而不是"打"的宾语，说成"打茶杯"不成话；又如"走痛了脚"里，"脚"应是"走痛"的宾语，而不是"走"的宾语，说成"走脚"也不成话。这就说明一个事实，句法分析单作成分分析而不作层次分析是不行的。反之，如果句法分析中只讲层次分析而不讲成分分析也有问题，因为句法分析不仅要找出结构的直接成分，还要确定两个直接成分之间的结构关系或结构方式；如果是句子，还得确定句子的格局（即句型）；在这方面，单纯进行层次分析也就无能为力了。所以，当前语法学界比较一致的意见是：在进行句法分析时，既要进行成分分析，也要进行层次分析，并且把二者结合起来。这就是要采取"成分层次分析法"。这种分析法的特点是：兼顾句子的成分和层次，以成分确定句法关系，用层次统摄句子分析。

无论是研究句法结构的构成方式还是层次切分，都是从结构关系出发的，也就是偏重于形式的。所谓"凭形态而建立范畴，集范畴而构成体系"[①]，就是句

---

① 方光焘《体系和方法》，《中国文法革新论丛》，第52页。

法平面进行语法分析的基本特点。

二

　　语法研究中的语义平面,是指对句子进行语义分析。句中词语与客观事物(符号与内容)之间也有一定的关系,这种关系是属于语义的(Semantical)。人们分析一个句子,通过句法分析,可以找出句子中词语在句法结构中分别充当什么句子成分,可以了解句子的层次构造,也可以得出句子的句型等等。但析句并不到此为止。如果不根据句法分析的结果,进一步了解句子中的语义关系,即通过句法平面深入到语义平面对句子进行语义分析,那末,还不能算完成了析句的任务。比如仍以"张三批评了李四"和"李四被张三批评了"为例,这两句意思差不多,为什么一句主语是"张三",另一句主语是"李四"呢? 这是因为一个句子不仅在表层有着句法关系,而且在深层有着语义关系。上边两个句子里名词"张三"和"李四",跟谓语动词"批评"之间有一定的语义联系:"张三"是施事(动作行为发出者),"李四"是受事。正因为这两句名词与动词之间的施受关系没变,尽管它们在句法上有了若干变化,但两句的基本意思也就不会变。相反,如果说成"张三批评了李四""李四批评了张三",虽然一句也是"张三"作主语,一句也是"李四"作主语,但意思却完全不同。这是因为这两句语义结构不同引起的:前句"张三"是施事,"李四"是受事;后句"李四"是施事,"张三"是受事。可见,句子的意思是由句中词语间的语义关系决定的。要了解一个句子的意思,单靠句法分析还不够,还要弄清句子内部各词语间的语义关系,即要进行语义分析。比如要了解"我派小王去请老李来吃饭"这个句子的意思,必须懂得"我"是"派"的施事,"小王"是"派"的受事,又是"去""请"的施事,"老李"是吃的施事,"饭"是"吃"的受事。对这样的句子,在进行句法分析时,不同的语法体系可能会作不同的分析,但不管用什么方法、用什么术语来进行句法分析,如果语义关系不掌握,也就不可能理解这个句子。

　　语义平面所说的语义,不同于词的词汇意义。词的词汇意义是词所具有的个别意义,是可以在词典里说明的,比如"张三"就是人名,"批评"是指出优缺点或专指对缺点错误提出意见。这里所说的语义是指词在句法结构中获得的意义,离开了句法结构,一个词孤立起来也就不存在这种语义。孤立的一个"张三"或"李四",究竟是施事还是受事是没法说的,只有当它们与动词发生的关系、处在一定的句法结构中,才能知道。

　　语义关系是多种多样的。就名词与动词之间的语义关系而言,除了上面所说的施事、受事之外,还有客体、工具、处所、时间等等。试以下列句子中有曲线的名词所表示的语义作一比较:

　　　　(1) 小王关好了大门。("小王"是施事)

　　　　(2) 衣服被他撕破了。("衣服"是受事)

　　　　(3) 鲸鱼是哺乳动物。("鲸鱼"是客体)

　　　　(4) 毛笔写大字,钢笔写小字。("毛笔""钢笔"是工具)

　　　　(5) 图书馆藏有三百万册书。("图书馆"是处所)

　　　　(6) 昨天下了一场暴雨。("昨天"是时间)

名词性词语"有定""无定"的分别,也属于语义平面的,例如"那个人也过来了"里,"那个人"是有定的;"前边来了一个人"里,"一个人"是无定的。以名词性词语为核心构成的偏正结构(定心结构)来说,对充当定语的词语也可进行语义解释,通常认为,它们与后边的名词性词语之间的语义关系表现为修饰性的或限制性的,或者可具体分为三种:一是领属性的,如"祖国的山河""鲁迅的作品";二是描写性的,如"蓝蓝的天""竹壳的热水瓶";三是同位性的,如"人民教师的光荣称号""学习雷锋的好榜样"。这种"领属性""描写性""同位性"的意义,也是从句法结构中获得的,这样的分析也属于语义平面的分析。

　　句中直接成分间有一定的语义关系。比如"猫捉老鼠","猫"是施事,"老鼠"是受事,间接成分之间有没有语义关系,就要具体情况具体分析。有的没有语义关系。例如"她很聪明","她"与"很"是间接关系,语义上也没法分析。有的却有一定的语义联系。例如"写小说的作家","作家"与"写"在句法上是间接关系,它们在层次结构中是间接成分;但在语义上,名词"作家"与动词"写"有联系:"作家"是"写"的施事。这种间接成分之间的语义关系,有人称之为"隐性的语法关系"。①有些多义的句法结构,在表层句法上无法辨别,但在深层语义上可以辨别,往往表现在间接成分间语义关系不一样。例如"我喝醉了酒"和"我吃完了饭",在句法上,结构关系相同,层次切分相同,句型相同。但从语义上看,"醉"是说明"我醉","完"是说明"饭完"。又如,同一个偏正结构,也有语义关系不一样的情形,试比较下列三组:

A. 教数学的老师 | 写剧本的作家

B. 赠小王的礼物 | 给妹妹的书

C. 削苹果的刀子 | 买青菜的篮子

这三组的表层形式都是"动＋名$_1$＋的＋名$_2$"的定心式偏正结构,但作中心语的名$_2$与动词之间的语义关系都不一致:A 组的名$_2$是施事,B 组的名$_2$是受事,C 组的名$_2$是工具。对间接成分之间语义关系的分析,有助于辨析多义的句法结构。

任何一个句法结构都有形式和意义。研究语法,应该从形式出发去发现意义,也就是通过句法结构的分析去深入了解句子内部的语义关系;并通过语义结构的分析来进一步了解句法关系的同异,从而替句法结构作更精密的描写。语义关系的发现,不应当从词的词汇意义上去寻找,也不能从逻辑的概念上的寻找,而应当从形式上、即从结构上去寻找,"只有依靠结构分析,我们才能从相同的结构中概括出共同的语法意义,也只有依靠结构的分析,我们才能在不同

---

① 朱德熙《汉语句法中的歧义现象》,《中国语文》1980 年第 2 期。

的结构中找寻出不同的语法意义"①。从形式上或结构上寻找语义,具体地可以从以下三个方面来进行:

1. 从语言材料的类别(词类及其次范畴)上加以说明。比方,动作动词有及物动词和不及物动词的区别,及物动词所涉及的有施事和受事,当有生名词与及物动词发生关系时,就有可能是施事或受事;相反,不及物动词只有施事而无受事,当有生名词跟不及物动词发生关系时,只能是施事。"潘金莲害死了丈夫",由于"害死"是及物动词,"丈夫"就得看作受事;"潘金莲死了丈夫",由于"死"是不及物动词,"丈夫"就得看作施事。又如,处所名词、时间名词跟动词发生关系时,一般不能看作施事或受事,而是表示动作行为发生的处所或时间。

2. 从句法关系上加以说明。比如"我找他","我"是施事,"他"是受事;"他找我","他"是施事,"我"是受事。同一个代词在不同句子中充当不同句子成分决定了不同的语义。又如"袭击了敌人的侦察兵",若要了解"侦察兵"与动词"袭击"之间的语义关系,可以通过层次切分来分析。如果这个句法结构的层次切分是"袭击了/敌人的侦察兵",则"侦察兵"是受事;如果层次切分是"袭打了敌人的/侦察兵",则"侦察兵"是施事。

3. 从词语的选择上加以说明。比如动词的"向",实质上是讲动词与名词间语义上的选择关系的。所谓单向动词,就是要求在语义上有一个强制性或支配性的名词性成分与它联系的动词,如"醒""休息"之类;所谓双向动词,就是要求在语义上有两个强制性或支配性的名词性成分与它联系的动词,如"吃""批评"之类;所谓三向动词,就是要求在语义上有三个强制性或支配性成分与它联系的动词,如"给""告诉"之类。②又如,名词与动词之间的语义关系,也可以从名词跟介词的选择上看出来,"施事"能选择介词"被"组成介宾短语,受事常可选择

---

① 方光焘《关于上古汉语被动句基本形式的几个问题》,《中国语文》1961 年第 10、11 期。
② 参看文炼《词语之间的搭配关系》,《中国语文》1982 年第 1 期;廖秋忠《现代汉语中动词的支配成分的省略》,《中国语文》1984 年第 4 期。

介词"把"组成介宾短语,处所、时间常可选择介词"在""从"等组成介宾短语等等。

三

　　语法研究中的语用平面,是指对句子进行语用分析。句中词语与使用者(符号与人)之间也有一定的关系,这种关系是属于语用的(Pragmatical)。研究语用,也就是研究人怎样运用词语组成句子相互间进行交际。语法分析中讲词类、讲句子成分、讲句型、讲施事受事工具等等,都还只是停留在对语法进行静态的分析或描写。而语用偏重于讲表达的,所以是一种动态的分析。比如有这样两个句子:

　　(1) 我读过《红楼梦》了。

　　(2)《红楼梦》我读过了。

对于例(1),按照句法分析,可分析为主谓句中的动宾是谓语句,"我"是主语,"读过《红楼梦》"是谓语,"《红楼梦》"是宾语;按照语义分析,"我"是"读"的施事,"《红楼梦》"是"读"的受事。对于例(2),按照句法分析,现行的一般语法书分析为主谓句中的主谓谓语句,即认为"《红楼梦》"是大主语,"我读过"是谓语,"读"是谓语动词;按照语义分析,却与例(1)相同,即"我"是施事,"《红楼梦》"是受事。那末为什么同样的语义结构却用不同的句法结构呢? 或者说同样的意思要用不同的形式表达呢? 如果不研究语用,就无法说明这个问题。从语用上分析,一个句子通常有主题(topic 或译作话题)和评论(comment 或译作说明)两部分。例(1)中"我"是主题,"读过《红楼梦》"是评论;例(2)中"《红楼梦》"是主题,"我读过"是评论。作为主题,它是表示和强调旧信息的。例(1)的主题,目的是强调旧信息"我";例(2)的主题,目的是强调旧信息"《红楼梦》"。虽然两句都是主谓句,用的是同一些词语,语义结构也相同;但是,从表达上看,是不等价的。由此可见,语法分析如果单讲句法分析和语义分析,也还是不完善的,也还没有完成析句的任务;只有在句法分析、语义分析的同时,同步地进行语用分析,才算最后地达到了语法分析的目的。

主题是语用分析中的重要概念。它跟主语、施事属于不同平面。主题、主语与施事"是可以独立并存的概念"。①主语是属于句法关系的概念,它是与谓语相对而言的,是一种句法成分;施事属于语义关系的概念,它是动作行为的发出者,在与及物动词相联系时,是与受事相对而言的,是一种语义成分;主题是交谈功用上的概念,是交谈双方共同的话题,是句子叙述的起点,常代表旧的已知的信息,它是与评论(对主题的说明,即传递新的信息的部分)相对而言的,是一种语用成分。施事常用来作主语,但主语不一定都是施事(受事、客体、工具、处所、时间等也可作主语),施事也不一定都作主语(也可作宾语、定语等),把主语与施事完全对当起来显然是不对的。施事可以作主题,但主题也不一定都是施事,受事、客体、工具、时间等也可以作主题。所以施事与主题也不是对当的。主语与主题常有重合的情形,例如:

　(1) 武松打死了老虎。(施事主语是主题)

　(2) 老虎被武松打死了。(受事主语是主题)

　(3) 红楼梦的作者是曹雪芹。(客体主语是主题)

　(4) 小楷笔不能写大字。(工具主语是主题)

　(5) 苏州城里有个玄妙观。(处所主语是主题)

　(6) 三月八日放假半天。(时间主语是主题)

但是,作为语用概念的主题与句法概念的主语也不是完全重合或对应的,主语不一定是主题,主题也不一定是主语,比如"昨天晚上我做了个梦",这个句子里主语是"我",主题是"昨天晚上"。主题和主语的区别主要表现在:

---

① 汤廷池《主语与主题的划分》,《国语语法论文集》,第 76 页。

1. 主语与作谓语的动词或形容词之间在语义上有选择关系,而主题除兼作主语者外,则没有这种关系;动词形容词可以决定主语,而不能决定主题。例如"暑假里我病了二十多天",这句里与谓语动词发生选择关系的是"我",而不是"暑假里",能说"我病了"而不能说"暑假里病了",所以这句里"我"是主语,"暑假里"是主题。

2. 主题出现于句首,而主语不一定出现于句首。如"昨天来了三个客人",如果严格地区别句法和语用,就得把"昨天"看作主题,"三个客人"看作主语;因为和动词"来"发生语义上强制性的选择关系的是"三个客人"而不是"昨天"。

3. 主语前边不能加介词,因此介词结构组成的短语不可能是主语;而主题前边有时可以加上一定的介词。例如"这个问题我还没有研究过""津浦路上他遇见了一位多年不见的朋友",这两句里"这个问题""津浦路上"是主题,"我""他"是主语。如果需要,主题前可加上介词作为标记,如说"关于这个问题……""在津浦路上……"

4. 主题和主语不重合时,主题处在主谓结构的外层。处在主谓句外层的主题,在句法上可以叫做提示语。例如:

　　(1) 上午我开了一个会。

　　(2) 自行车他骑出去了。

　　(3) 这个人我不认识他。

　　(4) 鱼,鲫鱼最好吃。

　　(5) 这个问题,我们有不同看法。

　　(6) 青春,这是多么美好的时光啊!

　　(7) 他们兄弟俩,哥哥是工人,弟弟是农民。

这些主谓句句首的名词性成分,从语用上看都是主题,从句法上看都是提示语。

语用平面除主题和评论以外,还包括表达重点、焦点、行为类型、口气、增添、变化等等。

表达重点是指句法结构中着重说明的部分,它决定于句子的表达要求。它可以是谓语,如"他是走了"中的"走";也可以在主语上,如"谁来了"中的"谁"。在偏正结构中,表达重点不等于结构中心(结构的核心成分),它有时在结构中心上;但往往不在结构中心上,如"她是一个美丽的姑娘"中,"美丽的姑娘"是一个偏正结构,结构中心是"姑娘",但句中表达重点却在"美丽"上。焦点是指评论中的重点,也就是新信息里的着重说明之点,实质上也是表达重点的一种。例如"我终于把这本书找到了"中,"这本书找到了"是评论,评论中的焦点是"找到"。如果说"我找到了老张,却找不到老李",这句的焦点就不在"找到"上,而是在"老张"和"老李"上。表达重点、焦点跟语句重音有密切关系,往往通过语句重音显现出来。

行为类型是指句子的表达功能或交际用途。从语用上看,任何句子都是完成一定类型的行为,例如叙述、解释、描绘、提问、请求、命令、致谢、道歉、祝贺、惊叹等等。句子的行为类型跟句子的句法结构类型没有必然的联系,跟语义的结构类型也没有必然的关系。比如"他去北京了?"和"他去北京了。"这两个句子从句法上看都是主谓句,从语义上看"他"都是施事,"北京"都是处所。两句的句法关系和语义关系都相同,所不同的是交际用途:前句表示提问,后句表示叙述或解释。所以这两句从语用上说是不等价的。汉语中表示行为类型的主要手段是语调、语气以及语气词。

口气也属语用范围,它表示句子的"情感评价"。句子可以有种种口气,例如肯定、否定、强调、委婉等等。比如问"他去不去北京?"如果回答"他去的",便是肯定;回答"他不去",便是否定。比如同样表示否定,用"决不""毫不""从不"之类词语,就有强调的口气;用"不大""不太""不怎么"就有委婉的口气。口气通常通过一定的副词性词语来表示。句子需要特别强调的地方,口语里一般用强调重音表示;书面语常用副词"是"(重读)来显示,如"是你不好",强调的是"你","你是不好",强调的是"不好",有时也可用"是……的"这样的格式来表示强调,如"花是红的,草是绿的,"强调的是"红""绿"。

　　由于表达的需要,句子有时还有增添或变化。所谓增添,是指在某个句法结构的前面、中间或后边增添一些词语,或表招呼、应答,或表对情况的推测和估计,或引起对方注意,或表示对某一问题的意见和看法,等等。这就是句子中的插说,句法上通常称之为"独立成分"或"插语"。例如,"这事情办不成了",是客观叙述;但如果插加上"照我看来""依我看"之类词语,就是表示自己的主观看法的。又如"你看,你看,天上有五架飞机",这"你看,你看",也是插说,目的是引起对方注意。所谓变化,是指变一般的句型为特殊的句型。例如倒装句"写得多好啊,这篇文章!"这是为了表示强烈的感情而变动语序的。也有为了想急切地需要知道新信息而倒装的,如"来了吗,他?"这都是语用的需要而有此变化的。

　　语用分析与语境(包括题旨情境)有密切的关系,因为说话的形式总是根据交际表达的需要并受一定的说话环境制约的。比如"你好",在"你好,他不好"中是一种意思;在表示问候时礼貌地说一声"你好!"又是一种意思;在《红楼梦》里说到黛玉快气绝时叫道:"宝玉!宝玉!你好……",这又是另一种用法了。又如受事让它处在宾语的地位还是处在主语的地位,说话用强调的口气还是委婉的口气,主题还是用施事、受事还是处所等等,都要根据交际表达的需要,随情应境地处置一切词语,选择相宜句式,使用适当的语气和口气。

四

　　句法、语义和语用三个平面既有区别也有联系。对句子进行语法分析必须严格区分这三个平面,又应看到它们之间的密切联系。不加区别混在一起,就失之于笼统;不看到它们之间的联系而孤立起来,就失之于片面。但三者之中,句法是基础,因为语义和语用都要通过句法结构才能表现,而要了解语义或语用,也往往离不开句法结构。人们常用变换的方法来了解语义和语用,但变换也离不开句法的。例如单独一个"母亲的回忆",是一个歧义结构,因为有两种可能的变换:假如变换成动宾结构"回忆母亲",则"母亲"是受事;假如变换成主谓结构"母亲回忆"则"母亲"是施事。又如语用上的倒装句"怎么啦?",可通过变换得出正式句"你怎么啦?",可见语义和语用的分析都离不开句法分析。但语义分析和语用分析终究是跟句法分析属于不同平面的,只有抽象的句法关系而无语义语用的句法结构,不可能成句,只进行句法分析而不进行语义和语用的分析,也不是缜密的句子分析。打个比方,如果把句法平面比作句子的躯干,不妨把语义和语用比作两翼。一个句子既有躯干又有两翼,才能"起飞",才能交际。因此,句子分析必须以句法为基础,同时又兼顾到语义分析和语用分析,并尽可能使三者既区别开来又结合起来。

传统语法学主要讲句法,有时也讲一点语义(如施事、受事等),有时也讲一点语用(如陈述、插写、语气、口气等),但总的来说,对语义、语用的分析还是比较零散的,更没有有意识地区别三个平面。要使语法学有新的突破,在语法研究中必须自觉地把三个平面区别开来;在具体分析一个句子时,又要使三者结合起来,使语法分析做到形式与意义相结合、静态与动态相结合、描写性与实用性相结合;这样,语法分析也就更丰富、更全面、更系统、更科学。究竟怎样才能使三个平面结合起来,是需要化大力深入研究的。这里,我们想谈几点原则性的想法。

1. 要注意三个平面的互相制约、互相影响。这表现在:

首先,句法和语义是互相制约的。例如"我想他"里,"我"是施事,"他"是受事;而"他想我"里,"他"是施事,"我"是受事,"我"与"他"在这两句里语义的不同是由它们在句法结构里的地位不同决定的。又如能说"喝水""吃饭"这样的动宾结构,但不能说"喝电灯""吃思想",这是因为"电灯""思想"不能作"喝""吃"的受事。动词和名词能否构成动宾结构,取决于它们语义搭配的可能性。

其次,句法和语用也是互相制约的。语用离不开句法,任何语用上的东西,都是附丽在一定的句法结构上的,例如评论,一般总是以谓语的形式出现,焦点一般在谓语之中,主题或者与主语重合,或者是某种特殊的句法成分。反之,句法形式有时也可能由于语用的需要而改变常规,如变式句便是明证。又如名词在动谓句中不能作谓语,但由于语用的需要也有临时转用作动词用法的,如"春风风人"中的后一个"风"便是。

再次,语义和语用也是互相制约的。比如"胖的人很瘦",从语义上看是有问题的,但若说成"胖的人很瘦是一句矛盾的话",这句子就能成立,这是语用决定的。又如"你真坏",原来的字面意义是讲"你"是"坏"的人;但若是恋人之间交谈,女的撒娇地对男的说一声"你真坏",这话并不是真的讲男的"坏"。这都是受语用的影响而引起的。相反语用也受语义的制约。比如,如果要说小张的身体比小李的身体健康,交际上为了省力简洁,有时可省略为"小张的身体比小李健康"。但如果要说小张的妈妈比小李的妈妈漂亮,就不能说成"小张的妈妈比小李漂亮",这是由于语义的关系。

2. 对具体句子进行分析时,可以同时从三个不同的平面或角度进行分析。例如"鸡,我不吃了",从句法上分析,这是一个主谓句,主语是"我",谓语是"不吃","鸡"是提示语(特殊成分);从语义上分析,"我"是"吃"的施事,"鸡"是"吃"的受事;从语用上分析,"鸡"是主题,"我不吃了"是评论,"不吃"是焦点。又如"张三批评了李四",从语法上看,"张三"是主语,"批评了李四"是谓语,"李四"是宾语;从语义上看,"张三"是"批评"的施事,"李四"是"批评"的受事;从语用上看,"张三"是主题,"批评了李四"是评论。

3. 语序作为一种语法手段,也可以从三个平面进行分析。比如"好天气"与"天气好",意思一样,但句法结构不一样,前者是偏正结构,后者是主谓结构。这种语序的变化是属于句法上的。比如"狗咬猫"与"猫咬狗",句法结构相同,但语义不一样;前者"狗"是施事,"猫"是受事;后者"猫"是施事,"狗"是受事。这种语序的变化是属于语义上的。比如"你的书找到了没有"与"找到了没有,你的书?"这两句基本意思一样,句法结构也一样,都是主谓句,但主语和谓语的位置不一样。这种位置的颠倒,反映着说话者心情不　样:前者表示一般的发问;后者表示急迫的发问,这是说话者对客观事物的态度引起的,因为他非常关心并急于想知道"这本书"的情形。这种语序的变化是属于语用的。

4. 虚词是一种语法手段,也可以从三个不同的平面进行分析。有些虚词的运用关涉到句法的。例如"的"常作为偏正结构的标记:"读书"动宾结构,"读的书"便是偏正结构;"狐狸狡猾"是主谓结构,"狐狸的狡猾"便成了偏正结构。又如"和"常作为并列结构的标记,"学生的家长"是偏正结构,"学生和家长"就是并列结构。有些虚词的运用关涉到语义的。例如介词"被"后边出现的名词性词语是施事,"老虎被武松打死了","武松"就是施事;介词"把"后边出现的名词性词语一般是受事,"武松把老虎打死了","老虎"就是受事;介词"在"后边出现的名词性词语是处所或时间,"他在北京工作","北京"是处所,"他喜欢在晚上工作","晚上"是时间。有些虚词的运用关涉到语用的。例如"关于""至于"是点明主题的,都是主题的标记。"关于这个问题,我们要研究研究"里,"这个问题"是主题;"至于那件事,我是不放在心上的"里,"那件事"也是主题。

5. 分析具体句子合法不合法或者说是不是病句,应该从三个不同的平面进行综合分析。一个句子合法不合法,在交际中管用不管用,一是要看句法上词语间结合得妥当不妥当,二是要看语义上词语间搭配得合理不合理,三是要看语用上词语安排得适切不适切。凡符合妥当、合理、适切三个条件的句子,可以说是一个合法的、较好的句子;反之,可能是一个不合法的句子或是一个有语病的句子。

有的句子有问题,毛病出在句法上。例如"我参加这次会议,感到非常荣誉和高兴",这句里"荣誉"一词在句法上有问题:一则,它是名词,不能作动词"感到"的宾语("感到"后边应带谓语性宾语);二则,名词不能跟副词相结合,但"荣誉"却和副词"非常"结合,这就不妥了。有的句子有问题,毛病出在语义上。例如"自行车和体操、田径、游泳住在一幢楼里"。这句里的动词"住"要求有生名词(施事)作主语,但"自行车、体操、田径、游泳"都不是有生名词,都不是施事,它们作主语当然不通了。有的句子有问题,毛病出在语用上。例如"你马上给我回来!"这句话本身在句法上、语义上都没有什么问题的,如果用在长辈对小辈,也还是可用的,但如果小辈对长辈说这样的话,就显得极不礼貌,语用上就不合法。在这里,请让我们说一个小故事作为本节的结束语:某人请甲乙丙丁吃饭,甲乙丙三人都来了,只有丁还没有来。某人等得不耐烦,自言自语地说:"该来的还没来。"甲听到这话,以为某人讲他不该来,就悄悄地从后门走了。某人见甲走了,又自言自语地说:"不该走的走了。"乙听到这话,以为某人讲他,也偷偷地从后门走了。某人见乙走了,对着丙说:"我又不是说他们两个。"丙一听,以为某人是针对他讲的,一气之下也走了。结果客人都走光了。某人一共讲了三句话:"该来的还没来""不该走的走了""我又不是说他们两个"。这三句话从句法、语义而言,本无可指摘。但在那样的语境中,只顾自己说话,不顾听者会怎样理解,结果三句话气走了三位客人,这就是某人不讲究语用而引起的后果。

主要参考文献

赵元任《汉语口语语法》,商务印书馆 1979 年版。

吕叔湘《汉语语法分析问题》,商务印书馆 1979 年版。

朱德熙《现代汉语语法研究》,商务印书馆 1980 年版。

汤廷池《国语语法论文集》,台湾学生书局 1979 年版。

乔姆斯基《句法结构》,中国社会科学出版社 1979 年版。

胡附、文炼《句子分析漫谈》,《中国语文》1982 年第 3 期。

胡壮麟《语用学》,《国外语言学》1980 年第 3 期。

F. R. Palmer《语文学》,《国外语言学》1984 年第 1、2、3 期。

原载《新疆师范大学学报(哲学社会科学版)》1985 年第 2 期

有关语法研究三个平面的几个问题

范　晓　胡裕树

《中国语文》创刊至今,已经整整四十年了。这四十年来对我国的语文研究起着引导和推动的作用,为我国语文领域学术研究的繁荣昌盛作出了巨大的贡献。作为它的忠实读者,我们得到了很大的教益。

近来我们读了施关淦先生的《关于语法研究的三个平面》(《中国语文》1991年第6期)一文,很感兴趣。此文比较全面地综述了我国语法研究中三个平面理论的研究情况,肯定了研究的成绩,指出了存在的一些问题,还提出了自己的一些见解,富于建设性和启发性。这里仅就施文文末提出的几个问题谈一点不成熟的看法。

一

在句法跟语义的关系的问题上,施文提出:句法中有没有语义?如有,这个语义跟三个平面之一的"语义"之间是个什么关系呢?如没有,又有没有没有语义的句法呢?

这的确是个十分重要的问题。句法跟语义的关系比较复杂。一般认为,它们之间的关系是表里关系即形式和意义之间的关系。如果着眼于语义结构要通过一定的句法结构才能显示这一点,无疑是正确的。但是,如果由此而认为句法平面中只存在形式而没有意义、语义平面中只存在意义而没有形式,那就值得商榷了。要弄清句法跟语义间乃至句法跟语用间的关系,我们认为首先要弄清语法意义和语法形式在语法三个平面上的体现,要对语义这个概念加以必要的限定,要澄清语义跟语法意义的关系。

语法意义是指语法单位(或结构体)由一定的语法形式表示的内部结构意义和外部功能意义,而语法形式则是语法意义的表现形式,即表示语法意义的方式或手段。语法意义和语法形式紧密相连,是对立的统一,没有无语法形式的语法意义,也没有无语法意义的语法形式。既然语法有三个平面,语法意义和语法形式当然也可以从三个平面进行分析。

句法平面的语法意义称为句法意义,表示句法意义的语法形式可称作句法形式。句法意义是指词语与词语相结合组成句法结构后所产生或形成的显层的关系意义,句法形式就是表示这显层关系意义的语法形式。比如主谓结构有"陈述—被陈述"的意义,动宾结构有"支配—被支配"的意义,定心结构有"修饰—被修饰"的意义,这些都是句法意义。词类的功能,也是句法意义。表示句法意义的句法形式是多种多样的:有用语序表示的,如"大大的眼睛"是定心结构,有"修饰—被修饰"的句法意义,而"眼睛大大的"是主谓结构,有"陈述—被陈述"的句法意义。有用虚词表示的,如结构助词"的、地、得"和连词"和、并、而"等,都是某种句法结构的标志,从而可显示某种句法意义。有用节律形式表示的,如"出租汽车","出租"重读是定心结构,有"修饰—被修饰"的意义;"汽车"重读为动宾结构,有"支配—被支配"的句法意义。有用词类形式表示的,如"新衣服"是"形+名"形式,"形"在"名"前一般构成定心结构,就有"修饰—被修饰"的句法意义。有分布形式表示的,词类的功能就是通过词在句法结构中的分布显示出来的。此外,也还有其他的一些形式。

语义平面的语法意义称为语义意义,简称语义。表示语义的形式可称为语义形式。语义这个术语现在有不同的理解,概括起来,主要有两种:一种是广义地理解的语义,一种是狭义地理解的语义。前者包括词汇意义、逻辑意义、语法意义、语境意义、社会文化意义等,有的甚至把一个句子所表示的思想内容或者言外之意也看作语义;后者则专指语法领域中语义平面的意义。狭义的语义是语法意义的一种。这种语义是指词语和词语相互配合组成语义结构后所产生或形成的隐层的关系意义。比如名词跟动词搭配组成的隐层的语义结构里,名词跟动词就有一定的语义关系。以"昨天我在图书馆里用电脑给小陆写信"这个句子为例,从语义平面分析,"写"是动作,其他名词分别是"写"这个动作的施事(我)、受事(信)、与事(小陆)、工具(电脑)、时间(昨天)、处所(图书馆里)。也可分析为这是一个动核结构,"写"具有"述谓"义,是这个动核结构的核心;"昨天""我""图书馆里""电脑""小陆""信"具有"指称"义,是动词"写"所联系着的语义成分。

语义与词汇意义、逻辑意义既有联系也有区别。词汇意义、逻辑意义是语义的基础,因此往往相合,例如"毛笔""刀"之类,从词汇意义或概念意义上归类,可归入工具类;而在"他用毛笔写字""我用刀切肉"这样的句子里,从语义平面分析,"毛笔"是"写"的工具,"刀"是"切"的工具。但是语义跟词汇意义或概念意义也有不一致的时候,例如在"他送我一支笔""我买了一把刀"这样的句子里,"毛笔"和"刀"都成了受事,在"这支毛笔很好""那把刀很钝"这样的句子里,"毛笔""刀"都成了系事。产生不相合或不一致的原因,是因为词汇意义或概念意义可从离开语义结构的个别词获得,而语义只能在一定的语义结构中才能产生。

表示语义的语义形式也是多种多样的。有用语序表示的,"狗咬猫"中,"狗"是施事,"猫"是受事;而在"猫咬狗"中,则"猫"是施事,"狗"是受事。有用虚词表示的,如介词"被"后边的名词一般是施事,介词"把"后边的名词一般是受事,介词"用"后边的名词一般是工具,介词"在"后边的名词一般是时间或处所。有用语音节律表示的,如"他说我干得不好",如果"说"后可以有停顿(他说,我干得不好),"他""我"就是同一个人,都是"干"的施事;如果"说"后不能停顿,"他""我"就不是同一个人,只有"我"是"干"的施事。一个语义结构总是要由一定的句法结构表示,总有一定的形式标志,从这个意义上说,既包含着句法形式也包含着句法意义的句法结构,也是表示语义的一种形式,所以句法结构是显层结构,语义结构是隐层结构。一个语义结构往往可用多种句法结构表示,如"张三批评了李四""李四被张三批评了"这两个句子,语义结构相同:"批评"是动作,"张三"是施事,"李四"是受事;但句法结构并不相同。

语用平面的语法意义称为语用意义。表示语用意义的形式可称为语用形式。语用意义是指词语或句法结构体在实际使用中所产生或形成的语用价值或信息,这种意义往往体现着说话者的主观表达意向。比如"主题—述题"结构具有"对象—说明"的语用意义。又如语气方面的直陈、询问、祈使、感叹和口气方面的强调、委婉等,也是一种语用意义。表示语用意义的语用形式也是多种多样的。语序可表示语用意义,如"你干什么?"和"干什么,你?"这两句语义关系一样,句法关系也一样;但主语和谓语的语序不一样。语序的不同显示出两句有着不同的语用价值:前句发问比较舒缓;后句发问比较急迫,就把想要知道的先说出来。虚词也可表示语用意义,如"关于""至于"等介词可表示话题,语气词"了"可表示直陈,"吗"表示询问等。语音节律形式也可表示语用意义,如升调可表示询问,降调可表示直陈,重音落在某个成分上,那个成分就有强调的信息。还有一些其他的表现语用意义的形式,这里不一一列举了。

总之,三个平面各有其形式和意义:句法、语义和语用的形式都是语法形式,句法、语义、语用的意义都是语法意义。过去一般所说的语法意义是专指句法意义的,和我们的理解不一样。

二

跟句法有关的语义因素和语用因素究竟有哪些？这是施文提出的第二个问题。这个问题很值得讨论，因为它涉及语法研究的内容。三个平面的理论扩大了语法研究的范围，语法分析指句法分析、语义分析和语用分析，但语法中的语义并不包括一般所说的语义学分析中的所有语义因素，语法中的语用也不包括通常所说的语用学中谈到的所有语用因素；只有跟句法有关的语义因素和语用因素才属于语法范围。至于哪些语义因素和语用因素跟句法有关，现在大家正在探索之中。这里，我们根据目前研究的情况，概述如下。

跟句法有关的语义，即在语义平面研究的语义，主要有以下一些：

1. 动核结构（或称"谓核结构"）

动核结构是由动词（广义动词）和它相联系着的某些语义成分组成，动词是动核结构的核心。动核结构是语义平面的基本结构，是生成句子的基底。动核结构是隐层的，必须通过一定的句法结构形式才能显示。同一个动核结构如果用不同的句法形式表示，就会构成不同的句子，比如动词"革新"跟它联系着的语义成分"张三""技术"所构成的一个动核结构，其显层的句法形式可以有"张三革新技术""张三把技术革新""技术被张三革新"等；这些不同的句法形式加上相应的语态（时、体、语气等），就成了不同的句子。研究动核结构的模式，研究动核结构模式跟句型、句式之间的关系和联系，研究句中动核结构和动核结构间的相互关系，是语法研究的一个重要任务。

2. 动词的"价"（也称"向"）

动词的"价"分类，是动词在语义平面上的重要分类。根据动词在动核结构中所联系的动元（强制性的语义成分）的数目，动词可分为一价动词（"跌""病""休息"之类）、二价动词（"吃""读""保卫"之类）、三价动词（"给""借"之类）等。

这样的分类有助于说明不同动词构成不同动核结构的规则,从而也有助于描写各种句法结构和确定基本句型,并且还有助于解释句子中的省略和隐含问题。

3. 名词的"格"

"格"指名词跟动词组成语义结构时所担当的语义角色,如施事、受事、与事、工具、处所、时间等。把名词跟动词之间的语义关系(格关系)研究清楚,有助于说明动核结构的下位区分和句型或句式的更细密的区分,也有助于分析句法结构在实际使用中的变化和复杂化。

4. 语义指向

语义指向是指词语在句子里在语义平面上支配或说明的方向。动词有个动作方向的问题,例如在"我找不着东西吃"里,动词"吃"指向受事"东西"(吃东西);在"我找不着老师学"里,动词"学"指向施事"我"(我学);在"我找不着老师教"里,动词"教"指向施事"老师"(老师教)。状语、补语等也都有个语义指向问题,例如:在"这些电影我都看过了"里,状语"都"指向受事;在"这个电影我们都看过了"里,状语"都"指向施事。在"我们打败了敌人"里,补语"败"指向受事,在"我们打胜了敌人"里,补语"胜"指向施事。研究语义指向,有助于分析句子中几个语义结构间错综复杂的关系,从而也有利于理解句子的内容。

5. 歧义

有些句法结构体(短语或句子)在语义平面是多义的,如果没有语境的帮助,或者使用不当,就会引起歧义,从而产生误解。例如"母亲的回忆","母亲"既可理解为施事,也可理解为受事;"这个人连我都不认识","我"既可理解为施事,也可理解为受事。研究句法结构中反映出的语义平面的歧义,有助于了解一种语义结构的表达式可能有的各种变换方式。

6. 词的语义特征

词的语义特征既反映着一类词和一类客观事物间的关系,也反映着一类词和另一类词的语义上的搭配关系。比如,动词"交""送""卖"跟"接""受""买"比较,语义特征不一样:"交"类是外向的,"接"类是内向的,"我送他一件礼物"可说成"我送给他一件礼物","我受他一件礼物"却不能说成"我受给他一件礼物"。动词"放""摆""挂"和"唱""演""吃"比较,语义特征也不一样:"挂"类有[＋附着]的语义特征,而"唱"类则具有[－附着]的语义特征,所以"台上放着鲜花"和"台上唱着京戏"有不同的变换形式。研究词的语义特征,有助于在语义平面给词进行次范畴分类,有助于说明词语搭配的选择限制,也有助于分化句法同一而语义不同一的句子。

7. 语义的选择限制

词与词搭配时在语义上有选择性,句法上能结合的不见得在语义上都能搭配。比如,"动＋名"在句法上可构成动宾结构,"名＋动"在句法上可构成主谓结构。但当具体的动词和名词进入上述句法框架时,有的能相配,如"喝水""牛死";有的则不能相配,如"喝饭""石头死"。语义搭配的选择限制跟词语的语义特征有关,如动词"喝""死"都跟有生命的事物发生关系,如果施事是无生命事物("石头死"之类),就违反了语义上的选择规则;又如动词"喝"的受事要求是液体食物,如果受事为非液体食物("喝饭"之类),也违反了语义上的选择规则。研究语义搭配的选择限制,有助于说明词语的组合规律,有利于语法研究的精密化。

跟句法有关的语用,即在语用平面研究的语用,主要有以下一些:

1. 主题和述题

"主题—述题"结构是句子的语用结构。主题是说明的对象,一般是已知信息;述题是对主题进行说明的部分,对主题或作叙述,或作描记,或作解释,或作评议,一般是未知信息。说话时,根据表达的需要,可选择跟动词联系着的某个成分作主题。同一语义结构如果在显层的句式里主题不一样,句式也就不一样,其语用价值也会不一样,例如"台上坐着主席团"和"主席团在台上坐着",两句的主题不同(前句"台上"是主题,后句"主席团"是主题),语用价值就有差别。研究主题和述题,有助于了解句子所表示的旧信息和新信息,知道说话者关心的是什么。

2. 表达重心和焦点

表达重心(也称"表达重点")是指句法结构中由于表达需要而着重说明的成分。表达重心跟结构中心有区别:结构中心属句法平面,而且是固定的,如定心结构和状心结构的结构中心都在中心语上,动宾结构和动补结构的结构中心都在动词上;表达重心则属于语用平面,一个句法结构在具体句子里哪个句法成分属表达重心决定于句子的表达意图。一般地说,句法结构的非结构中心在具体句子里常是表达重心,即定语、状语、宾语、补语常是表达重心。但结构中心有时也可成为表达重心。例如:如果问"他跌得怎么样?"回答说"他跌伤了",表达重心是在补语上;如果问"他怎么受伤的?"回答说"他是跌伤的",表达重心就在动词上。焦点是直陈句所传递的新信息的核心、重点,一般位于句末的实词语上。例如,"我们打败了敌人","敌人"是焦点;"我们把敌人打败了","打败"就是焦点。研究表达重心和焦点有助于了解说话者的表达意图。

3. 语气

句子都有一定的语气。语气能反映句子的表达用途,可以表示直陈、疑问、祈使、感叹等。按语气对句子进行分类,分出来的类叫做句类。句类和句型是有区别的:句型指句子的格局,是句子的句法结构类型,是属于句法平面的概念;句类是句子的语气分类,也就是表达用途的分类,是属于语用平面的概念。不同的句型可以属同一句类,不同的句类也可以属同一句型。研究语气有助于了解句子的表达用途和说话者的言语行为类型。

4. 口气

句子可以有种种口气,如肯定与否定,强调与委婉等。表示肯定口气的句子一般不必附加上表肯定的副词,加上了肯定副词便带有强调口气。表示否定口气的句子通常要附加上表示否定的副词"不""没(没有)""别"等。句子的强调口气在口语里可用强调重音表示,例如"我在写信"里是强调"信","我在写信"里是强调"我","我在写信"里是强调"写"。在书面语里,副词"是"后的词语通常是被强调的;用"决不""毫不"之类词语可表示加强的口气。句子的委婉语气可用"不大""不太""不怎么样"等词语表示。研究句子的口气,有助于了解说话者对所述内容的主观情态。

5. 评议

句子中的"句法—语义"结构反映客观事实,插加或添加在该结构上的词语一般带有评议性,或表推测(如"看起来""看样子"),或表确定(如"说真的""老实说"),或表估计(如"也许""恐怕"),或表说话者的主观态度、意见(如"依我看""依我想")。助动词"可能""应该"等也是表示某种评议的。研究句子中评议性词语,有助于了解说话者对客观事实的主观评估和态度。

6. 句型或句式的变化

静态的句型或句式有一定的规则:内部有一定的句法成分,成分间有一定的结构关系,成分的排列有一定的次序,比如主谓句,主语在谓语之前就是一条基本规则。在动态的具体句子里,借助于一定的语境,句型或句式会起某种变化,或省略某个成分而成为省略句,或移动某成分的次序而成为移位句。这就是所谓变式句。对变式句的研究,有助于了解具体句的说话语境,也有助于分析句型或句式的语用价值。

以上有关语义和语用平面的一些问题,有些已得到比较充分的研究,有些研究得还不充分,有些只是开了个头。也还有些问题,究竟是语义平面的还是语用平面的还有不同的看法,比如"有定""无定"问题,"指代""照应"问题,"预设""蕴涵"问题,"时""体"特征问题等。这些问题尚待深入研究讨论,以取得共识。

三

施文提出的第三个问题,就是句法、语义和语用三者之间错综复杂的关系是怎样的?

这个问题人们有不同理解。对于三个平面之间的关系,有用语言的比喻来加以说明的,有用各种图式来说明的。用比喻的语言或图式可以通俗地、形象地让人们理解三者的关系,但还得用文字加以准确的解释。

我们的理解是:一个具体的句子,它总是句法、语义、语用的结合体,也就是包含着句法、语义、语用这三个侧面或三个层面或三个方面,也就是现在说的三个平面。三个平面不能简单地看作像一条马路的三股车道那样的三条平行线,三股车道如果去掉一股,还剩下的两股车道照样有通车的功能,而语法的三个平面若去掉一个平面,就显得不完整,也就影响了表达或交际的功能。

三者之中,句法和语义可以说是表里关系,或者说是显层和隐层的关系。实词和实词组合成的结构体,从句法平面可分析出句法结构,从语义平面可分析出语义结构,这在不包含语用因素的结构体里表现得比较清楚。比如“买菜的老王”这个结构体,从句法平面分析是定心结构;从语义平面分析,“买”是动作,“老王”是“买”的施事,“菜”是“买”的受事。又如“老王买菜”这个结构体,从句法平面分析是“主动宾”结构,从语义平面分析跟“买菜的老王”相同。语义平面的语义结构若没有一定的句法结构来表示,是无法显现的;相反,句法结构若不表示一定的语义结构,也就空洞无物,成为不可知的东西。

实词和实词组合成的结构体未入句时是静态的、备用的,一旦进入言语进行表达时,就得附加上某些语用因素或语用成分,才能成为具有交际功能的包含着句法、语义、语用的动态的句子。静态的、备用的句法和语义的结构规则是一般的、普遍的,比如“你看电影”“我喝水”“小王买苹果”等结构体,在句法平面都是"主动宾"结构,其语序形式是主在动前,宾在动后,在语义平面都是"施动受"结构,其语序形式是施在动前,受在动后。当这类"句法—语义"结构体进入具体句子时,有时可能仍保持这种结构形式,如"你看电影,我看京戏""我喝了两大碗水了"之类便是;有时会有变化,如"这个电影你看过了,不必再看了""你这个电影看过了吗?""看电影,你?"静态的、备用的句法和语义结构入句时要不要变? 怎样变? 都要根据表达的需要,即受制于语用。

在具体句子里,句法和语义结构中的成分跟语用因素或语用成分间的关系,大体上可概括为:

1. 信息和载体的关系。即语用平面传达的信息是由某些句法成分或语义成分承载的。无论是主题和述题还是表达重心和焦点都得落在某个句法成分或语义成分上。

2. 内层和外层的关系。句法和语义结构是句子的内层框架,它表达句子的基本意义,它决定句子的句型和句式。语用因素、语用成分是根据表达的需要附加上去的,它决定句子的句类和其他行为类型。

3. 客观和主观的关系。句法和语义结构表示客观的某个事实或事件。而语用因素或语用成分带有主观性,即表示说话者对客观事实或事件的态度或看法、表达或交际的意图以及言语的感情色彩等。

三个平面有三种结构,而结构总有一定的结构成分组成,所以句法结构里有句法成分,语义结构里有语义成分,语用结构里有语用成分。这三种成分既有区别又有联系,句法成分可以当作语义成分和语用成分的载体,语义成分通过句法成分跟语用成分挂钩。就以主语、施事、主题来说,它们是不同平面的语法术语:主语属句法平面,施事属语义平面,主题属语用平面。有些句子里主语、施事、主题三者重合,例如"武松打死了老虎""主席团在台上坐着",这两句中的"武松""主席团"是主语,也是施事,也是主题。但主语、施事、主题并不完全对应,在另一些句子里,三者不一定重合,例如在"乙队被甲队打败了"句中,

"乙队"在句法上可分析为主语,从语义上分析是受事,从语用上分析是主题;也还有句中有主题无主语或有主语无主题的情形。

语法的三个平面既互相区别,又互相依存、互相影响、互相制约。一个合语法的句子,在通常情况下,要求做到"三合",即合句法规则、合语义规则、合语用规则。一般地说,不合句法规则或不合语义规则的结构,如果没有语境的帮助,往往是不合用的,因而是不通的,即所谓病句。例如"他不茶""饭吃人"在语法上都是不通的。前句是违反句法规则,副词一般不能修饰名词;后句是违反语义规则,动词"吃"的施事应当是有生名词。但是,为了特定的需要,借助于一定的语境,有些不合句法规则的,或不合语义规则的,乃至既不合句法规则也不合语义规则的,也可能合语用。例如"他不茶不烟,一言不发""这锅饭吃了十个人"就能成立。前面说"喝"的只能是液体,"喝饭"就不行。但是我们可以说"喝西北风",这也是语用的力量。这种句子成立都是有条件的。

三个平面都很重要,缺一不可。但由于着眼点不同,会有所侧重。从说话人角度说,句法是关键,因为心中有了意思,要找表达形式,这是属编码过程。从听话人的角度说,语义是关键,因为要通过形式去了解所表达的意义,这是属解码过程。从双方交际的角度说,语用是关键,因为说话的根本目的是要致用,那些不合语法或语义规则,但能起交际作用的句子仍属合格句,由此也可得到解释。从研究的角度说,句法是核心,是个轴,也可说是个纲。这是因为句法结构是句子的基本结构、内层结构;语义要通过句法表现,语用要在句法基础上才能示现;语义和语用发生关系也要通过句法才能实现。既然句法是语法的核心,所以在研究一个句子时,要紧紧扣住句法,以句法为基础,向隐层挖掘语义,向外层探求语用,力求做到形式和意义相结合,内层和外层相结合,静态和动态相结合。

主要参考文献

吕叔湘《汉语语法分析问题》,商务印书馆 1979 年版。

朱德熙《现代汉语语法研究》,商务印书馆 1979 年版。

徐烈炯《语义学》,语文出版社 1990 年版。

何自然《语用学概论》,湖南教育出版社 1988 年版。

胡裕树、范晓《试论语法研究的三个平面》,《新疆师范大学学报》1985 年第 2 期。

文炼《与语言符号有关的问题——兼论语法分析中的三个平面》,《中国语文》1991 年第 2 期。

施关淦《关于语法研究的三个平面》,《中国语文》1991 年第 6 期。

原载《中国语文》1992 年第 4 期

试论汉语句首的名词性成分

胡裕树

0 汉语句子的谓语动词前头,除了出现非名词性成分外,还可以出现好几个名词性成分,成了以下的形式(NP 代表名词短语,VP 代表动词短语):

$$NP_1 + NP_2 + \cdots NP_n + VP$$

这些 NP 是不是同样的成分呢? 在汉语语法分析中,是一个值得讨论的问题。

1.1 有人认为,句首的名词性成分是话题(topic,或译作主题),同时也是主语(subject)。这一见解是赵元任提出来的。赵先生说:"在汉语里,把主语、谓语当作话题与说明来看待,比较合适。"[①]他把话题和主语合而为一,凡话题都是主语,把 VP 前的时间词、处所词、其他名词性成分乃至介词结构,一律看成是主语。

1.2 依据赵先生的主张析句,确有标准明确、易于掌握的好处。VP 前边的名词性成分本来比较复杂,现在一律看做话题,同时也是主语,分析起来就便当得多了。从交谈者的心理说,话题是可以理解得非常广泛的。把处于句首的不论什么词语和结构都理解为话题,不能说没有理由。但是在语法上分析句子结构,把这样理解的话题都作为主语,那就是个问题了。

---

① *A Grammar of Spoken Chinese*,见吕叔湘译《汉语口语语法》,第 45 页。

从实践角度说,依照上述标准析句,必然会导致主谓谓语句范围的扩大,而主谓谓语句范围扩大的后果,是出现严重的句型交错。在汉语中,不但动词谓语句、形容词谓语句前边带上时间词、处所词、其他名词性成分都变成了主谓谓语句,就连名词调语句也大多可以变为主谓谓语句。如:

(1)这张桌子三条腿。

(2)过去这张桌子三条腿,最近老王把它修好了。

例(1)是名词谓语句,例(2)因为分句头上有了"过去"、"最近"这些时间词,前后分句就要当作主谓谓语句来分析了。这样一来,主谓谓语句就成为和各种句型相平行的一种格式。有一种什么句型,就有一种与之平行的主谓谓语句。比如有一种名词谓语句,就有一种与之平行的主谓谓语句,动词谓语句、形容词谓语句也一样。又比如有一种"把"字句或"被"字句,就有一种与之平行的主谓谓语句,连动式、兼语式等等,莫不如此。这样,主谓谓语句竟成了汉语中占压倒优势的一种句型。讲汉语的句型系统,单句首先该分为主谓谓语句与非主谓谓语句,这能反映汉语的真实面貌吗?

主谓谓语句的扩大,不可避免地要出现主语层层套叠的现象。吕叔湘在《汉语语法分析问题》一书中曾举了"这事儿我现在脑子里一点印象也没有了"一句为例,指出"这事儿""我""现在""脑子里""一点印象"挨个儿当主语的问题。[①]在分析上出现了五个大小主语(其实连大小也难分清楚,要么只好挨次序编号,叫做第一主语、第二主语⋯⋯),把它们一律看待,会不会抹杀一些应该重视的区别,这也是不能不加以考虑的。

1.3 语法应该重视句法(如主谓、动宾等等)与语义(如施事、受事等等)之间的联系。例如在汉语里,把 NP$_1$+被 NP$_2$+VP 分析为"主语+状语+谓语",同时指出 NP$_1$ 代表受事,NP$_2$ 代表施事,VP 代表动作,这样的分析说明了两者

---

① 吕叔湘《汉语语法分析问题》,第82页。

之间的关系,所以是有用的。如果只给句子的各部分安上一个成分的名称,不管能不能说明词语之间的语义关系,这种分析的价值就值得怀疑了。例如下列句子头上的名词性成分,它们与后边的词语不发生直接的语义关系,把它们与主语等同起来,显然是不恰当的。

（3）这件事我不怪你。

（4）三十六计走为上计。

这些句首的名词性成分提供的是理解句子的背景,把它们看作主语,结果是使主谓关系模糊,因而也无法通过句法分析说明语义关系。

2.1 汤廷池认为,主题和主语应该加以区别,主题是属于交谈功用(discourse function)的概念,主语则属于句法关系(syntactic relation)的概念。主题和主语可能对立,也可能合一。那些和主语对立的主题,可以独立于句子组织之外,不和句子的任何成分发生句法上的关系。[①]这样,VP前的名词性成分,就可以分为两种,除了主语之外,还有不与主语相兼的主题。曹逢甫持有类似的看法,而且主张把主题的含义扩大到超出单句的范围。[②]总之,他们认为VP前的名词性成分不是同样的,须加以区别,这就把问题的研究推进了一步。

2.2 过去的语法分析,只注意到句法关系和语义的说明,如今区别了语用和语义,这不但在实用上而且在理论上更为完整了。可是,这三者的关系究竟怎样呢?

传统的语法分析注意到句法和语义关系的说明。由于汉语缺乏严格意义的形态,语法分析中经常以语义分析代替句法分析。或者说,先了解句子的意义,再确定句子的成分。从语法科学的角度看,这里的步骤是颠倒了的。如今区别了语用和语义,很可能出现类似的情况,即用语用的分析代替句法分析。

认为主题属于“交谈功用”的概念,则主题是语用的,不是语法的;主语属于

---

① 汤廷池《主语与主题的画分》,见《国语语法研究论集》,第 75—76、79 页。

② 曹逢甫 *A Functional Study of Topic in Chinese*。

"句法关系"的概念,则主语是语法的,而非语用的。于是得出结论:它们不属于同一平面。既然如此,它们不但可以"对立",而且可以"交叉"。为什么会得出可以交义的结论呢? 因为按照一般的理解,主语对谓语而言,而主题对评论(comment)而言。像"这个句子很难懂"中的"这个句子",既然可以当作评论的对象,当然就是主语兼主题了。这样来给主题下定义,无论如何不能把上述(3)(4)两句句首的名词性成分包括在内。而且,似乎可以说,所有的主语都兼属主题,除非另外从形式上加以限制。

2.3 应该指出,(3)与(4)句首的名词性成分是句子的外层结构成分,后边出现的主语和谓语是句子的内层结构成分。把(3)中的"这件事"称作主题,"我"作为主语,把(4)中的"三十六计"作为主题,"走"作主语,这种区别是句子的内层结构和句子的外层结构的区别,是句法关系和非句法关系的区别。所谓"对立"也就是句子的内层结构和外层结构的对立,是句法关系和非句法关系的对立。它们是不能"合一"的,正如花生的壳和花生的衣不能相兼一样。

3.1 我们的课题是要研究句首的名词性成分,哪些属于句子的内层结构,哪些属于外层结构。

句首的名词性成分,除主语外,还有句首修饰语、外位语、提示语、游离语。例如:

(5) 这学期我们星期五下午学习。

(6) 老李我读过他写的诗。

(7) 参加这项科研工作的人,年纪轻的占多数。

(8) 车票,我有办法。

这儿种成分是有区别的,一律称之为主题,未必合适。而且,句首的名词性成分可以同时出现好几个。例如:

(9) 昨天,在会议席上,大家都赞成这个意见。

(10) 以前,我的话他当作耳边风。

(11) 老李,昨天在厂里他跟我谈起过这个问题。

如果说主题是和评论相对待的,主题表示交谈的双方共同的话题,那么,评论只有一个,而共同的话题却有许多个,这在理论上就难以说通。如果认为第一个名词性成分是主题,其余的呢? 也让它们挨次充当主题吧,那岂不陷入了多主语的同样的困境?

3.2 从另一方面看,句首的名词性成分都附丽于句子的核心部分,而并非独立于句子之外,即使如上边的(3)(4)(8)句首的游离语也是如此。

我们的看法:

第一,把 VP 前的名词性成分全部放在句法结构之内,于是使主语的范围十分宽广,这是不合适的。把主题和主语部分合一,即把 VP 前的名词性成分留下一个作主语(或者是主题兼主语),其余一律排除在句子结构之外,这也是不合适的。

第二,VP 前的名词性成分都属于句子,但它们之间有分别:主语属于句法结构,即句子的内层结构,其余的属于句子的外层结构。

第三,确定主语、主题以及其他外层结构,应该遵循形式化(formalization)的原则。

4.1 讲到形式,我们首先想到的是介词。

句首的名词性成分,从形式上看,有两大类:一是带介词的,一是不带介词的。不带介词的又有不同的情况,一种是不能带的,一种是能带而没有带的。

带介词的名词性成分可一律看作句首的修饰语。这种修饰语提供的是理解句子核心部分(被修饰的部分)的条件。一般语法书把"至于""关于"归入介词,这两个介词与一般介语不尽相同。它们用在句首,作用在指明话题。这一点汤廷池、曹逢甫两位都注意到了。前边讲到的游离语,大都可以加上"关于"或"至于"。把带上"关于""至于"的游离语归于句首修饰语,是着眼于带介词这一特点的。把它们当作主题,与不带介词的游离语同等看待,是着眼于"关于"、

"至于"的特点的。两种处理都有根据。

4.2　汉语的主语有三个主要特点。

第一，不带介词。一般是不能加介词，只有少数是例外。[①]

第二，位置固定，一般不能移后。

第三，与 VP 的语义关系较为密切（就 VP 前的 NP 之间互相比较而言）。[②]

根据这三个特点我们不妨考察一下下边的例句：

（12）屋子里十分热闹。

（13）上海我有熟人。

（14）台上坐着主席团。

例（12）中的"屋子里"符合上述三个条件，当然是主语。例（13）的"上海"虽不带介词，但可以加介词"在"，而且可以移到"我"的后边。"上海"和"我"相比，"我"与谓语的关系更为密切，因此"上海"不是主语。例（14）的"台上"不带介词，不能移后。因为 VP 前只有一个 NP，没有其他名词性成分，所以不妨把"台上"看作主语。

我们也应该看到，例（14）这种类型的句子，如果头上的名词性成分较长，通常是要用介词的。这时介词结构是修饰语，整个句子是非主谓句。例如：

（15）在大礼堂前边的主席台上坐着五六个人。

4.3　通常所说的在句首出现的有复指成分的句子（如例（6）），句首的名词性成分有时可以加上个介词（如"至于"、"关于"等），它可以移后（当然，移后时要删去句中的代词），它与 VP 之间的语义关系不如它后边的名词那么密切，所以不宜看作主语。再看两个例子：

---

① 例如："被李娇儿一面拉住大妗子……"（《金瓶梅》76 回）"把西门庆吃得酩酊大醉。"（同上 11 回）"连妈妈都说不中用了。"（《红楼梦》57 回）

② VP 前边有几个 NP，哪一个与 VP 的语义关系最密切，这要在研究的基础上排列主语化次序。通常认为施事是排列在第一位的。

（16）这个字我不认识它。

（17）这个字我不认识。

例（17）的"这个字"的情况与例（16）相同。在移位这个特点上它更加明显。这就说明它的前置是语用的安排。但这种安排是通过句子结构的改变来体现的。所以尽管语义关系不变，"这个字"在结构上已经由内层转到外层了。

4.4　在印欧语里，一个句子的谓语要由动词来充当。在汉语里，除了动词之外，形容词、名词、各种结构（包括主谓结构）都可以充当谓语。主谓结构作为一个整体来充当谓语，就构成主谓谓语句。

我们肯定主谓谓语句的存在，但不赞成把它的范围扩充得很大，因为这样不能反映汉语语法的特点。下列句子是典型的主谓谓语句：

（18）他工作积极。

（19）弟弟性格刚强。

在这里，句首的"他"、"弟弟"完全符合上述主语的条件，与外层结构不同。这样的句子，还可以有它的外层结构。例如：

（20）刚来的时候，他工作积极。

（21）兄弟两个，弟弟性格刚强。

5.1　单句可以有它的外层结构，复句也可以有它的外层结构。例如：

（22）在我国，北方还是冰天雪地，南方已经开始播种了。

句首的"在我国"同时修饰后边的两个分句，属于复句的外层结构。

区别句型和句类，根据的是句子的内层结构而不是外层结构。例如：

（23）在人群当中我发现了新来的老师。（主谓句）

（24）在那遥远的地方有一位聪明的姑娘。（非主谓句）

显然，这里根据的是句子的内层结构来区分句型。依据语气分别句类也是如此。例如：

（25）你想这件事该怎么办？

(26) 我想你可以走了。

例(25)的"你想",例(26)的"我想"都属于句子的外层结构,前者是疑问句,后者是祈使句。决定句类的是内层结构。又如:

(27) 你猜他什么时候来(呢)?

(28) 你猜他是上海人(吗)?

例(27)可以用语气词"呢",例(28)可以用语气词"吗"。外层结构"你猜"和使用不同的语气词无关。

6.1 VP前的名词性成分,还有别的类型。例如:

(29) 同志,你是从北京来的吗?

(30) 瞧,好大的西瓜,咱们要告诉姊姊去。

(31) 十几年了,这不是条容易走的路。

例(29)的"同志"是呼语,呼语是独立于句外的。例(30)的"好大的西瓜"相当于一个分句,特点是具有相当于一个分句的语调,一般都有强调程度的词语(如"好大")作修饰成分,它与一个感叹句的作用相当。例(31)"十几年"之后带"了",分句的特性更为明显。①这些都不在本文讨论的范围之内。

原载《语言教学与研究》1982 年第 4 期

---

① 请参看饶长溶《主谓句主语前的成分》,《中国语文》1963 年第 3 期。

关于结构和短语问题

范 晓

《中国语文》1978 年第 4 期发表了张寿康同志《说"结构"》一文,接着又连续发表了李人鉴、陆丙甫、彭庆达三同志讨论"结构"问题的文章。我们认为这场讨论很重要,应当引起语法学界的重视。讨论"结构"问题,不是单纯的名词术语之争,而是涉及语法学特别是句法学中的一系列问题。下面,就这一问题谈点个人意见,向同志们请教。

一

"结构"本来是一个含义并不含混的概念,但张文却把它弄得含糊不清了。张文一方面把"结构"当作关系,即所谓"内部联系",另一方面却又把它看作实体,说"结构"是"造句的一种语言单位";一方面说"语法是一种结构系统",词、句子都是结构,另一方面却又说"词和词按照一定的方式组织起来,作句子里的一个成分的,叫做'结构'"。这便把"结构"与"短语"混为一谈,把"结构"一词不必要地多义化了。

"结构"与"短语"的纠缠,是讨论中暴露出的,但实际上是一个老问题,语法学界一直存在分歧。无非是三种意见:一种是用"结构"来指称短语,如张文所主张的;一种是,实词与实词的结构体叫"词组",实词与虚词的结构体叫"结构"，如《汉语》课本系统所主张的；还有一种是，把"结构"和"短语"分开来，"结构"指关系，"短语"指"不止一个词可又不成为一个句子的东西"（吕叔湘、朱德熙《语法修辞讲话》，第9页。并参见吕叔湘《汉语语法分析问题》，第10、50页)，包括实词与实词的组合以及实词搭上一个虚词的组合。我们认为把"结构"与"短语"分开来比较好。"结构"专门用来指结构关系或构造式样，"短语"专门用来指称两个或两个以上的词按照一定方式组织起来但还不是句子的语法单位。作为科学术语，这样的分工是完全必要的。相反，把"结构"和"短语"混淆起来，甚至用"结构"一词来代替短语，则是不妥当的。

首先，任何事物都是由更小的成分按照一定的方式构成的，任何事物从其内部的结构关系而言都是结构。语言本身就是一个由语音、语义和语法组成的结合体，语音、语义、语法各自有自己的结构系统，词、短语、句子也都有自身的结构。为什么其他东西不能称"结构"，而唯独"短语"要称作"结构"呢？似乎没有这个必要。

其次，从语法学中实际使用"结构"一词来看，在大多数情况下是指结构关系、构造式样，例如说"语法的基本结构""词的结构"等。当说到"偏正结构""主谓结构"，一般也不是专指短语，有时还可以指词或句子。说"某某结构"，并不是专指某个实体，而是着重说明某个实体的式样。

第三，把"结构"用来指称短语，容易引起麻烦。吕叔湘先生指出："至于'结构'，一般要戴上个帽子，什么什么结构，光说'这是一个结构，不是一个词'，似乎不行；而且'结构'既用来指关系，又用来指实体，有时候挺别扭，例如说：'这是一个动宾结构的词，不是一个动宾结构的结构。'"（吕叔湘《汉语语法分析问题》，第10页)这话很有道理。张文一方面把"结构"一词用来指作"造句的一种语言单位"，即我们所说的短语；一方面却又说"语法的研究，应以研究结构为主"。如果后一句话里的"结构"指的也是短语，也可说成"语法的研究，应以研究短语为主"，这显然是不对了。如果指的是"结构关系""构造式样"，则又和指称短语的"结构"矛盾。

二

短语,过去对它有过各种称呼,如"字群""兼词""扩词""仂语""词组"等,但这些在内涵和外延上不是都和短语相合的。目前比较流行的是"词组"。我们以为,短语的名称比词组好。一般语法书对词组所下的定义是:"实词和实词按照一定的方式组织起来,作句子里的一个成分的,叫作词组。"("暂拟汉语教学语法系统",见《语法和语法教学》,第 25 页)这就把实词和虚词的组合(如"介词结构"、"的字结构"之类)排斥在词组之外了。词组这个术语,顾名思义是词与词的组合,但却又不能包括"实虚组合",这是一个很大的缺点。吕叔湘先生说:"词组,一般理解为必须包含两个以上的实词,一个实词搭上一个虚词像我们的、从这里之类就不大好叫做词组(只能叫做'的字结构''介词结构'什么的),可是管它们叫短语就没什么可为难的。"(《汉语语法分析问题》,第 10 页)这个意见我们是赞成的。

短语和词、句子一样,都是语法结构的单位。短语不同于词,因为它是由词组成的,是比词高一级的语法单位;但是它在语法结构中的作用和词是一样的,都是造句的材料;从这个意义上说,短语是造句的语法单位。短语也不同于句子,是比句子低一级的语法单位,句子有表述性,短语没有表述性;但是短语与句子一样,都是由词组成的,构成方式大同小异,它们都是句法研究的对象;从这个意义上说,短语是没有表述性的句法单位。

短语虽然与词、与句子都有密切的联系,但是又不同于词和句子。它是有相对独立性的。然而彭文认为,短语"不是独立于句子之外的语言单位","算不得一种有独立价值的单位",我们以为此说值得商榷。

彭文的理由之一是,从言语的合成过程来看,是"一个个单词接受语法的支配,形成各式各样的句子",是词组成句,而不是词组组成句。不错,词是组成句子的语法单位,但不能以此否定词组也是组成句子的语法单位;词能充当句子的成分,词组同样能充当句子的成分。比如在"你来了"这个句子里,"你"这个词作主语;在"读书是很重要的"这个句子里,不是"书",也不是"读"作主语,而是由"读书"作主语。能说像"读书"这样的短语不是组成句子的语法单位吗?显然不能。以"不能组成句子"之说来反对短语的相对独立性是不可靠的。

彭文理由之二是,从分析言语的过程来看,"要彻底弄清楚一个句子的结构,又必须把它再拆成一个个最小的语言单位——词",而短语,"它们并不是不可以分析到词的",由此认为短语没有"独立价值"。如果以为语法的最小单位才是"独立于句子之外的","有独立价值的单位",那么语素是最有资格的了,因为语法结构的最小单位不是词,而是语素;词在大多数情况下也并不是不可以再往下分析的。词不也成了一个没有独立价值的单位了吗?这显然是说不通的。所以,以"最小单位"之说来否定短语的相对独立性同样是不妥当的。

彭文理由之三是,认为短语离不开词和句子,说"没有离开词的结构(即短语),谈结构(即短语)离不开词和句",以此否定短语的独立性。确实,短语和词、句子有密切的联系,没有离开词的短语,研究短语也是离不开词和句子的,但若以"离不开"来证明短语没有独立性或"独立价值",那么词和句子也可说是"算不得一种有独立价值的"语法单位了,因为在言语里,没有离开词或短语的句子,也没有离开短语和句子的词。当然,这样的结论也是不对的。所以,以"离不开"论来反对短语的相对独立性也是站不住脚的。

短语作为一种语法单位,像语素、词、句子一样,是有相对独立性的;它大于语素和词,小于句子;说它是"词和句子的中间环节",没有什么错误。它是客观存在着的,如果没有"独立价值",那么"词组""短语"之类的名称也就不需要了,更不必对它进行研究了。

彭文由于否定了短语的独立价值,也必然否定短语研究的必要性和重要性。彭文说:"对词组的研究并不能解决认识句子构造的任务",如果研究短语系统,"就成为语法学习者不堪承受的负担"。批评张文分类不当,我们是同意的。但不能因为张文分类有问题而认为短语也有问题，进而反对研究短语。对短语进行研究，当然不能代替或包括对句子的研究。然而，短语是词和句子的中间环节，它确是一种"构件"，它上通单复句，下及合成词，它的组成方式与句子极为相似，甚至与合成词的构成方式也是近似的、有渊源的。分析短语，可以说是分析句子和分析合成词的一把钥匙。研究短语，不但可以帮助我们认识句子，而且也可以帮助我们认识词。所以，短语的结构方式及其功能的理论，是语法学的一项重要内容；短语的研究，是语法研究的一项重要任务。

无论从"合成"的角度还是从"分析"的角度说，"短语"都是可以相对独立的，都是必须进行独立研究的。比如从"合成"的角度说，小学生的语文课中就有"扩词"的练习。"扩词"，就是训练学生组词成为短语的能力，它像"造句"一样，是语文的"基本功"。老师提出一个词，比如"吃"，学生就得把它扩成"吃饭"、"吃苹果"、"我吃"等。这些短语当然独立于句子之外，它们是有一定的结构方式的。再从"分析"的角度说，进行句法结构的分析，包括句子分析和短语分析两部分。例如分析"我的弟弟正在认真读书"这个句子时，第一步先分成"我的弟弟"是主语，"正在认真读书"是谓语，这就是句子的分析，分析出的成分是句子成分。然后对"我的弟弟"和"正在认真读书"进行分析，那是短语分析，分出来的成分是短语成分。总之，"合成"和"分析"是互为联系的两个方面，短语既是可以合成的，也是可以分析的。一定要追问先有短语还是先有句子，正好像追问先有词还是先有句子一样，是一个纯粹理论性的问题，出发点不同，解释也就两样。这样的问题对于短语本身的"独立价值"和研究短语的必要性似乎没有多大联系。就以彭文所举的"你怎么没先打报告上去"为例，这里确是"没有哪个成分不是由单词充当"，但里面有没有短语呢？是有的。彭文不承认这个句子里有短语存在，不承认对短语可以再分析，这似乎与彭文强调的"层次问题"的理论相矛盾。说一个较复杂的多层次的句子只是"单词"组成，而短语不参加"造句"，岂不是"无视层次，从同一个平面去分析造句'构件'"了吗？岂不是"行不通"吗？

三

给短语进行分类是必要的,它是短语结构规律的归纳和总结。分类分得好和归类归得好,可以指导人们造句和分析句子。

给短语进行分类,首先遇到的是一个分类标准的问题。分类必须讲逻辑性。张文给短语分类时,没有一定的标准:有的是按照成分之间的关系分的,如"主谓结构""偏正结构"等;有的是按照词与词结合上的选择性来分的,如"数量结构""指量结构"等;有的是按照结构所表达的某种意义来分的,如"否定结构""比况结构"等;有的是按照词与词结合的程度来分的,如"固定结构"。这是一种多标准分类。多标准实际上是无标准。用多标准分出来的类必然是混乱的,违反逻辑的。

逻辑分类还要求划出来的各个子项互相排斥,而张文的短语分类所划出来的子项并不都如此。张文承认"有时可能发生这一'结构'被包含在另一'结构'中的情形";正如陆文所指出的,"事实上,不是'有时发生',而是大量地普遍地存在层层结构互相包含的情况"。"互相包含",是违反各个子项应当互相排斥的原则的;而且还是"大量地、普遍地"存在"互相包含"的情况。奇怪的是,陆文却说"张文所举二十一种结构中,明显违反逻辑标准,即概念在外延上互相重叠的,只有'固定结构'一类……此外有一些结构类别牵涉到大类小类的问题,不是严格的对立"。那就是说,只有"固定结构"一类分得不当,其他的类别都合逻辑。其实张文自己也承认"不是'结构'的逻辑分类","在理论上……有缺陷",陆文再来说张文不违反逻辑分类的原则,似乎是说不过去的,自己的言论也是自相矛盾的。在这个问题上,我们同意李文提出的疑问:"违反逻辑上分类的规律而分出来的类,究竟是不是还谈得上'科学性'? 究竟还有多大的'实用价值'?"

根据不同的目的,可以采取不同的标准给短语分类。比如根据结合程度,可分为"自由词组"和"固定词组"两大类;根据功能,可分为体词性短语、述词性短语、副词性短语等(体词包括名词、代词等。述词包括动词、形容词、断词、衡词等)。

现在我们所讨论的,不是上面两种标准的分类,而是按照结构的内部关系即结构方式给短语分类。这样的分类,不但要有"关系"的概念,还应当有"层次"的概念。这一点,李、陆、彭三位同志都提到了。李文指出短语有"单层次结构"和"多层次结构"之别,陆文提出分类时要根据"最外层的直接成分即第一层直接成分",彭文提出要注意"层次问题"。这些意见都是很对的。

按照结构关系即结构方式给短语分类,一般可分三级。

第一级,可先区分出复合短语与派生短语两大类。复合短语是实词与实词组合成的短语,即一般所谓"词组",陆文称之为"句法结构"。这种短语类似合成词中实素与实素组成的"复合词",所以称之为"复合短语"。派生短语是实词与虚词组合成的短语,即一般所谓"介词结构""的字结构"之类,也就是陆文所说的"下句法结构"。这种短语类似合成词中实素和虚素组合成的"派生词",所以称之为"派生短语"。

复合短语与派生短语有相同的一面,即它们都能在句子里充当一定的成分,既不同于词,也不同于句子。但是它们之间还是有区别的:复合短语是"实实组合",它的意义是两个或两个以上实词的意义的总和;派生短语是"实虚组合",其中实词有词汇意义,虚词只表示语法意义,所以派生短语有极大的能产性。复合短语中的实词都能充当某种句法成分;而派生短语中的虚词不充当句法成分,因此在分析句子结构时,派生短语是不必再分析下去的。

第二级分类,就要给复合短语和派生短语进行下位分类。复合短语可分为"主谓短语""述宾短语""偏正短语""联合短语"四类。"述宾短语"中的述语,不只是述词能充当,述词性的短语也能充当,如"不吃肉"中,"不吃"作述语。"宾语",有些语法学家主张改称"补语",是有道理的。这里为了不致牵涉面太大,暂时仍称宾语。我们的分法与李文略有差异:李文有"正补结构",我们没有;我们有"述宾结构",李文没有。李文的"正补结构",实际上包括了两种短语:一种是"读书""做工"之类,我们称之为述宾短语;另一种是"好得很""跑得极快"之类,我们归入偏正短语。把这两种不同结构关系的短语合并成"正补结构",恐怕是不适当的。"好得很"之类是前正后偏,而把"读书"之类也说成是前正后偏就值得讨论了。派生短语下面可分几类?这个问题还未得到充分研究,不能进行严格的分类,但能列举一些,例如"介词短语""的字短语""所字短语""似的短语"(包括"××一般""××一样")等。派生短语是很值得进一步研究的。

第三级分类,就是给第二级分出来的类再进行分类。主谓短语一般不再往下分。述宾短语可再分为"动宾短语""形宾短语""断宾短语""衡宾短语"四小类。动宾短语如"看报""写信"等;形宾短语如"大着胆""高他一头"等[①];断宾短语如"是学生""是他的"等;衡宾短语如"应当说""能做"等。[②]偏正短语可再分为"定心短语""状心短语""补心短语""插心短语"四小类。定心短语如"蓝蓝的天""木头房子"等;状心短语如"不好""快跑""把门打开"等;补心短语如"好得很""说下去""说得一清二楚"等;插心短语如"想必收到""看样子很好"等。[③]联合短语也可再往下分,分成"并列短语""顺递短语""同位短语""重叠短语"四个小类。并列短语如"哥哥和弟弟""工农兵"等;顺递短语就是一般所说的"连动式"或"连谓式"的短语,如"上图书馆看书""走过去开门"等;同位短语如"小王他""首都北京"等;[④]重叠短语如"跑跑跳跳""快来快来"等。[⑤]

---

① 一般语法书上说形容词不能带宾语,一带宾语就变成动词了,恐怕不能这样绝对化。形容词一般不能直接单独和体词结合,构成形宾短语;但如果带有时态助词"了""着"之类或者在表示比较的情况下,也是可以带宾语的。

② 这类就是张文所说的"能愿结构"。一般所说的"能愿动词""助动词",我们称之为衡词,和动词、形容词、断词并列,同为述词的一小类。

③ "插心短语",是一种特殊的偏正短语。一般语法书上往往把插语看成游离于句子或短语之外的东西。我们认为任何一个实词或短语,出现在句子或短语里,它便是句法结构的组成成分。插语和被插的成分之间的关系,实质上也是一种偏正式。插心结构的句子比较多,插心短语比较少,但插心结构的句子在一定条件下也可以转化为插心短语。

④ "同位短语",有的语法书认为是偏正式的。但偏正短语是双成分的,同位短语像其他联合短语一样,有时可由两个以上的成分组成,如"小张他这个人"便是三个成分组成的同位短语。

⑤ 许多语法著作只说有重叠词,没说有重叠短语、重叠句。其实重叠式的结构方式在短语和句子里也是存在的。它可以作为联合式的一个小类。

关于"方位短语"(如"桌上"、"屋里")和"量词短语"(包括张文所说的"数量结构"和"指量结构",如"一本""这件"),是可以讨论的一个问题。由于语法体系不同,各家处理上也就不同。假如把"方位词""量词"当作实词,则由方位词、量词组成的短语都属偏正式的复合短语:方位短语是定心短语的一种,量词短语是补心短语的一种。假如把方位词和量词看作虚词,那么由方位词、量词组成的短语则属派生短语。我们倾向于把它们划入派生短语,因为方位词和量词的主要用途是附着在实词后面组成方位短语和量词短语。

对于一般语法书上所说的"兼语式""兼语词组",似乎没有必要独立成类。"兼语"之论,说不清这种短语的结构关系,也无法进行层次分析。所谓"兼语式",实际上是一个多层次的短语。分析这种短语并替它归类,应当找出它第一层的直接成分的结构关系,也就是要看它第一步切分出哪两个句法成分来决定它的类型。以"选他当代表"为例,第一步先分出"选他"与"当代表"两个成分,第二步再在"选他"和"当代表"里面分出两个成分。第一步分出的两个成分之间的关系是补心式的偏正关系,"选他"是中心语,"当代表"是补语;第二步两个短语的结构关系都是动宾关系。"选他当代表"从整体来说是"补心短语"。

复合短语里有时有表示结构关系的虚词,如联合短语里常有"和""与""并"等虚词,偏正结构里常有"的""地""得"之类虚词。这种虚词是纯粹表示结构关系的,所以可以借助它来辨别短语的结构类型。还有一些关联词语搭配起来的固定格式,如"越……越……""一……就……""不……不……""非……不……""再……也……"等,也都是用来表示结构关系的。这些格式表示前后两个成分之间的偏正关系,或表条件,或表假设,等等。这些格式,张文称之为"紧缩结构",即认为是紧缩短语;也有人称作"复句的紧缩"。其实这种固定格式在复句里有,在短语中也存在,不能说只是一种复句的格式;在短语里,也很难说是"紧缩"。这种格式只是标示了一种结构的方式,而不是结构的实体本身。例如"我们取得了越来越大的胜利","越来越大"便是偏正短语,在这里作定语。又如

"我一合眼就睡着了","一合眼就睡着"也是偏正短语,在这里作谓语。这种固定格式是很有用的,值得进一步研究。固定格式不必称作短语或"紧缩结构"。

最后,为了醒目,列一张现代汉语短语的简表于下:

部门	大　类	类	例	
复合短语	主谓短语	1. 主谓短语	你来	他读
	述宾短语	2. 动宾短语	读书	看报
		3. 形宾短语	大着胆	高他一头
		4. 断宾短语	是学生	是他的
		5. 衡宾短语	应当说	能做
	偏正短语	6. 定心短语	蓝蓝的天	木头房子
		7. 状心短语	不好	快跑　　把门打开
		8. 补心短语	好得很	说下去　　说得很清楚
		9. 插心短语	想必收到	看样子很好
	联合短语	10. 并列短语	哥哥和弟弟	工农兵
		11. 顺递短语	上图书馆看书	走过去开门
		12. 同位短语	小王他	首都北京
		13. 重叠短语	说说笑笑	快来快来
派生短语		14. 介词短语	把书	关于这个问题
		15. 方位短语	桌上	屋里
		16. 量词短语	一本	这件
		17. "的"字短语	红的	教书的
		18. "所"字短语	所想	所知
		19. "似的"短语	小老虎似的	大海一般

原载《中国语文》1980 年第 3 期

汉语语法描写与解释

现代汉语兼语句的句法和语义特征

游汝杰

本文将句法和语义相结合,运用题元理论和论元结构研究现代汉语兼语句。笔者认为,兼语句是可以独立的一种句式,它在句法和语义上自有特点,与连谓句和小句宾语句有明显的不同。

兼语句的形式是:

$$N_1 + V_1 + N_2 + V_2$$

我们选　　他　　当主席

一般语法书上只提"兼语式"(或称"递系式"),而无"兼语句"。删去上述兼语句形式中的 N_1,就是兼语式的形式: $V_1 + N + V_2$。本文试用"题元"和"论元"分析兼语, N_1 是必定要论及的,所以提出"兼语句",指含有兼语式的句子。

一、题 元 和 论 元

题元(theme)是语义的单位,是一个句子中表达与动词相关的某一类语义的部分。常见的题元有施事题元、受事题元、方所题元等。例如在"他在朋友家里喝茶"中"他"是施事题元,"在朋友家里"是方所题元,"茶"是受事题元。"题元"可以说是句法语义学上的概念,题元研究试图在句法概念中加进语义内容,其主要目的在于试图说明光靠句法概念难以解决的问题。题元与句子成分并没有一对一的必然关系。例如"我找一份报纸看",从句法方面分析,这是一个连谓句,"找"和"看"是动词谓语,"找"有一个宾语,即"一份报纸","看"不带宾语;如果从语义方面分析,"一份报纸"是"找"的受事题元,也是"看"的受事题元。

论元(argument)是指动词在句子中所要求搭配的任何句法成分,例如"吃"这个动词在"我吃苹果了"中有两个论元,即"我"和"苹果"。有的论元是动词在句子中必须有的,称为"必有论元"(obligatory argument),例如上述例句中的动词"吃"必须要有"我"这个论元,但是"苹果"可有可无,只是一个"可有论元"(optional argument),上述例句可以改为"我吃了"。论元一般是名词。语言学上的"论元"这个概念是从数学逻辑引进的,在数学逻辑上,在表达式 P(x, y)中,x 和 y 是两个可以预见 P 的论元。"论元"是语义学上的概念。

二、兼语句的句法结构

典型的兼语句中的两个动词陈述的对象不同,第一个动词是陈述全句主语的,第二个动词是陈述兼语的,也就是说兼语一定要是第二个动词的施事,第一个动词和第二个动词的施事不同。换句话说,第一个动词的论元是全句的主语和兼语,第二个动词的论元是兼语和兼语的宾语。由兼语词组充当谓语的句子称为兼语句,兼语句里的第一个动词称为兼语动词。例如"我们选他当主席",其中"我们"是全句主语,"他当主席"是由兼语词组构成的谓语,"他"既是"当主席"的主语,又是"选"的宾语。全句是兼语句,"选"是兼语动词。

三、关于"兼语式"能否成立的论争

关于"兼语式"能否成立,历来是有争议的。争议的焦点是如何分析第二个动词,反对者的意见有以下几种。

(1) 连谓说,即认为 V_2 是连谓式中的第二谓语,而不是兼语的谓语。朱德熙(1985)认为一般所谓兼语式只是连谓式之一种。

(2) 小句宾语说,即认为"N_2+V_2"是 V_1 的宾语,换句话说,"N_2+V_2"是小句宾语。(吕冀平 1979)

(3) 空语类管约说,即认为 V_2 是由空语类(empty category)管辖的,其主语并不是一般所谓兼语。其说是用转换生成语法分析兼语句得出的结论。(胡裕树、范晓 1995)

(4) 补语说,即认为 V_2 是 V_1 的补语。(吕冀平 1979)

(5) 复句说,即认为全句是经过紧缩的复句。(张静 1977)

四、连谓句和兼语句辨析

连谓句和兼语句的形式是相同的,都是:

$$N_1+V_1+N_2+V_2$$

以下是上述格式的几个不同类型的典型例子(例子据朱德熙 1985)。在这些例句中 N_1 是 V_1 的必有施事题元,需要讨论的是 N_2 和 V_2 在语义上的关系。

(1) N_2 是 V_2 的必有施事题元。例如:

我们选他当主席|他请客人吃饭

（2）N_2 是 V_2 的必有受事题元。例如：

> 我买一份报看 | 我找点事儿做

（3）N_2 是 V_2 的必有与事题元。例如：

> 他找人聊天儿 | 我帮他洗碗

（4）N_2 是 V_2 的必有工具题元。例如：

> 我们借辆车运货 | 他炒个菜下酒

（5）N_2 是 V_2 的必有处所题元。例如：

> 我上广州开会 | 你进屋里暖和暖和

（6）N_2 是 V_2 的必有时间题元。例如：

> 我花两小时买菜 | 我等一会儿告诉你

（7）N_2 和 V_2 无明显语义关系。例如：

> 我开窗睡觉 | 他穿上大衣出去

从题元的角度我们可以把上述七小类例句分为两个大类。

第一大类只包括第（1）小类，此类句子中的两个动词各有一个必有的施事题元，也只能有一个必有施事题元，即 N_1 是 V_1 的必有施事题元，N_2 是 V_2 的必有施事题元。"选"的施事题元是"我们"，"当"的施事题元是"他"。"他请客人吃饭"中"客人"一定是"吃饭"的施事，"他"不一定是"吃饭"的施事，他可以只是请人吃饭，而自己并不吃，所以"吃饭"只有一个必有施事题元。

第二大类包括第（2）至第（7）小类，此类句子中的两个动词只有一个共有的施事题元。各小类具体分析如下。

"我买一份报看"中"我"是"买"和"看"的共有施事题元，"一份报"是"买"和"看"的共有受事题元；"我帮他洗碗"中"我"是"洗碗"的必有施事题元，"他"可以是"洗碗"的施事题元，也可以不是"洗碗"的施事题元，因为由我帮他洗碗，他自己可以不洗碗；"他找人聊天儿"中"他"和"人"是"聊天儿"的共有施事题元；"我们借辆车运货"中"我们"是"借车"和"运货"的共有施事题元；"我上广州开会"中"我"是"上广州"和"开会"的共有施事题元;"我花两小时买菜"中"我"是"花两小时"和"买菜"的共有施事题元;"我开窗睡觉"中"我"是"开窗"和"睡觉"的共有施事题元。

第一大类是典型的兼语句,第二大类是连谓句。也就是说,连谓句中的两个动词只要求有一个共用的必有施事题元,兼语句要求有两个必有施事题元,所以两者大不相同。兼语句是可以独立存在的。

五、小句宾语句与兼语句辨析

以"我希望他来"为例,根据小句宾语句的语义特征,其形式应该是:

$$N_1 + V_1 + [N_2 + V_2]$$

　　我　希望　　他　来

其结构用树形图来表示应该是:

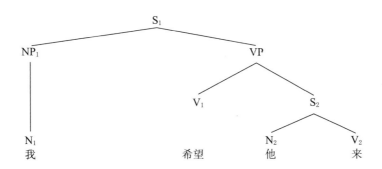

根据兼语句的语义特征,其形式应该是:

$$N_1 + V_1 + N_2 + V_2$$

　　我　叫　他　来

其结构用树形图来表示应该是:

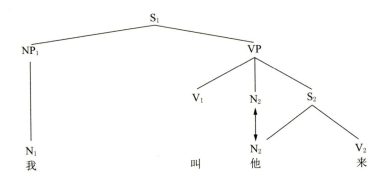

从树形图来看,两者的结构显然是不同的。

从题元来看,在小句宾语句里,V_1 的施事题元是 N_1,V_2 的施事题元是 N_2,而 V_1 的受事题元是 S_2,不是 N_2。"希望"的是"他来",而不是"他"。在兼语句里,V_1 的施事题元是 N_1,V_2 的施事题元是 N_2,但 V_1 的受事题元是 N_2,而不是 S_2:"叫"的是"他",而不是"他来"。

因此,我们可以根据 V_1 的受事题元不同,把小句宾语句和兼语句区别开来。

另外,兼语句的句中停顿在 N_2 和 V_2 之间,不在 N_1 和 V_1 之间。例如:

我们选他°当班长。

我请你°吃饭。

让他°去谈判是最合适的。

通知他们°赶快派车。

小句宾语句的句中停顿在 V_1 和 N_2 之间。不在 N_2 和 V_2 之间。例如:

我希望°他来。

我知道°他不会去。

他们估计°小王不行。

在特殊的语用环境下,小句宾语句的句中停顿可以移至 N_2 和 V_2 之间,即:

我希望他°来。

我知道他°不会去。

他们估计小王°不行。

在这种情况下，N_2 是受事题元的焦点和全句的逻辑重音所在。

但是停顿不是判断兼语句的唯一标准。

"他用左脚踢皮球"和"他用英语写信"这两句虽然停顿在兼语和第二个动词之间，但不是兼语句。因为"踢"的施事题元是"他"，而不是"左脚"。这个句子的另一种分析法是：只有一个动词谓语，"用左脚"和"用英语"是状语。

"你睁大眼睛看看"中的停顿虽然在兼语和第二个动词之间，但是因为"看看"的施事题元是"你"，而不是"眼睛"，所以这个句子不是兼语句，而是连谓句。

小句宾语句中的 $N_1 + V_1$ 和 $[N_2 + V_2]$ 可以易位，即：

$$N_1 + V_1 + [N_2 + V_2] \rightarrow [N_2 + V_2], N_1 + V_1$$

我　希望　他　来。→　他　来，　我希望。

兼语句中的 $N_2 + V_2$ 和 $N_1 + V_1$ 不可以易位，即：

$$N_1 + V_1 + N_2 + V_2 \qquad \rightarrow {}^* N_2 + V_2, \qquad N_1 + V_1$$

我　选　他　当主席。→*他　当主席，我　选。

"他来，我希望。"是一个合格的易位句，"他当主席，我选。"不是一个合格的易位句，而是一个破碎的句子，"我选"是对"他当主席"在语意上的追补，可以称为追补句。

小句宾语句中的 $N_1 + V_1$ 和 $[N_2 + V_2]$ 之间加"的是"，句子仍可以成立，即：

$$N_1 + V_1 + [N_2 + V_2] \rightarrow N_1 + V_1 + 的 + 是 + [N_2 + V_2]$$

我　希望　他　来。→我　希望　的　是　他　来。

兼语句中的 $N_1 + V_1$ 和 $[N_2 + V_2]$ 之间如果加"的是"，句子不能成立，即：

$$N_1 + V_1 + N_2 + V_2 \rightarrow {}^* N_1 + V_1 + 的 + 是 + N_2 + V_2$$

我　请　他　来。→*我　请　的　是　他　来。

"*我请的是他来。"必须删除"来",说成"我请的是他",句子才能成立。

兼语句的第一个动词和兼语之间不能插入方所题元或时间题元,小句宾语句则可以。如:

　　*我请明年他去。(兼语句)

　　我希望明年他去。(小句宾语)

　　*我请北京他来。(兼语句)

　　我希望北京他去。(小句宾语)

"我希望他来。"的发问形式可以是:"你希望什么?",而不可以是"你希望谁?"。这是因为,这个句子的动词"希望"的论元(或"向")有两个,一个是"我",另一个是作为小句宾语的"他来",而不是"他"。

"我叫他来。"的发问形式可以是"你叫谁?",而不可以是"你叫什么?"。这是因为,这个句子的动词"叫"的论元有两个,一个是"我",另一个是"他",而不是"他来"。

六、空语类管约说与兼语句

用转换生成语法的理论和方法来分析兼语句,其结构可以用下述树形图表示(胡裕树、范晓,1995,第357页):

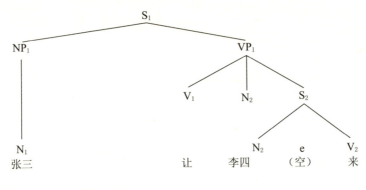

作者虽然认为 N₂ 没有兼职的功能,从而否定了兼语式,但是仍承认这类句子的特殊性,而称为"递系式"。所谓特殊是因为作者认为从句中有一个空语类的存在。从语义上来看,这个空语类的设立毫无必要,更不必考虑是否可以用显性名词写出。来的是"李四",非常明确,"李四"就在"来"的前边。"来"的施事题元就是"李四","李四"已经是一个显性名词。因此,空语类管约说是令人难以接受的。

七、兼 语 动 词

所谓"兼语动词"是指兼语句中的第一个动词(V_1)。语法学界已经提到的兼语动词有以下 10 类(胡裕树、范晓,1995,第 357 页),笔者将其重新组合,补充例词,归纳为新的 11 类,并给各类加上一个语义上的名目。

(1) 使令:使、叫、让、令、要、找、导致、说服、利用、号召、组织、发动、动员

(2) 命令:命令、禁止、布置、安排、分配、介绍、指定、派、要求

(3) 劝令:鼓励、请、劝告、嘱咐、通知、告诉、催、教、阻止

(4) 委托:委托、托、拜托、请求、求

(5) 提供:留、留给、供、扶、扶植、送给

(6) 推举:推荐、选、提名、调、叫……做、称……为

(7) 协同:送、陪

(8) 协助:帮、帮助、协助、配合

(9) 跟随:跟、随、追随、跟从、随从

(10) 喜恶:表扬、喜欢、爱、感谢、佩服、夸奖、称赞、嫌、讨厌、恨、怪、气、怨、可怜、笑、骂

(11) 有无:有、没(有)、是

以上 11 类动词中的前 6 类可以用"致使义"来概括,是典型的兼语动词。

这一类动词常用做兼语句的第一个动词,即 V_1。句子中的 V_1 导致 V_2 的出现。V_2 的施事题元是 N_2。例如"我们选他当班长"中,"选"的结果导致"当"的出现。也就是说,"他当班长"是"我们选"的结果。"当"的施事题元是"他"。

第(7)类动词出现在"$N_1+V_1+N_2+V_2$"的格式中,一般的情况是 N_1 既是 V_1 的施事题元,也是 V_2 的施事题元,这是它与前 6 类动词的不同之处。"我们送他去美国"一般情况下可能是我们和他一起去美国,也可能我们只是经济上资助他,而实际上并没有跟他到美国去。在这种情况下,"送"与前 6 类动词并无不同之处。"我陪他读书"的情况也是这样。

第(8)类动词在"$N_1+V_1+N_2+V_2$"的格式中是否为兼语动词,是有歧义的。一般的情况是:N_1 既是 V_1 的施事题元,也是 V_2 的施事题元,V_2 的施事题元是 N_2。所以在一般情况下,这类句子是兼语句。在特殊的情况下,这类动词不符合兼语动词的施事题元的特点,如"我们帮他洗碗",如果他不洗碗,只是我们洗碗,"他"就不是"洗碗"的施事题元。所以这个句子不是兼语句,而是连动谓语句。如果"帮助"用在"我们帮助教师们提高教学质量"里,则"帮助"是兼语动词,"我们"是"帮助"的施事题元,不是"提高"的施事题元。

第(9)类动词在"$N_1+V_1+N_2+V_2$"的格式中不是兼语动词,因为 V_1 不是致使义动词。V_2 的出现,也不是 V_1 的结果。例如"他们跟随部长出国访问"当中,部长"出国访问"并不是"跟随"的结果。

第(10)类是心理动词,在"$N_1+V_1+N_2+V_2$"格式中,"N_2+V_2"是小句宾语,所以"N_2"不是兼语动词。例如"我喜欢她穿花衣服",可以在"N_1+V_1"和"N_2+V_2"中间加"的是",把句子变换成"我喜欢的是她穿花衣服。"在下面的句子里"V_1"后接的是小句宾语更为明显:"他喜欢房间铺地板,客厅铺地砖。"另外,V_1 不含致使义,V_2 的出现,也不是 V_1 的结果。

第(11)类动词没有致使义。在"$N_1+V_1+N_2+V_2$"格式中,V_2 的出现,并不是 V_1 导致的结果,此类动词不宜看做兼语动词。例如"我有个朋友住在北京"当中,"朋友住在北京"不是"我有"的结果。

八、兼语句的论元结构

兼语句的第一个动词的必有论元有两个,一个在前,一个在后。例如"我叫他们来"中"叫"前面的"我"和后面的"他们"是必有论元。

下面两个句子不是兼语句,因为第一个动词只有一个在它后面的必有论元:

有个村子叫张家庄。

是小干骂了小享。

兼语句的第二个动词的必有论元只有一个,是在它的前面,可有论元则是在它的后面。例如在"断电令工厂停工"当中,"停工"的必有论元是它前面的"工厂"。它的可有论元可以出现在它的后面,例如"断电令工厂停工三天",其中"三天"即是可有论元。

九、兼语句的题元特征

(1)题元重合

兼语句的第一个动词必须有两个必有题元(obligatory theme),一个是用做全句主语的施事,另一个是用做兼语的受事,第二个动词必须至少有一个必有题元,即用做兼语的施事,另一个是用做兼语的宾语的受事,是一个可有题元。兼语句中有三个必有题元,其中第二和第三个题元是重合的。

(2)题元空位问题

下面两类句子第一个动词没有施事题元,也不能补出任何题元,所以不是兼语句。我们不认为兼语和它的宾语之间存在空语类(empty category)。

幸亏是宝二爷自己应了。

有人喊你的名字。

（3）题元指派方向

兼语句中的第一个动词指派题元是有方向性的,即施事题元一定要在受事题元之前,所以"被"字句不是兼语句。例如"大树被台风刮倒了"。在这个句子里,施事题元"台风"在受事题元"大树"之后。

十、结　语

（1）兼语句是一种可以独立的句式,它与连谓句、小句宾语句、补语句和复句紧缩句明显不同。

（2）兼语动词在语义上的共同特点是含有致使义。兼语句中的第一个动词导致第二个动词的出现。

（3）兼语句的第一个动词的必有论元有两个,一个在前,一个在后。第二个动词的必有论元只有一个,是在它的前面,可有论元则是在它的后面。

（4）兼语句的第一个动词的必有施事题元只有一个,在它的前面,必有受事题元也只有一个,在它的后面。兼语句的第二个动词的必有施事题元只有一个,在它的前面,而可有受事题元在它的后面。第一个动词的必有受事题元和第二个动词的必有施事题元重合。

参考文献

P.H. Matthew, *Oxford Concise Dictionary of Linguistics*, 3th edition. Oxford University Press, 1997.

胡裕树、范晓主编《动词研究》,河南大学出版社 1995 年版。

朱德熙《语法答问》,商务印书馆 1985 年版。

吕冀平《两个平面、两种性质,词组和句子的分析》,《学习与探索》1979 年第 4 期。

张静《"连动式"和"兼语式"应该取消》,《郑州大学学报》1977 年第 4 期。

胡裕树主编《现代汉语(修订本)》,上海教育出版社 1997 年版。

徐烈炯、沈阳《题元理论与汉语配价问题》,沈阳主编《配价问题与汉语语法研究》,语文出版
　　社 2000 年版。

原载《汉语学习》2002 年第 6 期

论现代汉语现实体的三项语义特征

戴耀晶

体(aspect)是观察时间进程中的事件构成的方式。现实体表达的是一个现实的完整的动态事件,现代汉语里用附着在动词后的构形成分"了"作为形式标记。它有三项主要的语义特征。

一、动态性反映事件的变化性质,并不注重事件的动作性

动态是相对于静态而言的,现实体的动态性主要不是表现在它反映了事件构成的非均质特征或动作性上,而是在于它指明了事件构成中的某一个变化点,静态性则是不存在变化点而只有持续段的。现实体的这个性质在以静态动词作谓语的句子里可以得到说明。

"知道"是一个静态动词,因为它不反映变化,具有均质的时间结构。用"知道"作谓语的句子通常表达一个静态事件。例如:

(1) 马兰知道这件事。

但是,如果用上了现实体标记"了",句子的静态性就会发生变化,成为动态的了。因为"了"指明从不知道"进入"知道的变化点。例如:

(2) a. 马兰知道了这件事。

b. 他们知道了怎样走进中国大门。

例（1）与例（2）所表示的事件在时间轴上的差别可作如下图示：

图一

带"了"的句子指明"知道"的起始点动态，不带"了"的句子仅仅指明事件处于静态的持续阶段。图中圆点表示动态，直线表示静态，T 是时间轴，t_1 是时间上的一个点。

除了"知道"以外，还有一些类型的静态动词带上"了"以后充当谓语的句子都具有动态性，都指示了一个变化点。试比较：

（3）a. 王二婶相信红军会打回来。

b. 王二婶相信了区长说的话。

（4）a. 哑姑脸红脖子粗。

b. 哑姑唰地红了脸。

（5）a. 新来的那个小伙子姓李。

b. 自打他姓了李，咱村就没的安宁了。

以上 a 类句子都是静态句，b 类都是动态句，差别在于动词后是否有一个指示变化点的"了"。形容词的主要性质是标示事物的属性和品质，用形容词作谓语的句子通常表达的是静态事件。不过，要是形容词附上了现实体标记"了"，句子就会带上动态的性质，如例（4）。又如：

(6) a. 呵，屋里真干净！

b. 屋里干净了两天，这不，又脏了。

明确了"了"的动态性质，对现代汉语里"有""存在"一类纯粹表示静态存在意义的动词可以用在含时间起讫点的句子中表述动态事件也就释然了。如：

(7) a. 金贵有了钱以后，腰板也直起来了。

b. 这个研究会只存在了三天就解散了。

当然，由于"知道""相信""姓""红""干净""有""存在"等词语意义上的静态性质，它们带上"了"以后表示的动态与动作、结果等类别的动词表示的动态还是有区别的。主要区别在于，静态动词带上"了"表示的是发生变化的起始点，而后则一直保持静态，不再变化，可称之为起始点的动态（ingressive dynamics）；动作动词带"了"表示的变化与动作相始终，动作开始，变化也开始，动作停止，变化也停止，可称之为全程的动态（full dynamics）；结果动词带"了"表示的是变化的终结点，可称之为终结点的动态（terminal dynamics）。试比较：

(8) a. 这屋子干净了三天。

b. 这本书他看了三天。

c. 这个人来了三天了。

三个句子表示的都是动态事件，都带了现实体标记"了"，但由于谓语动词的性质不同，句子表示的动态也有差别。a 句是起始点的动态，即"干净"这个变化发生在起始点上，而后进入静态，句子指出静态持续了三天。由于时间词语"三天"的出现，a 句没有相应的不带"了"的静态句（* 这屋子干净三天）。b 句是全程的动态，即变化与整个事件相始终，"看"的动作从开始一直到终结，"三天"指明动态持续的时间。c 句是终结点的动态，即变化发生在终结点上，一旦"来"了，动态即告终结，"三天"指明动态终结后的时间。三类动词构成的句子所反映的动态差异可在时间轴上作如下图示：

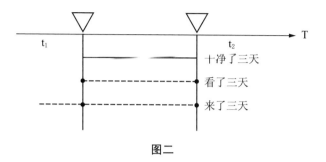

图二

图中 t_1 至 t_2 的距离为三天,圆点表示变化点,直线表示静态持续,圆点线表示动态持续,虚线表示动词动作终结后的时间,t_1 线左边的圆点线表示到达终点之前也许有 个动态过程,但小在句子的观察范围。

现实体"了"的动态语义特征,决定了表示静态行为的动词使用上有两种情况。一种是限制静态动词带"了"与否的语义内容,如上面所分析的,句子带上"了"表示动态事件,不带"了"通常表示静态事件,这是一部分的静态动词。另一种情况是限制静态动词的使用范围,即有一部分静态动词不允许在句子中带上"了"来表示动态,这类动词有"是""等于""属于""像""值得""企图""显得""意味着""情愿""觉得""当做""标志着""抱歉""具有""认为""以为""容纳""嫌""缺之""佩服"等以及大部分的形容词。

二、完整性反映事件的整体性质,并不注重事件的完结性

完整性指的是句子所表达的事件的整体性质。它是从外部观察一个事件构成的结果。现实体"了"的完整性表现在:第一,事件是不可分解的。一个事件的起始、持续、终结等构成在句子中合为一体,不可分解。例如:

(9) a. 王虎昨天夜里到了上海。

b. 煤气罐突然爆炸了。

"王虎到上海""煤气罐爆炸"反映的都是瞬间事件,缺少持续过程,起始与终结是重合的,"了"强调了其不可分解的整体性。

第二,事件是不必分解的。一个事件占据了一定的时间长度,在时轴的每一点上,事件的表现形式都不同,不断变化直到终结。这类事件在语义上是可以分解的,如"小王跑步"。但是,当语言使用者赋予事件以完整体意义,换句话说,当句子中用上构形成分"了"以后,事件就成为一个不必分解的整体了。例如:

（10）a. 小王跑了步。

　　　b. 我们写了一封信。

　　　c. 那孩子做了个鬼脸。

以上句子表达的都是不必分解的整体事件。如果要对其进行分解,则要说成:

（11）a. 小王跑着步（呢）。

　　　b. 我们写着信（呢）。

　　　c. 那孩子作着（个）鬼脸（呢）。

由于"着"不再强调事件的整体性,以上句子表达的都是处于持续阶段的非完整事件,语言使用者对观察到的事件进行分解,赋予该事件的不再是整体意义了。又由于"着"的非完整性质,动词后面含有时间限界意义的词语不能出现。如

（12）a. 小王跑着一会儿步。

　　　b. 我们写着三个小时信。

　　　c. 那孩子作着好半天鬼脸。

以上三个句子不合语法的原因在于时间词语给句子表达的事件作了限界,从而使句子带上了完整的意义,与持续体"着"的语义内容相矛盾。将以上句子中的"着"换成"了",句子就是合格的了。构形成分"着"和"了"的这种差异反映出来的正是现实体"了"对事件不作分解的整体性质。

第三，"了"强调事件构成某一部分的完整性。一个非瞬间的事件，在其中的某一个时间点上截断，并且认为，截下来的部分是一个整体，即一个完整的事件。事件构成的后面部分或者不再发生，或者仍然发生，都看作是另外一个事件。例如：

(13) a. 这本书我看了一半。（小王就抢走了）

b. 他咬了一口大雪梨。（接着又咬了一口）

a 句里"我看这本书"是一个非瞬间事件，该事件构成的某个时间点（"一半"）被截断，出现了变化即另一个事件，于是语言使用者把该时间点之前的部分认为是一个整体的事件，用现实体"了"来表达。

b 句"他咬大雪梨"由于动词的语义特征可以表述一个瞬间事件（"咬"是瞬间动词），由于宾语的语义特征也可以表述一个非瞬间事件，"大雪梨"与动词"咬"搭配使用可以表现重复动作造成的持续。在这里，语言使用者将持续的重复动作分解为几个限界的部分，每一部分通过"了"的使用表明都是独立的完整事件。即"他咬了一口大雪梨"是一个完整事件，"他又咬了一口大雪梨"是另一个独立的完整事件，反映的是两次观察。

需要指出的是，事件是由句子的各个成分共同表现的，而不像有的语法论著所言是由动词表达的。①a 句"这本书我看了一半"表达了一个限界的完整事件，不能说"看"是句子表述的事件而推论说动作行为没有完成，也不能说"看这本书"是句子表述的事件而推论说动作的对象没有完成，进而得出句子表达的事件不完整的结论。理由是句子所表述的也就是语言使用者所观察的，而语言使用者所观察到的正是"我看这本书的一半"，动词后附"了"指明所观察到的是一个完整的事件，就被观察的对象而言，"一半"可以是完整的，一本书当然是完整的，两本书也可以是完整的，关键在于人们对事件的观察方式。从这个意义

---

① 如杰弗里·利奇提出，大部分动词是表示事件的，事件动词具有时间限界。见 G. Leech, *Semantics*, Great Britain: Pelican Book, Second edition, 1981, p.168.

上说,"了"是完成体的标记也是可以的,只是不宜把"完成"的语义解释为一个动作或一个对象的必然结束。

三、现实性反映事件的已然特征,并不注重事件的真实性

现实性指的是相对于某一个参照时间来说,句子所表达的事件已经实现(realized),"了"是保证句子现实性的显性语法标记。

汉语表达时间的方式是关系时制类型,它不是把说话时间当作绝对的标准,而是表现事件的发生时间同一个指定的参照时间的先后顺序关系。[①]与关系时制对立的是绝对时制类型,它是以说话时间作为标准。

现实体"了"反映的现实性,是在关系时制中的现实性,不管句子所表达的事件是在过去、现在还是将来发生,只要相对于参照时间(不是说话时间)而言是实现了的[②],就是现实的事件。可分三种情况:

1) 现在的现实。相对于"现在"这个参照时间(通常也就是说话时间),句子所表述的事件是已然的现实。例如:

 (14) a. 程悦缓缓地仰起了脸,痛心地说……

   b. 我拿了她手里的钱,转身走了。

a 句和 b 句中带"了"的小句表示的都是与现在同时的事件。现在既是事件的参照时间,也是事件的发生时间,同时还是表述这个句子的说话时间。a 句中的第一个小句"程悦缓缓地仰起了脸"在时间轴上可作如下图示:

---

① 陈平《论现代汉语时间系统的三元结构》一文对关系时制有较为系统的说明,见《中国语文》1988年第 6 期,第 417—420 页。

② 按照刘勋宁《现代汉语词尾"了"的语法意义》一文的解释,"实现"指的是"了"附在动词、形容词以及其他谓语形式之后,表明该词词义所指处于事实的状态下。见《中国语文》1988 年第 5 期,第 326 页。这与本文的透视角度有所不同。

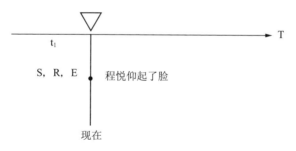

图三

图中 S 表示说话时间（Saying），R 表示参照时间（Reference），E 表示事件时间（Event）。在表达现在的现实事件的句子中，三者重合。如果表达多个现在的现实事件（例 a 和例 b 都表达了至少两个带显性标记"了"的现在现实事件），则这条"现在"重合线往前移动，出现"现在$_1$……现在$_2$……现在$_3$……"等。

2）过去的现实。相对于过去某个参照时间（说话时间为现在），句子所表述的事件是已然的现实。例如：

（15）a. 半个月前，母羊下了一只羔，虎犊似的……

b. 去年春节前夕，他从集市上买了一对很大的竹筐，顶在头上打道回府。

a 句的"半个月前"，b 句的"去年春节前夕"，都是指示过去时间的词语，句子中表达的事件都是在过去发生的，带"了"的小句表明事件相对过去的参照时间而言已是现实（不带"了"的小句在过去也是现实，只是缺少显性标记）。a 句表达的事件在时间轴上可作如下图示：

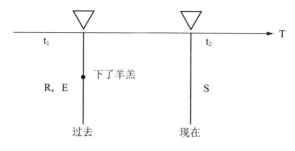

图四

可见,在过去的现实事件里,参照时间 R 与事件时间 E 可以是重合的。但也有不重合的情况,条件是 R 在后,E 在前,也属于过去的现实。例如:

(16) a. 人们呼隆一下围上,不知出了什么事。

　　　b. 众人看他吞吞吐吐,一副狼狈样,更确信他占了别人的便宜。

a 句里"人们围上"是参照时间,与说话时间同时,"出了事"相对参照时间而言是一个已然实现的事件。图示如下:

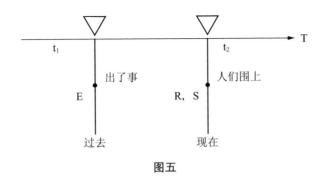

图五

在叙述过去或到现在为止的事件时(现在可以认为是过去的终点),句子原则上都可以使用"了",因为这些事件都具有现实性。如果构形成分"了"只能用在过去或到现在为止的事件中,那么不妨称之为"过去时"的标记。问题在于,现代汉语的语言事实中,"了"还可以用在表述未来事件的句子里。当然,即便是表述未来事件,相对于参照时间而言,"了"仍然指示了事件的已然性质,仍然具有现实性。

3) 未来的现实。所谓未来的现实,指的是从说话时间看去是未来的事件,但相对于某个用作参照的时间而言,则是一个已然的现实,这也是把汉语中的"了"看作体标记而不看作时标记的主要论据之一。例如:

(17) a. 我明天下了班去看电影。

　　　b. 哪天他当了作家,还不定怎么样呢。

a句里"明天"标明了未来时间,将发生两个事件:"我下班"和"我看电影"。以后者为参照时间,则"我下班"带上"了"是一个现实事件,这个现实是未来时间里的现实。a句在时轴上的表现如图所示:

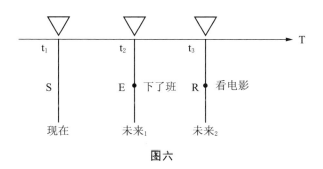

图六

在现代汉语里,表述两个未来事件的句子中,带"了"的事件 E 在前,参照时间的事件 R 在后,上面的 a 句如果说成"我明天看了电影下班",则"看了电影"是未来₁发生的现实事件 E,"下班"就成了表示未来₂的参照时间 R。可见,构形成分"了"保证了事件的现实性。

与现在的现实和过去的现实所不同的是,"了"在表示未来的现实的时候,只能用于时间在前的事件,既不能用于时间在后的事件,也不能同时用于两个事件。如上面的 a 句不能说成"我明天下班看了电影",也不能说成"我明天下了班看了电影"。

由于"了"的现实性质,它在未来事件的使用中受到很多限制,主要地是用于前后连续发生的两个事件的前一事件里(如例17),有时也用于条件结果关系的条件分句里。例如:

(18) a. 你读了大学,就不会要我了。

b. 等你长大了,当了宇航员,登上了月球,你就会知道什么是宇宙了。

两个句子表述的都是拟想中的未来事件,由条件事件的现实性(带"了"标记)推演出结果事件。在寓有"等同于"意义联系的某些条件关系句里,现实体标记"了"还可以出现在结果分句之中。例如：

(19) a. 你养好了身体,就(等于)有了工作的本钱。

   b. 离开了山寨,你就(等于)失去了保护。

在表达未来单一事件的句子里,通常不能用"了",理由是事件的现实性因缺乏参照时间而得不到保证。如:"我明年发表了一部小说""小王哪天当上了飞行员"。句子所表达的事件均发生在未来,由于没有一个时间在后的词语或小句作为参照,"我发表小说""小王当飞行员"的现实性失去了着落。句中的"明年""哪天"都是未来事件的发生时间。如果这类时间词语表达的是后于事件的参照时间,则表达未来单一事件的句子中也是可以用"了"的。例如:

(20) a. 明天,我肯定已经离开了上海。

   b. 下个月一号,李平就成了一名大学生了。

a 句中的"明天"是指"我离开上海"这一事件的参照时间,而不是事件的发生时间(句子表达的事件可能在"明天"发生,但也可能在今天夜里发生),其真实语义是"明天以前""明天你来的时候"等,事件是在"明天"的过去(含过去的终结点"明天")发生的,因而可以带"了"。b 句中的"下个月一号"也是参照时间,"李平成为大学生"在参照时间一到即成为现实。两个句子在时间轴上的表现如图所示:

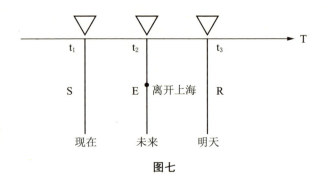

图七

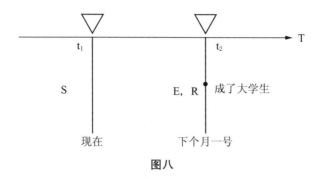

图八

事件现实性的参照时间与事件的发生时间是不同性质的概念,虽然在具体的句子中,二者的所指(referent)有时是同一的,如 b 句中的"下个月一号"。事件的发生时间是对句子所表达事件的时间描述,而事件的参照时间则是对事件性质(如现实性等)的时间界定。在时间词语表示的是时点而不是时段的情况下,二者的区别可以看得更为清楚。例如:

(21)明天上午八点,我肯定已经离开了上海。

虽然这是一个表达未来单一事件的句子,但仍然可以合语法地使用"了",理由就在于"明天上午八点"不是对"我离开上海"这一事件的时间描述,而是对它具有现实性质的时间界定。

从以上的讨论可以看出,现实性与时间有很密切的关系,凡是在过去时间到现在为止发生的事件都具有现实性,都可以用"了"(当然不是必须用),参照时间可以认为是说话时间。凡是在未来时间"发生"的事件都不具有现实性,都不可以带"了",这一点在单一事件中尤为严格。变通的情况有两种,一是句中包含两个或两个以上未来时间,其中一个是参照时间 R,其余是事件时间 E,R 必须先于或同于 E(即:R≤E),事件的现实性才有保证,才可以用构形成分"了"表示一种"虚构的现实"。第二种变通的情况是"了"用在未来假设条件关系的句子里(例 18 和例 19)表示一种"虚拟的现实"。

正像动态性不等于动作性,完整性不等于完结性,"了"的现实性也不等于

真实性,除了在未来事件的表述中存在虚构的现实和虚拟的现实之外,"了"还可以表示一种"虚假的现实",例如:

    (22) a. 母鸭生了一个天鹅蛋,大家都很惊奇。

         b. 喜姐儿打了月亮一记响亮的耳光。

以上句子表达的是虚假的事件,不管在过去、现在、未来都不具有真实性。但是,从语言分析的角度看,这两个句子都是合格的,都表述了现实事件。这些句子也许是不可接受的,其原因在于它们的非真实性①,而不在于它们的非现实性。

汉语的体范畴及其形式表现,是汉语语法研究中最为复杂、最需要理论思考的问题之一。本文从句子表达事件(而非动词表达动作)这样一个命意,运用语义分析(而非分布分析)这样一种方法,提炼出动态性、完整性、现实性三项语义特征来分析汉语研究中分歧意见较多的现实体及其构形成分"了",目的是试图通过较为简明的理论概括来驾驭繁富杂细的语言事实,增强语法的解释力。抛砖引玉,以求教于大方之家。②

原载《复旦学报(社会科学版)》1994 年第 2 期

---

① 句子的真实性问题对语言运用会产生什么样的影响,一般从哲学和逻辑学角度研究的较多,语言学研究中较少涉及。

② 参见徐烈炯《语义学》下篇,语文出版社 1990 年版。

论句法语义一体化分析中词义的地位[*]

龚群虎

一

对以往语言研究中大多由句法处理的语言问题,当代语言学家越来越倾向于尽量用词汇来解决。例如 80 年代初期出现的词汇—函数语法(LFG)就用词汇来解决一些语法问题。[①]创立扩充的短语结构语法(GPSG)的著名语言学家盖兹达(G. Gazdar)在介绍 80 年代和 90 年代初期的自然语言处理时也曾总结说:"目前的作法是把大量的语言信息放到词库里,很少的信息放入其余部分,因而只含两三项规则的语法现在并非不常见。"(1993:162)这种"大词库,小语法"与其说是一种处理策略,倒不如说是理论研究角度的重大转变。

语言中词的数目虽然庞大,但基本部分相对稳固;在语言单位中,词又是最容易把握的最小独立体,因而可以进行类别性或个体性的分析。

表达的基本单位是句子,处于句子中不同层次的词 般以特定的句法属性和具体的意思出现,其自身必然带有这些属性和这些具体的意思。换言之,词

---

  * 伍铁平、石安石、王宁和潘家懿教授及程琪龙博士对拙文初稿提出了宝贵的批评意见,特此感谢。
  ① 词汇—函数语法认为,句法的基本问题是确定语义上谓词—主目关系与表层上表达这种关系的词(或短语)配置之间的对应问题。简要介绍见纽迈尔(New Meyer 1986:219—223)。

接受特定的限制条件,或者说可以以特定的句法—意义特性来描述。仅以句义来说,一句话的意思根本无法从抽象的句子结构中得出,更可能看作是具体的词的句法实现。

借用逻辑学的概念,句子相当于命题,句子中的动词和谓语形容词等相当于谓词(predicate),动词、谓语形容词等所要求的与其搭配的诸名词结构等相当于主目(argument)。对谓词的分类,实际上是对句子的一种句法—语义分类。换句话说,从谓词—主目角度对句子中如动词、谓语形容词等的研究,实际上是在较概括的中间层次研究具体语言的句法和语义。这使得句法—语义的研究更加深入。近年来国外从这个角度进行的研究极为广泛,国内目前也积极研究动词的"向"或"价"(valence,参见沈阳、郑定欧:1995),反映出语言研究的共同趋向。可以说,在一定程度上,我们达成了认为可带主目的词本身也带有特定句法—语义信息的共识。

以词义为研究重心,可以使语言中复杂的句法问题和语义问题分散到大量的成类的词或个别的词上面,为建立句法—语义的一体化理论开辟了新的研究角度。

二

基于上述说明,词义研究的范围和内容与传统的认识大不相同,不但要包括一些句法属性,而且要包括概念结构①和一些"常识"。我们先在句法—语义结构中考察一下汉语"放(放置)"这类动词可以负载的信息。这里只用词类和

---

① "概念结构"(conceptual structures)、"概念语义学"(conceptual semantics)内容实同,采用杰肯道夫的术语含义。简单地说,概念语义学从认知角度研究语义,认为语义不依赖于具体语言,是概念及概念的组合中的一部分。杰肯道夫仿照乔姆斯基所谓"内语言"(I-language)"外语言"(E-Language)之分,把概念语义学看作"内语义学"(I-semantics)。详见(Jackendoff 1990)。

主目结构谈句法层次,以减少不必要的解释。

(1) 张三把书放在桌子上。

从句法—语义层次来考察,我们先对(1)句法上的主目结构作简要描述:

(2) 放 xyz:(x 把 y 放在 z 上)

要分析由谓词(如"放")支配的主目变量(如 x、y、z)之间有怎样的语义关系,我们便需要一套诸如"施事""受事"之类的语义角色的概念。这些传统的语义角色概念,经过美国语言学家格鲁伯(J. Gruber)、菲尔墨(C. Fillmore)、杰肯道夫(R. Jackendoff)等学者的研究得以发展,但在不同的理论体系中具体的数目还不一致,少则几个,多则几十个①;对语义角色的称呼也不同,或曰题元关系(thematic relations),或曰语义格(semantic cases),或曰题元角色(thematic roles),或曰 θ-角色(θ-roles)。以使役概念来说,主要角色有表示引起事件或状态的个体:施事(agent),表示经历运动或被放置的物体:主体(theme),物体所放置的地方:处所(location),物体经历运动前的位置:起点(source),物体经历运动后的位置:终点(goal)等。(2)中的 x 既是施事也是起点,y 是主体,z 是终点。

这里先插入这样一个问题:是否可以建立一个与诸如使役等深层概念无关的语义格的理论? 我们的答案是否定的:题元关系可看成是深层语义结构以主目结构方式与句法结构对应的关系。既与句法有关,也与概念语义有关。离开相关的深层概念,连题元角色的确定都会缺乏内部一致性。

我们现在可以把(2)暂时看成是(3)这类粗略的概念表达的表面形式:

(3) 放 xyz:(x 使 y 处于 z)

在这个简要的概念表达中,我们看到这类句子表达的事件包括放物者、被

---

① 菲尔墨(C. Fillmore)初期定为 7 个,后来确定为 9 个。切夫(W. L. Chafe)曾确定为 7 个,安德森(J. M. Anderson)则仅归纳为 4 个。由于概括角度不同,不能认为孰是孰非。详见 A. Walter & S. J. Cook(1989)对各家理论的综述,又见吴蔚天、罗建林(1994:69—104)结合汉语对语义格的讨论。

放物和所放置的地方。在这个事件过程中,书的位置经过了从张三的手移动到桌子上的变化。有关研究表明,语义概念是一种深层的语义结构,很可能是全人类共同的认知概念结构的组成部分。近三十年来,概念层次的研究,尤其是杰肯道夫等学者的自主概念语义学的研究,除了初步界定了一些类似于上例"使"等不再定义的语义元(primitives)以外①,还在有限范围内建立了可以生成短语层次及词层次的概念的组合规则(principles of combination),并以对应规则(rules of correspondence)与其他心理表达(如语言)接口,如通过概念结构中的主目位置向句法主目位置指派语义角色。

下面结合(3)作进一步的意义分析。语义元与语义函数大致采纳杰肯道夫的理论前提,但我们采用谓词演算,并直接在谓词的变量位置标记语义角色,作一种可行的描述。需要声明的是,可带主目的词总是处于某一种范畴中,有人称这种概念范畴为事件类(本文下节有讨论)。下例仅用来描述(1)的意思。

(4) a. 语义元:使、移动、轨迹、从、向、在,上(下、里)等

      b. 谓词函数:使(施事,移动)　移动(主体,轨迹)　轨迹(从,向)

          从(起点)　　　　向(在)　　　　向(终点)

          在(终点)　　　　在(上)　　　　在(下)

          在(里)　　　　　上(终点)　　　下(终点)

          里(终点)等等。

根据这些简要函数的组合推理,我们不但可以进一步解释(1)的意义,还可以衍生出其他有关概念。(3)现在可以表示为较细致的(5a)或(5b),"//"表示后边为注解。

(5) 放 xyz:[x—名词　y—名词　z—名词]//在(1)中,x=张三　y=书

---

① 杰肯道夫(Jackendoff)后来对他曾认定的语义元是否真正最小提出了疑问,并作了进一步的分析。如句子"张三把门推开了""张三推门推不开"和"张三推门"中"推"的一个语义元"使"可从影响结果上分为"成功""失败"和"未知"三种情况。但这似不应看作"使"概念的内部问题。

z＝桌子

a. 使(x,移动)　　　　　　//张三引起移动

移动(y,轨迹)　　　　　　//书沿着轨迹移动

轨迹(从,向)　　　　　　//起点与移动方向构成轨迹

从(x)　　　　　　//起点(也是张三)

向(在)　　　　　　//移动方向

在(上)　　　　　　//移动终点

上(z)　　　　　　//移动终点位置

b. 使(x,移动(y,轨迹(从(x),向(在(上(z))))))

这种以谓词(如"放")为中心的词义表达法,1. 可以解释(1),还可以解释"李四把自行车放在车棚里"等同类句子及同类动词,并且能以推理的方式回答一系列常识问题。2. 具有可计算性:上述表达其实就是一段 Prolog 逻辑程序。①3. 可由函数变量位置向句法的主目位置赋予题元角色,完成句法语义的一体化描述。

我们对第一点再作些扩展:下列(6a)可同样表达为(6b)的概念表达形式("—"表示任何主目变量)。

(6) a. 张三放书。　　　　　(x 放 y)

书放在桌子上。　　　　(y 放在 z 上)

张三给桌子上放书。　　(x 给 z 上放 y)

书我放在桌子上了。　　(yx 放在 z 上)

b. 使(x,移动(y,轨迹(从(x),向(在(—)))))

使(—,移动(y,轨迹(从(—),向(在(上(z)))))))

使(x,移动(y,轨迹(从(x),向(在(上(z)))))))

使(x,移动(y,轨迹(从(x),向(在(上(z)))))))

---

① Prolog 计算机语言是广泛应用于人工智能及自然语言处理的计算机程序语言。

　　我们看到,上述句子的形式不同,需要句法上(如转换)或主目结构等中间层次的解释①,却可以用相同的表达来描述基本概念语义内容。

　　从理论上讲,(1)或(6a)再加上一些附加成分虽然是一个挑战,但也是可以解释的。短语一般可以用其附加成分与中心成分的关系来分析。在本文示例性的简单框架内不能深入讨论这些问题了。

　　我们看到,把句法—语义信息放入带主目的词中,不但可以解释句子的意思,而且可能实现句法和语义的接口。这种词义,从理论上讲还要试图包括一些语用信息,或在语言理论中建立自主的语用层次。面对这么复杂的问题,我们会不会重蹈生成语义学的"覆辙"②呢?

　　语言学界通常认为,70 年代美国生成语义学与解释语义学的大论战以生成语义学的惨败而告终(详见 F.Newmeyer 1986:81—138),而多数现代语言理论由于采用了主目结构来解释句法,对词的大量句法语义信息不是排斥,而是包容或衔接,至少词汇语义学(lexical semantics)领域已经不再有解释与生成的分别,而是趋向于合一(参见 B.Levin & S.Pinker 1991:3—4),原因是语义问题固然复杂,我们却不能回避。下文拟从主目与谓词配合的角度再作一些探讨。

三

　　上面的分析,把谓词的主目数及语法类等信息统领在可带主目词(如动词)

---

　　①　比如帕森斯(Parsons)认为存在一种普遍的语义角色顺序,诸词项所担任的语义角色的句法顺序由此而来。句法顺序并不保留普遍的语义角色顺序。句法理论 GB 用 θ-理论来约定语义角色的具体句法位置(1995:635 脚注)。

　　②　60 年代后期,哈佛与麻省理工学院青年语言学教师与研究生通过对深层结构究竟有多深的讨论,发动了一场主张取消乔姆斯基句法理论深层结构的语义理论热潮,后称为生成语义学。代表人物有罗斯(J. Ross)、莱柯夫(G. Lakoff)和麦考利(J. McCawley)等。生成语义学在美国的影响曾一度超过转换生成语法。一般认为生成语义学"失败"的原因是取消了语法与语义的基本区别;并且,用现在的术语来说,在语义学中广泛地研究"知识表达"等问题。纽迈尔(Newmeyer 1986:81—138)对生成语义学的评述极详。生成语义学的代表作见斯坦伯格等汇编的跨学科语义学文集(D. Steinberg *et al* 1971)中录入的莱柯夫及麦考利的论文。

的词义里边。但是,只标记所带主目的短语语法类或词的词性还是不能使句子实体化。如果只追求理论的完美,只满足于解释"NP 把 NP 放在 NP 上"的意义,不去管可以说(7a),很少说(7b),不说(7c)之类的问题,也许可以不再过多地限定主目的实际范围,不过多地探讨"知识问题"了。在我们迄今还无法得知人脑是如何概括外部世界的情况下,这种作法当然也是可取的。因为再进一步的限定,涉及的范围将扩大,如(7)的第一个主目相对容易限定,第二、三个主目则十分复杂。

(7) a. 张三把苹果放在盘子里。

　　b. ？ 张三把盘子放在苹果里。

　　c. * 苹果把张三放在盘子里。

然而对这个问题的探索却不会因问题复杂而停止下来。概念语义学、计算语言学及一些语法理论没有回避这个问题,尤其是计算语言学中"词汇知识表达"更是走在了语言学的前面。我们认为,界定具体谓词在主目位置上选择具体的词,在深层取决于谓词的概念类型与主目的概念类型,可以从三个方面逼近:

1. 典型性。认知心理学和语言学的研究表明,人的概念范畴具有典型性,边际常常是模糊的。比如,人们对于(7)的典型的概念是:"谁把什么东西放在什么地方。"创吉尼斯杂食之最的人,曾吃了一台电脑和一架小型飞机,这就属于"吃"的非典型情况。

2. 构造分层的概念类。概念是有层级的,比如:

$$苹果 \in (x:x = 水果),水果 \in (y:y = 食物)$$

3. 建立与分层概念类相对应的分层词库。

我们讨论一下第二点。怎样用概念类框定词的概念域,目前没有一致的看法。仅以我们认为是关系的概念来看,有的分为事件、状态(R. Jackendoff

1990),有的分为状态、过程、转移(E. Bach 1986),有的分为心理、生理、社会(S. Nirenburg 1992),不同范畴的层级自然更不相同。

格鲁伯和杰肯道夫的方法是首先把概念类与语义场区别开,前者指事物、情景(事件、状态)、地点(面、体)等,后者指空间、时间、领属等,我们认为后者其实也是概念类,这种区别只是一种方便描述的策略。按照这种策略,上一节中(5b)的基本部分也可以描述成为"使(x,变成^{空间}(y,向(在(z))))"。哲学、心理学和计算语言学对概念类的研究多于普通语言学,方法多样,分类细致。哲学与心理学注重本体(ontology)探索;而计算语言学则注重"实现",往往与具体系统联系,规定性较强。不管是哪种途径,总的目标是构造一个分层的概念世界模型。

下面我们对概念本体作一尝试性概括:(见下分类图示)

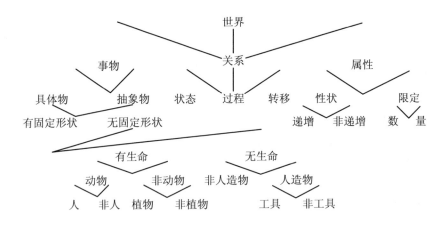

这些概念还可以细分。有一些比较重要而又难分入某个单类下的概念类,可通过双重或多重界定解决:如食物有人造食物和非人造食物,可在非工具人造物和具体物两项下界定。又如有些物品又可作为材料,也可以在具体物或相关概念下界定。此外,可设定另一重属性,对某些概念作进一步的限制。可以认为,概念类会因归纳角度或理论的不同有不同的模式。

需要解释的是,具体语言的词库构造不同,概念类在理论上却是相对普遍的。语义的深层在概念层次,句子的实体化在词汇等层次。我们认为,作这样的区别是普遍语义理论的必要前提,对自然语言理解与生成的语义描写(如机器翻译的中间语言的语义描写)更是必不可少的。

四

建立具体语言词库,说明词与词之间的联系,并使词库与概念类对应起来,虽然传统语义学对前者(词义关系)有较多研究,但这项工作很艰巨,涉及的问题复杂,当另行讨论。这里仅对方法论问题作一点粗浅的探讨。

词库的基本标准是有效性和经济性。要朝这个标准努力,我们首先需要把歧义的消解机制建立在词库当中。自然语言的多数词有互补歧义(词义角度或词义转类),通用词典的词义解释往往要靠人的常识来弥补。对结构中词义的进一步约束,成了词义研究的一个核心内容。我们先考察几个互补歧义的例子:

(8) a. 张三钓鱼。

b. 张三吃鱼。

(9) a. 学校对着工厂。

b. 学校叫大家开会。

(10) a. 张三敲门。

b. 张三进门。

(8)中的"鱼"分别指动物和食物。表示动物的词转类指食物,不光受动词限制,还受主语限制,可以根据主语及动词列举出其他词。(9)中的"学校"从占位置的物体这个角度看,无异于"楼房",但我们却不能说"楼房叫大家开会","学校"作为组织,常会与一部分施事是人的动词搭配。(10)中的所敲的门是物体,所进的门是出入口。在描写中,"门"必须可敲可进,才能与相应的动词搭配。

我们认为,仅上述的问题,已足以打消我们建立统一的歧义消解规则的念头。歧义现象还出现在语言的其他层次上,每一层次都有要解决的相应问题,但词库从理论上可以预见进入不同结构的词的大部分歧义。在这个主导前提下,我们主张从两个对应的角度来概括词的意义信息:概念角度和句法角度。"学校"在概念的一个角度上是"三维的物体",可以作物体位置的参照物实现如(9a)的组合;在概念的另一个角度上是"组织",可以以组织决策成员的身份实现如(9b)的组合。我们可以把概念的这些典型角度称为概念角色。把概念角色的词义表达称作词义角度,与之相对应的语境(如组合)称为词义的角色配置。不但带主目的词(如动词、形容词)可以这样分析,名词同样可以作这样的分析。如果"门"的词义约定了"出入口"这个角色,并指出这个角色与"进"类的典型动词变项及其他变项搭配,这类歧义消解机制便会有效地限定句子中的具体词义。

其次,为使词库简单经济,要考虑继承问题。相同意义属性不必要重复描述,如"工厂"和"学校"的部分意义是相同的。下位类继承上位类的意义。这应是一个重要的词库策略。

再次,决定词库性质的问题是:"词库要概括的典型意义(知识)如何确定?"我们暂不用一刀切的办法事先划一条界线。计算语言学的回答会是:根据系统的任务,确定所需要的知识。普通语言学怎样回答这个问题呢?最基本的任务可以说是以句为单位的对典型句子的句法—语义解释或生成。要回答上述问题,还有待于在对各类句子句法语义的实际研究的基础上划分一个层次。但我们至少可以肯定知识由浅到深有度的差别,普通言语与行业次类言语有差别。单从人的记忆角度来说,人理解普通言语中的句子不必需要百科知识。

五

传统的词义研究很有价值,为进一步的词义及句义分析奠定了基础,但不太注重在句法—语义结构中探讨词的意思。或讨论词义的历史发展结果(意思的扩大、缩小、转移),就共时语义描写来说,保罗的这个分类没有任何意义;或孤立地讨论词义的概念(理性意义、附加意义),却对"理性意义"或"附加意义"本身、其实现条件及组合方式的语言学描写少有探讨。或讨论词与词之间的意义关系(同义、对立、下义等),却少有学者从汉语词库、汉语语义网角度对汉语词汇进行归纳;在义素分析与语义场方法产生以后,我们的词义研究也很难说是在句法结构或语义理论的框架中来探索词义。另外,语义学界对多义与歧义这两个核心问题的研究也有些偏向:归纳多于解释,较少提出限制与消解的理论,反而是计算语言学界更多地研究这些问题(歧义的消解参见冯志伟 1995,吴蔚天、罗建林 1994:152—189)。

造成词义研究中上述偏向的原因,我们认为主要是语言学界许多学者不太重视词义的句法实现。其次,也许不少学者对目前的汉语语法理论或支配与约束理论(GB)、扩充的短语结构语法、词汇—函数语法等较成熟的"普遍的"句法理论莫衷一是,或者说这些语法理论还不能够较好地解释汉语,比如,我们要寻找一种能够最有效地描述类似(6a)中的句法变换的理论。再次,也许是语言学研究者对从词义组合成句义仍有或多或少的怀疑。[①]另一个原因是,目前作为一门科学的普遍的语义学还很不成熟。

---

① 意义的组合性研究目前并不深入。比如"假枪""玩具枪"如何继承"枪"的意义并组合成新义这类修饰或限定性组合问题就需要规则化描写。问题是如果我们不认为短语或句子的意义是由词义按规则组合产生的,又能作怎样的解释呢?

从逻辑学家弗雷格(G. Frege)以来,语义学研究的基本假设是组合性规则①,即"表达的意义是表达中诸部分及这些部分按句法组合的方式的函数"(B. Partee 1992:11),这个规则合理地解释了人们用有限的单位(如词)组合成无限的表达(如句子)的事实,同时也说明了词义的地位问题。

句子不只是形式结构单位,同时是语义结构单位。把词义的研究落实到深层意义的句法实现,应是词义研究的主要目标。因为语言理论并不只是句法理论,不只是要解释句子的结构规则,还得解释一个个的词如何按照特定的结构组合成了特定的意义。自主的句法理论不涉及深层语义也许是可行的,自主的语义理论不考虑具体语言的句法规则也可能是可行的,但具体语言的词义却是连结前两者的桥梁,不能不研究语义的句法实现。

结合前文讨论,我们总结一下讨论词义地位的基本思想。首先,从结构角度看,我们在句法层次来研究句子的形式;从意义角度看,我们主张从概念层次研究句义。句子的形式可看作是词按一定规则的组合,句子的意义可看作是可解析的词概念按一定规则的组合。在句法—语义描述当中,谓词—主目结构可作为一种重要的描述方法,这种方法可以揭示句子中词与词之间的依赖关系,也使我们能够在词中描写大量句法—语义信息。

其次,句子的意义靠词的句法组合来实现,不同的词以自身的地位在句法语义两个层次都扮演着一定的角色,也带有这些角色在句子中的信息(词义),当我们以词组句时,这些句法—语义信息在确定的句子语义信息前提下决定了我们使用哪些特定的结构,表达哪些特定的意义。词义连结着句法和意义两个层次,是具体语言句法语义一体化分析中的一个重要的特殊环节。

---

① 以这个逻辑假设为前提产生的以蒙太古语法(Montague grammar)为代表的形式语义学(formal semantics),用语言符号形式与语义(外部世界)直接规则对应(rule-by-rule correspondence)及组合来解释句子。由于我们并不把语义视为符号形式与外部世界对应的真实性问题,而是概念内涵问题,故对组合性假设的理解不带有形式语义学上的这种特殊含义。有关形式语义学问题参见(R. Cann 1993)。

基于上述考虑,我们关心语法和语义的"接口",并从词义角度切入了这个问题。我们向具体的语言理论分析要提出的问题是:具体语言的具体句子在这种理论描述中是怎样造出来的?

参考文献

Bach, E., 'The Algebra of Events'. *Linguistics and Philosophy* 9, 1986:5-16.

Cann, R., *Formal Semantics*, Cambridge University Press, 1993.

Chomsky, N., *Lectures on Government and Binding*, Dordrecht: Foris, 1981. 中译本《支配和约束论集——比萨学术演讲》(周流溪、林书武、沈家煊译,赵世开校),中国社会科学出版社 1993 年版。

冯志伟:"论歧义结构的潜在性",载《中文信息学报》1995 年第 4 期,第 14—24 页。

Fillmore, C., 'Types of Lexical Information'. In *Steinberg*, D. & Jakobovits, L.(eds), 1971:370-392.

Gazdar, G., 'The Handling of Natural Language'. In Broadbent, D. et al(ed), *The Simulation of Human Intellegence*. Basil Blackwell Ltd, 1993:151-177.

Jackendoff, R., 'The Status of Thematic Relations in Linguistic Theory'. *Linguistic Inquiry* 18, 1987:369-546.

Jackendoff, R., *Semantic Structures*. Cambridge, MA: MIT Press, 1990.

Levin, B. & Pinker, S.(ed), 'Introduction'. *Lexical & Conceptual Semantics*, Blackwell: Cambridge MA & Oxford UK, 1991:1-7.

Newmeyer, F., *Linguistic Theory in America*(2nd Ed.), Academic Press Inc, 1986.

Nirenburg, S., 'Application-oriented Computational Semantics'. In Rosner, M. & Johnson, R.(eds) *Computational Semantics and Formal Semantics*, Cambridge University Press, 1992:223-256.

Parsons, T., 'Thematic Relations and Arguments', *Linguistic Inquiry* 26, 1995:635-662.

Partee, B., 'Semantic Structures and Semantic Properties'. In Reuland, E. and Abraham,

W.(eds)，*Knowledge and Language*，Kluwer Academic Publishers，1992：7-29.

Pustejovsky，J.，'Introduction：Lexical Semantics in Context'，*Journal of Semantics* 12，1995：1-14.

沈阳、郑定欧编《现代汉语配价语法研究》，北京大学出版社 1995 年版。

Steinberg，D. & Jakobovits，L.(eds)，*Semantics：An interdisciplinary reader in Philoso-phy，Linguistics and Psychology*，Cambridge University Press，1971.

Walter A，& Cook，S.J.，*Case Grammar Theory*，Georgetown University Press，Washing-ton，D.C.，1989.

吴蔚天、罗建林《汉语计算语言学——汉语形式语法和形式分析》，电子工业出版社 1994 年版。

原载《语文研究》1996 年第 4 期

语法配价、参与者、价语及介词性价语

杨　宁

一、导　　言

　　本文主要讨论汉语配价研究中的三个基本问题：(1)配价的分析层面，(2)参与者(participant)和价语(complement)的界定及辨认，(3)参与者的类型。此外还将讨论介词性价语，描写它的参与者类型。

　　配价是什么分析层面的对象？这是汉语学者正在争论的问题。主要是纯语义范畴和语法范畴之争。文中将分析一些词项(lexical item，或词位，lexeme；词、熟语或语素的最小范畴)在语义上、形式上和语法上对其价语的数量和性质要求，从而显示，配价是某个词项或词汇次类特有的基于意义的语法要求，包括语义要求和形式要求。配价限于语义要求的看法的主要原因，是先把句法关系限制为直接成分关系，然后在此成分语法(constituency grammar)框架里借用对立面依存语法(dependency grammar)框架里的配价理论，只用于语义描写。第2节将说明，这样做造成语义描写和形式描写的脱节。这种看法的另一个原因是认为语义范畴(如语义结构体、概念及其配价)在所有语言中都是相同的，而形式范畴(如形式结构体、词项形式)是各种语言特有的；因而二者之间没有平行性和对应性。第3节将通过对不同语言的对比分析来显示，语义范畴和语义配价普遍性假说是不符合语言事实的。

怎样界定参与者和价语？配价学者一般用作为充分必要特征的"强制性"(obligatoriness)来界定。第 4 节分析汉语句子中概念上、语境上和形式上强制的成分都只是部分地同价语重叠的现象，说明价语和参与者只能按范畴化的典型(prototype)途径来界定。在此基础上说明辨认价语的几个测试方法。

怎样区分参与者的类型？第 5 节从空间领域(domain)的位置图式(schema)和旅程图式出发，用比喻性扩展(metaphorical extension)来说明运动、作用和控制领域中的参与者类型，显示用空间比喻(spatial metaphor)组织起来的参与者类型系统。

关于介词性价语，第 6 节要指出，如果不承认它，会导致矛盾和描写的不充分及复杂化。还将参照上述参与者类型系统，概要地描写介词性价语的参与者类型。

本文除了理论和描写目的之外，还希望为汉语教学配价语法和配价词典的编写提供参考。

二、语 法 配 价

配价只是语义要求，还是包含语义和形式要求的语法要求？文炼、袁杰(1990)、范晓(1991)、周国光(1995)持前一种看法，吴为章(1987、1993)、杨宁(1990)、韩万衡、韩玉贤(1994)、金立鑫(1996a、1996b)持后一种看法。

周国光(1995:7)对纯语义配价加以定义并举例说明如下："谓词的价是谓词联系一定数量、一定性质的成分的能力，这种联系是语义上的，而不是句法上的。例如，'歪'是个一价形容词，'歪'的配价能力要求一个主体成分与之同现，但对这一主体成分的句法性质却没有具体的要求。这一主体成分在表层句法

结构中可以显现为主语,也可以显现为宾语等。"他的"主体成分"指的是如下例子中的"头"包含的参与者角色(或语义格):

      ① 小王的头歪着。   ② 小王歪着头。   ③ 小王把头歪着。

上述否定句法要求的例子分析有几点可以商榷。首先,所谓"同现"应该是一个可以出现的符号(音义)单位要求另一个符号单位同时出现并与其结合,也就是一种包含语义和形式要求的语法要求;说同现者之间没有句法要求是自相矛盾的。其次,与①中的不表现事物之间的作用关系的单价的"歪"不同,②和③中的"歪"是表现作用关系的,是双价的。最后,根据句子①—③,不但可以看出单价"歪"和双价"歪"对其价语的一些语义要求,还可以看出一些形式和符号要求。这些语义、形式和符号要求构成如下语法配价:

(1)数量要求:单价"歪":①

                双价"歪":②、③

(2)性质要求:

i 语义性质要求:

a 参与者类型:单价"歪":要求事物

                双价"歪":要求施事、受事

b 单位类型:单价"歪":事物必须是可以(或可以看作)移动的。例如不太

                可能说"大海歪着"。

                双价"歪":施事必须是动物或比喻为动物。受事必须是作施

                事的动物(或比喻性动物)的身体或身体的一个

                部分。

ii 符号性质要求:

c 词汇类型:单价"歪":要求价语为体词。

                双价"歪":要求施事价语为体词,受事价语为体词或介词

                "把"("将")。

    d 搭配限制：单价"歪"：对价语的搭配（collocation，或词项选择）限制较宽。

        双价"歪"：施事价语受限制不强。受事价语限于"（把）身子/头/脑袋/脖子/屁股"等，不能类推到"（把）身体/头部/手/脚/胳膊/腿/笔/刀"等。

  iii 形式性质要求：

  e 删除限制：单价"歪"：价语可以删除。

        双价"歪"：施事价语可以删除。受事价语不能删除，因为没有它的话，"歪"就会被理解为不表现作用关系的单价词。

  f 位置要求：单价"歪"：价语只能在"歪"前面。

        双价"歪"：施事价语只能在前面。受事体词性价语可在后面，也可在施事价语和"歪"之间；介词性价语只能在施事价语和"歪"之间。

    上面的分析显示了有价词项对于其价语的形式和语法配价要求。那么，为什么有些汉语学者要把配价限制为语义要求呢？主要原因是，他们把句法看作不必对应于语义层面的形式句法层面，在此层面上，以直接成分（层次）分析法为基础，把句法关系限制为直接成分之间的关系，不承认其他句法关系；而在语义层面上却借用以依存关系分析法（它是和直接成分分析法直接对立的）为基础的配价概念，认为没有句法关系的单位之间或结构体与其成分之间也可以有语义关系。例如：对于"猫捉老鼠"，不承认"猫"和"捉"之间或"猫捉老鼠"和"捉"之间有句法关系，只承认有语义关系；不承认"捉"对于"猫"的句法要求，只承认语义要求。这种模式可以称为"直接成分—语义配价"模式。

    语法描写包括对下列三种关系的描写：（1）符号化（symbolization）关系，包括：语义单位和形式单位之间的关系、语义（结合和构造）关系和形式（结合和构造)关系之间的关系。(2)结合(integration)关系,包括语义单位之间的关系、形式单位之间的关系、符号单位之间的关系。(3)构造(composition)关系,包括语义结构体和成分之间的关系、形式结构体和成分之间的关系、符号结构体和成分之间的关系。(参看 Langacker 1988b:92—93)

符号化关系是语法描写的主要对象,这是因为:(1)语义单位和形式单位之间的关系是任何一个符号(语言或语法)单位都包含的,即便是不包含结合与构造关系的简单语素也不例外;任何一个符号都不可能只有意义而没有形式或者只有形式而没有意义。(2)语义单位和形式单位之间的关系为符号(结合和构造)关系提供了作为关系项的符号单位。(3)语义(结合或构造)关系和形式(结合或构造)关系之间的关系是任何一种符号(结合或构造)关系都包含的,任何两个符号(如"猫"和"捉"、"捉"和"猫捉老鼠")之间都不可能只是各自的语义部分结合或包含而双方的形式部分却无关,或者只是各自的形式部分结合或包含而双方的语义部分却无关。

不能为描写符号化关系提供必要的支持,是上述"直接成分—语义配价"模式的致命弱点。以"猫捉老鼠"为例,按照这个模式来分析符号化、结合与构造关系,可以图解如下(带方括号的汉字代表语义单位,带方括号的汉语拼音代表形式单位):

图1表明,用"直接成分—语义配价"模式,难以分析"猫捉老鼠"里的下列符号化关系:(1)[zhuo laoshu]和相应的语义单位的关系。(2)[mao]和[zhuo laoshu]的关系和相应的语义结合关系之间的关系。(3)[zhuo laoshu]和[mao zhuo laoshu]的关系和相应的语义构造关系之间的关系。(4)[zhuo]和[zhuo laoshu]的关系和语义构造关系之间的关系。(5)[laoshu]和[zhuo laoshu]的关系和语义构造关系之间的关系。(6)[猫]和[捉]的关系和形式结合关系之间的关系。(7)[捉]和[猫捉老鼠]的关系和形式构造关系之间的关系。(8)[老鼠]和[猫捉老鼠]的关系和形式构造关系之间的关系。

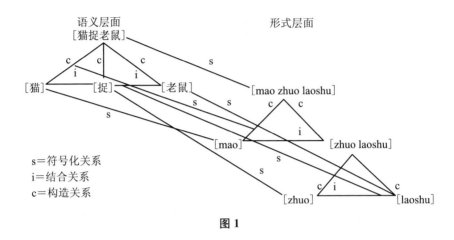

图1

"直接成分—语义配价"模式的这种语义描写和形式描写脱节的现象,是在成分语法(或短语结构语法,以直接成分(或层次)分析法为基础)框架中借用不相容的配价理论的结果。这种不相容的根源是,配价理论(即便是语义配价理论)是依存语法框架中的小型理论(或局部理论,针对某个较小的研究领域),而依存语法(包括配价理论)是和成分语法直接对立的理论。(依存语法参看Hudson 1983、1987)

依存关系是两类结合关系中的一种,与并存关系(如联合关系和同位关系)相对立。语义依存关系也就是限制关系。一个单位限制另一个单位,也就是前者依存于后者。前者是依存者,后者是中心。语义依存关系是形式和语法依存关系的基础。依存关系可分为补足(配价)关系和说明(修饰)关系。补足关系中的依存者是某个单位或单位次类特有的,而说明关系中的依存者是某类单位都可以有的。

依存语法和成分语法的对立之处包括:

(1) 依存语法是以语义结合关系为基础的。成分语法是以语感标准和形式(如分布、停顿)标准的组合为基础的。

(2) 依存语法是从结合关系入手的,即首先观察哪些单位之间有结合关系。

成分语法是从构造关系入手的,即首先观察结构体怎样切分为直接成分。

(3) 依存语法要处理单位之间的所有结合关系,成分语法只承认直接成分之间有结合关系。

(4) 依存语法所说的中心,首先是相对于同它结合的单位而言的,是控制和支配其他单位的"首领"(head);其次才是相对于它参与构造的结构体而言,是决定结构体主要属性的"核心"(center)。成分语法所用的中心,首先是相对于它参与构造的结构体而言的(如向心结构的中心指可以替换结构体的直接成分),然后才是相对于同它结合的另一个直接成分而言。

(5) 依存语法把一个中心与其一个或多个依存者的结合或者两个或更多并存者的结合看作结构体,例如图 2 显示的儿个句法结构体。成分语法假设结构体一般是由两个直接成分构成的。

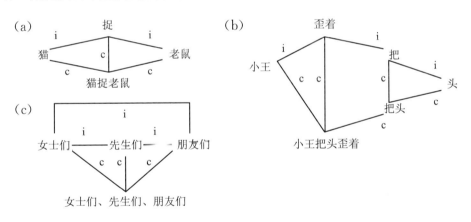

图 2

综上所述,依存语法框架中的语法配价是一个词项或词汇次类特有的对于价语的数量和性质要求。其中的性质要求包括语义、符号和形式性质要求。语义性质要求(或语义配价),包括对于价语的参与者类型要求和语义单位类型要求等。参与者是特定概念包含的成分。参与者得到形式单位的表现,形成价语。符号性质要求包括对于价语的词汇类型(包括次类)和搭配等的要求。形式性质要求包括删除限制和位置要求等。语法配价的基础是语义要求或语义配价。

三、语义配价都是普遍的吗?

上一节评论的把配价限于语义要求的看法,还有一个原因,就是语义范畴普遍性假说,即假设任何一个语义范畴(如一个概念)在所有语言中和对于所有人来说都是相同的。由此假设推论,则任何一个概念的配价也是普遍的。另一个推论是普遍的语义范畴可以用不同语言中特殊的形式范畴来表现,形成特殊的语言范畴。这样也就没有什么意义和形式的平行和对应了。

语义配价普遍性的看法及其前提,是有些主张配价不限于语义要求的学者也持有的。吴为章(1993)认为语义配价是普遍的:"逻辑—语义'向'①,是认知上的概念,接近于深层'格'。它是各种语言所共有的……"韩万衡、韩玉贤(1994)从概念的普遍性推论出价数的普遍性:"逻辑配价的核心是对词义进行语义分解。一个概念所含的语义成分、它的逻辑结构恰恰是客观的,是不受语言特点制约的。是超越语言的共同现象。""从理论上说,概念相同的动词在不同语言中,其价数应当一致。"

语义范畴(包括概念)普遍性假说不符合语言事实。首先,两种语言里的可比较概念,只有少数(如国际通用术语表示的概念)是相同的,而多数有着不同程度的差异。例如:现在汉族已婚女子极少改随夫姓,而英语国家的已婚女子大多还是改随夫姓;这样汉语名词(及动词)"姓"同英语名词(及动词)"surname"分别表示的概念之间的差异就增加了。两个汉语方言里的可比较概念也有很多是有差异的。例如:上海话可以说:

---

① 某些德国学者的"逻辑—语义配价",包括"逻辑配价"[特定逻辑谓词对其主目(argument)的数量要求]和"语义配价"(特定谓词对其主目的性质要求)。

④ 伊吃勒半斤老酒(他/她喝了半斤酒)。　⑤ 伊吃勒两根香烟(他/她抽了两支烟)。

北京话动词"吃"表示的"进食"的对象不能是具体的液体或气体食物。其次,一种语言里总有一些别的语言没有的概念,也会缺少一些其他语言拥有的概念。例如:"辟谷""待岗"是汉语特有的概念。汉语里没有 Njamal 语(澳大利亚西北部的一种土著语言)的亲属称呼"mama"①表示的概念。不同语言里的可比较概念之所以相似或相同,是因为:(1)不同语言的使用者是把同一个世界中的事物类化为各种概念,(2)他们借以认知事物的生理系统是相同的,(3)他们对于同一个事物可能采用相似或相同的认知策略,(4)他们的环境有相似之处。不同语言的多数可比较概念之所以有差异,是因为:(1)使用不同语言的人对于同一个事物可能采用相似而有差异的认知策略,也可能采用不相似的认知策略;(2)他们的环境有不同之处。

不同语言里的词项表示的概念不是一一相等的,不同语言里的相似概念的配价也不是一一相等的。上面的语义配价普遍性假说也不符合语言事实。首先,不同语言里的相似概念,其价数可能不一致,如汉语动词"姓"和英语动词"surname"表示的概念:

⑥ a. 她姓李。

　　b. She is surnamed Li(更常用的说法:Her surname is Li)

⑦ a. He surnamed Brown to a orphan.

　　b. He surnamed a orphan Brown.

　　c. 他让一个孤儿姓布朗。(硬译:他把布朗这个姓给了一个孤儿。)

如⑥a 所示,"姓"表示双价概念。如⑦a、b 所示,"surname"表示三价概念。⑥b中的被动式"surname"的第三个参与者可以用"by someone"(由某人)指明。

---

① Njamal 人的每个部落都分为两个"对半"(moiety),任何人都只能和不同对半的成员通婚,否则就会被视为乱伦。"mama"指同一对半中比自己大一辈的任何男人(参看 Hudson 1984:93—94)。

其次,不同语言里的相似概念,对于各自的参与者的性质要求也可能不一样。
例如:

⑧ a. 他/她去年结婚了。

b. He/She married last year.

⑨ a. 他们俩结婚了。

b. Those two persons(get) married each other.

c. Those two persons(get) married.

⑩ a. 他娶了个空姐。

b. 他跟一个空姐结婚了。

c. He married an airline stewardess.

⑪ a. 他娶了张家一个姑娘。

b. He married a girl from Zhang family.

⑫ a. 她嫁(给)了一个海员。

b. 她跟一个海员结婚了。

c. She married a sailor.

⑬ a. 她嫁给了李家。

b. She married a man of Li family.

⑭ a. 他把女儿嫁(给)了一个海员。

b. He married his daughter to a sailor.

⑮ a. He married his son to an airline stewardess.

b. 他让儿子娶了个空姐。

⑯ a. 他把女儿嫁(给)了李家。

b. He married his daughter to a man of Li family.

这些例子显示了,"结婚""娶""嫁(给)"和"marry"虽然表示几个相似的概
念,但这些概念对参与者的数量和性质要求有着如下的复杂差异(带方括号的

大写英文代表英语里的语义单位):

(1) 数量要求:单价[结婚]:⑨a

　　　　　　双价[结婚]:⑧a、⑩b、⑫b

　　　　　　三价[娶]:⑩a、⑪a、⑮b

　　　　　　双价[嫁(给)]:⑫a、⑬a

　　　　　　三价[嫁(给)]:⑭a

　　　　　　双价[MARRY]:⑧b、⑨b、c、⑩c、⑪b、⑫c

　　　　　　二价[MARRY]:⑭b、⑮b

"结婚"可以表示单价概念(⑨a),"marry"中的相似概念是双价的(⑨b、c)。这个[结婚]不能想当然地或比照⑩b判断为双价的,因为同类的"诸国混战"和"百家争鸣"中的[混战]和[争鸣]不能说是双价的(或不定多数价的),只能说是单价的。这个[结婚]和[MARRY]的相似之处是都把相互一一关联的两个或更多事物看作互动的集体施事(不同于⑩b中的[结婚]把相关的事物分别看作施事和目标)。不同之处是[MARRY]可以用"each other"表示受事来明确相互之义,[结婚]则连副词"互相/相互"都不能加(这不同于"混战"等)。

(2) 参与者类型:单价[结婚]:要求施事。

　　　　　　双价[结婚]:要求施事、目标。

　　　　　　三价[娶]:要求施事、受事、起点。

　　　　　　双价[嫁(给)]:要求施事、目标。

　　　　　　三价[嫁(给)]:要求施事、受事、目标。

　　　　　　双价[MARRY]:要求施事、受事。

　　　　　　三价[MARRY]:要求施事、受事、目标。

(3) 语义单位类型:单价[结婚]:要求施事为不同性别的两个人。

　　　　　　　　双价[结婚]:要求施事和目标为不同的性别。

　　　　三价[娶]：要求施事为男性，受事为女性，起点为女方
　　　　　　　家庭。

　　　　双价[嫁(给)]：要求施事为女性，受事为男性(⑫a)或男
　　　　　　　方家庭(⑬a)。

　　　　三价[嫁(给)]：要求施事为女方亲长、兄姐或家庭，受
　　　　　　　事为女性，目标为男性(⑭a)或男方家
　　　　　　　庭(⑯a)。

　　　　双价[MARRY]：要求施事和受事为不同性别(对于同
　　　　　　　性婚姻来说，要求一个参与者为模拟
　　　　　　　的异性)(⑧b、⑩c、⑪b、⑫c、⑬b)；
　　　　　　　或者施事为不同性别的两个人。受事
　　　　　　　由这两个人逐个充当(⑨b、c)。

　　　　三价[MARRY]：要求施事为双方之一的亲长、兄姐或
　　　　　　　家庭，受事和目标为不同性别。

　　相似概念对于参与者的性质要求差异，在方言比较中也可以看到，如④、⑤
显示的上海话和北京话的"吃"的概念差异。

四、参与者和价语的界定及辨认

　　参与者和价语的界定是配价研究的基础性工作，因为描写一个词项的配价
的出发点是在包含这个词项的话语中辨认这个词项的概念参与者和相应的价
语。配价学者在把依存语(dependent)划分为价语和说明语(adjunct)时，一般
把前者界定为句子中强制的成分，把后者界定为可选的成分。值得注意的是，
一般作为价语的充分必要特征的"强制性"，以及作为说明语的充分必要特征的
"可选性"(optionality)，在学者们的定义中，已经被用来指称一些各不相同的性

质。从不同的角度分析,可以把句子中强制的成分区分为下列三种(参看杨宁 1990:28—31、黄锦章 1994:46—49):

(1) 概念上强制的成分　它是特定词项表示的事态(事物的状态或状态变化。state of affairs,Actionsart)概念蕴涵的。缺少了它表示的意义,这个表示事态的词项就不能形成。它可以是、也可以不是明确地表达出来。例如:[炒]蕴涵了它的时间、空间、施事、受事和工具。这种蕴涵(entailment,其定义可参看 Kempson 1977:142)关系可以用真值表显示如下:

句 1
他炒了菜。

句 2
他曾经打算/考虑/决定炒菜。
他在某个时间炒了菜。
他在某个地方炒了菜。
他用工具翻动过菜。
工具翻动过菜。
菜烧好了。

真——真
假——假
假——真或假

图 3

如图 3 所示,[炒]的时间、空间、施事、受事和工具都可以充当[炒]事态(句 1)蕴涵的次事态(句 2)中影响真值的成分,因而是[炒]蕴涵的。[炒]的目的和方式等不是[炒]蕴涵的,包含这些成分的句子预设[炒]事态,这种预设(presupposition,其定义可参看 Kempson 同上)关系如下所示:

句 1
他为饭店炒了菜。
他很快地炒了菜。

句 2
他炒了菜。

真——真
既不真也不假——假
假——真

图 4

虽然每一个事态概念都蕴涵了它的时间和空间,但是配价学者都不把这两种成分算作参与者,因为它们不是某一个或某一类事态特有的,无助于把某一个或某一类事态及其词项同其他事态及词项区分开来。因此,对于参与者和价语的界定来说,概念上的强制性只能作为必要条件,不能作为充分条件。参与者可以界定为:除了多数事态的时间和空间之外,特定事态蕴涵的成分。价语可以界定为表示参与者的依存语。有少数事态的时间或空间,是参与者和外围项(peripheral)之间的过渡,例如:

⑰ 明天多云。

⑱ 上海晴天。

(2) 语境上强制的成分　没有语境帮助它就不能省略(参看文炼 1982:20),也就是删除或省略后可以根据特定语境补出(参看 Allerton 1982:59、廖秋忠 1984:243、Herbst 1987:286—293),因此它可以是潜在的(参看 Matthews 1981:125—126)。例如:听到"快炒吧"这句话,可以根据特定语境确定地补出表示施事和受事的价语,但是无法确定地补出工具价语,因为工具还是有锅铲勺子、大锅小锅、大火小火等多种可能性。对于"炒"来说,表示施事和受事的价语是语境上强制的,而工具价语则不是语境上强制的。因此,对于价语和参与者的辨认来说,语境上的强制性只能作为充分条件,不能作为必要条件。

(3) 形式上强制的成分　它是不能删除的(参看 Vater 1978:23—25、Matthews 1981:125、Allerton 1982、Herbst 1987)。如果删除它,就会导致不合格的句子(⑲b)或表示另一个概念的中心词项(⑳b、㉑b):

⑲ a. 他善于交际。　　——➤b. *他善于。

⑳ a. 王冕死了父亲。　——➤b. 王冕死了。

㉑ a. 李四被张三批评了。——➤b. 李四批评了。

汉语的价语只有少数是形式上强制的。因此,对于价语和参与者的辨认来说,形式上的强制性只能作为充分条件,不能作为必要条件。

句子中的可选成分也可以区分为下列三种：

（4）不是概念上强制的成分　它不包含参与者意义，不是价语。例如："他非常努力"中的"努力"。

（5）可以是、也可以不是明确地提到的成分　尽管它是概念上强制性的，它也可以不显现。例如："炒"的工具依存语。它不能自由地添加到一个词汇范畴的所有成员上。这种成分中有一部分是价语。

（6）可以自由地添加在一个词汇范畴的所有成员上的成分　它可以是概念上强制的，但是因为它可以自由添加，所以不能用于区分次类。它不包含参与者意义，不是价语。例如：表示事态的时间和空间的依存语。

根据上面对于参与者和价语的界定，价语的辨认可以借助于下列测试：

（1）蕴涵测试　表示中心词项的概念的蕴涵成分（但不包括多数事态的时间和空间）的依存语是价语，如图3所示；其他（以及表示多数事态的时间和空间的）依存语是说明语，如图4所示。

（2）搭配测试　只能用某些词构成同中心词的习惯搭配的依存语，是价语。例如：

　　　㉒ a. 他歪着头/脑袋。　　　　　b. * 他歪着头部。

（3）删除测试　不能删除的依存语是价语。例如㉓a、㉔a、㉕a中不能删除的依存语，再如：

　　　㉓ a. 他叫李平。　──▶b. * 他叫。

　　　㉔ a. 他来客人了。──▶b. 他来了。

　　　㉕ a. 他被人骗了。──▶b. 他骗了。

表被动的"被/给/叫/让"及其宾语对于有些动词（如"骗"）来说，是不能删除的，可以删除的例子如：

　　　㉖ a. 那棵树给风刮倒了。──▶b. 那棵树刮倒了。

（4）假分裂化测试　假分裂化是如下同义变换：

㉗ a. 他中午回去了。 ──►b. 中午回去的是他。

　　　　　 ──►c. *他回去的是中午。

可以变成假分裂句宾语的动词依存语,和原句动词的语义关系最密切,可以被"V 的"指代,一般是价语。

(5) 补出测试　句子里未出现的依存语,如果能根据语境确定地补出,就是语境上强制的,就是价语。例如:

㉘ a. 那棵树刮倒了。 ──►b. 那棵树被风刮倒了。

(6) 添加测试　一个依存语能够添加在一个词汇范畴的所有成员上,就不是价语,如事态的空间和时间以及方式副词。一个依存语不能添加一个词汇范畴的一个次类上,就可能是价语,如"把"及其宾语不能添加在很多动词上。

从参与者和价语的界定和辨认中,可以看出范畴化的传统途径(即充分必要特征的途径)的问题。这条途径有一个基本假设:(1)范畴都是用充分必要特征界定的。一个范畴的所有成员都拥有这个范畴的一个或一些本质特征;一个事物只要拥有这个范畴的一个本质特征,就是这个范畴的成员。从假设(1)推导出另外三个假设。(2)特征都是二值的。一个事物要么拥有某个特征,要么没有这个特征。(3)范畴都具有明确的边界。(4)一个范畴的所有成员都有着相等的地位。在一个范畴里没有成员的等级,即没有任何事物是这个范围的较为典型的成员(参看 Taylor 1989:23—24)。上面的讨论表明,汉语的参与者和价语都是无法用充分必要特征来界定的,因为这两个范畴都没有这样的属性:本范畴所有成员都拥有的而且是其他范畴的成员都不拥有的属性。上面界定参与者和价语走的是范畴化的典型途径(参看 Taylor 1989):(1)范畴都有一些典型(核心成员)。例如:价语中的概念上和语境上或形式上强制的成分。(2)外围成员拥有典型的一个或几个属性。外围成员在不同方面和不同程度上同典型相似。例如:表示工具的价语是概念上强制的,但不是语境上或形式上强制的。(3)多数范畴不具有成员共有的本范畴特有属性。例如:参与者和价语都不具有这种属性。（4）多数范畴的边界是模糊的。例如：对于在参与者边界上的事态的时间和空间，无法一刀切断。

五、参与者的类型

一个事态可以是一个或相关的多个事物的状态或变化。这个或这些事物及其定位参考点就是这个事态的参与者。参与者类型（即参与者和事杰之间的结合关系类型）的区分是语义配价描写的一个前提，也是价语类型区分的基础。

1. 参与者的空间比喻

语义学中探讨方位关系（或方位格）的路子已有三十多年历史了（参看 Anderson 1977、Jackendoff 1978、1983，以及 Cook 1989 评述）。近十几年来，这些路子得到了认知语言学研究的有力支持（参看 Rudzka-Ostyn ed. 1988 中的一些论文、Taylor 1989）。特别令人感兴趣的是，一些研究显示了某些词项的非方位用法也是借助于空间比喻形成的。空间比喻涉及认知领域（cognitive domain）、意象图式（image schema）等基本认知/语义机制。这些机制在词义理解方面的基础作用已经得到了比较深入的研究。下面用基于这些机制的空间比喻来分析汉语参与者的类型。

Langacker(1988a：53—58，参看 Taylor 1989：83—84)指出，对于任何一个语言形式的意义的理解都需要相关的认知领域的背景知识。例如：要理解［星期一］，就要有关于［星期］的知识；因而［星期］是［星期一］的直接领域。理解［星期］又需要它的直接领域。无法再追究其直接领域的是 些基本领域，如空间、时间、颜色和感觉。

汉语参与者之间的部分差异，可以归结为它们处于不同的基本领域。对于汉语参与者的类型分析来说，下列四个基本领域是最值得注意的：

（1）空间领域 它不但是充当参与者的物理空间（如"他在外面"）或比喻性

空间(如"面向未来")概念的基本领域之一,而且是各种空间参与者(即事物的定位参考点,包括事物充当定位参考点)的基本领域之一。理解事物和空间之间的定位关系需要"位于""离开""经过"和"趋向"等空间关系知识。理解事物之间的各种定位关系,必须借助于空间比喻,即把事物之间的关系比喻为空间关系。例如:理解"他给孩子一本书"中的事物传送关系,需要把［书］同［他］和［孩子］之间的关系比喻为空间关系。

(2) 运动领域　它是区别于空间参与者的各种事物参与者的基本领域之一。理解一个事物参与者,需要运动方式的知识,如一个事物保持某种状态(如"天气很好")或改变状态(如"天气凉了"),是运动的两种基本方式。理解各种事物参与者,还需要空间领域;因为事物还要涉及定位关系。

(3) 作用领域　它是各种作用关系项(如"他写了一封信")的基本领域之一。理解这些参与者,需要作用关系的知识,如一个事物作用于自身("他走了")或作用于别的事物("他带走了一份文件")。理解各种作用关系项,还需要上面两个领域。

(4) 控制领域　它是各种控制关系项(如"他叫孩子回去")的基本领域之一。理解这些参与者,需要控制关系的知识,如一个事物控制着自身("他走了")或控制别的事物("他赶走了流氓")。理解各种控制关系项,还需要上面三个领域。

空间领域中最简单的参与者是:

(1) 位置,即一个参与者所处的地方。不是事态的空间。例如:

⑳ 东西在那儿。　　⑳ 台上坐着主席团。

静止的事物只有［位置］这一种参考点,而移动的事物的参考点却有着移动路线的下列三个部分:

(2) 起点,即一个参与者离开的地方。例如:

㉛ 他出了大门。　　㉜ 他离开了学校。

(3) 途径,即另一参与者经过的地方。例如:

㉝ 他路过上海。　　　　㉞ 他经历了很多事情。

（4）目标，即事物前往的地方。

㉟ 他到了车站。　　　　㊱ 家里来了客人。

空间关系是最容易理解的关系，因此，其他领域的各种参与者，都可以分别比喻为上述四种空间参与者。

Taylor（1989：84—85）指出，"一个语言形式通过'侧重'或强调相关领域的一个特定区域或构造来获取它的意义。"侧重蕴涵了借助于一个或一组有关的意象图式对一个领域加以组织。例如 Lakoff 曾经指出，[旅程]和它的组成部分（[起点]、[途径]和[目标]）是一个图式。[生命]和[社会发展]常常被比喻为[旅程]（134 -135）。图式是对范畴进行扩展的工具。范畴扩展的主要方式有两种：比喻性扩展可以把一个范畴扩展到不同的领域，而借代性扩展（metonymic extension）则是把一个范畴扩展到同一领域的相关对象（122—141）。词义比喻性扩展的例子如上述的把[旅程]扩展到其他领域的[生命]（㊲）和[社会发展]（㊳）：

㊲ 活到老，学到老。　　　㊳ 人类社会正在进入信息时代。

词义借代性扩展的例子如把[自杀]扩展到同一领域中的[自杀方式]：

㊴ 她投河/服毒/上吊了。

空间领域的四个参与者构成两个图式，一个就是上面的[旅程]，由[起点]、[途径]和[目标]组成；另一个图式是[位置]。其他各领域的各种参与者也是按这两个空间图式组织起来的，或者说，它们都可以分别看作四种空间参与者的比喻性扩展。这种用空间比喻组织起来的参与者类型如下所示：

	位置图式	旅　程　图　式		
空间领域	位　置	起　点	途　径	目　标
运动领域	静　物	原　形	变　体	结　果
作用领域	自动者	施　事	工　具	受　事
控制领域	自主者	指　挥		执行者

2. 参与者的次类

1）空间

参看上一节里的(1)位置、(2)起点、(3)途径和(4)目标。

2）事物

(5) 静物　保持某种状态的事物。类似于静止的事物所处的位置，它是状态(静止的运动)所处的位置。例如：

㊵ 他很高兴。

(6) 原形　变化发生之前的事物，可以比喻为变化的起点。例如：

㊶ 丑小鸭变成了白天鹅。

(7) 变体　处于变化之中的事物，可以比喻为变化的途径。例如：

㊷ 他病了。　　㊸ 我饿了。

(8) 结果　变化完成了的事物，可以比喻为变化的目标。例如：

㊹ 上帝死了。

3）作用关系项

(9) 自动者　作用于自身的事物(可以比喻为作用所停留的位置)，同时也是结果。例如：

㊺ 他起来了。

(10) 施事　作用于另一参与者的事物，可以比喻为作用的起点。例如：

㊻ 他开了门。　　㊼ 大风刮倒了一棵树。

有的施事同时也是起点。例如：

㊽ 他放下饭碗。　　㊾ 他给了小王一本书。

有的施事同时也是目标。例如：

㊿ 他收了徒弟。　　(51) 村里收了他三十块钱。

(11) 工具　作用的途径。例如：

(52) 这把刀他切肉。

(12) 受事　受另一参与者作用的事物(可以比喻为作用的目标),同时也是结果、原形或静物。例如:

(53) 他写了一封信。　(54) 他烧了一封信。　(55) 他读了一封信。

有的受事还兼为起点,如例㊽里的"他"。有的还兼为目标,如例㊾里的"小王"。

4) 控制关系项

(13) 自主者　保持对自身控制的事物(可以比喻为控制所停留的位置),同时也是施事或自动者。例如:

(56) 他查了记录。　(57) 他回来了。

(14) 指挥　使另一参与者发生作用的事物(可以比喻为控制的起点),同时也是施事。例如:

(58) 他叫孩子回去。

(15) 执行者　由另一参与者引发而产生作用的事物(可以比喻为控制的目标),同时也是受事兼结果兼施事或自动者。例如:

(59) 他送走了客人。　(60) 你请他进来。

六、介词性价语及其参与者类型

1. 不承认介词性价语导致的问题

汉语动词(包括形容词)或名词支配的介词性词语(介词或介词短语),应该看作价语还是说明语?对此有三种不同的看法:(1)介词性词语不看作价语(如朱德熙 1978、吴为章 1982、1993、马庆株 1983、杨宁 1986、1990)。(2)某些介词的宾语看作支配介词性词语的动词或名词的价语(如吴为章 1985)。(3)某些介词短语看作价语(如袁毓林 1993、韩万衡、韩玉贤 1995)。

按照上面第 5 节对价语的界定,不少介词性词语应该看作动词或名词的价语;但是,我不打算做这样的论证,因为别人未必同意本文对价语的界定。下面

只是指出,不承认介词性价语,会导致无法消除的矛盾和描写的不充分及复杂化:

(1)导致矛盾　不承认介词性价语,就要说下面两个例子都有未出现的价语:

　　　　⑥ 小王被人骗了。　　　　⑥ 小王对这个问题的专项研究。

如果说⑥和⑥有未出现的价语,那么这些价语表示的参与者是什么呢?答案好像应该是⑥中的未出现价语是施事,⑥中的是受事,因为它们在可以出现的例子中是这样的,例如:

　　　　⑥ 有人骗了小王。　　　　⑥ 这个问题的专项研究。

但是我们知道⑥中已经有了显性的施事,⑥中也有显性的受事。而"骗"和"研究"都只要求一个施事和一个受事,不可能带两个施事或受事。要避免这种两难的困境,就必须承认介词性价语。

(2)导致配价描写的不充分　用"被"引进施事只适用于部分动词,同样用"对"引进受事也只适用于部分名词。这样的性质正是这些类型的有价词项的特殊的结构要求。不承认介词性价语,就不能充分地描写这些有价词项的配价。

(3)导致结构描写的复杂化　不承认介词性价语,就要说⑤和⑤里有隐含(即无法补出的)价语,这个隐含价语和介词的宾语互参(即所指相同)。与上述描写相比,承认介词性价语,可以简化对这种结构的描写,不需要涉及隐含和互参。

2. 介词性价语的参与者类型

有些介词性词语表示参与者,有些不表示参与者,表示的是事态的时间、空间或方式、参与者的目的或态度等等外围项。下面不涉及表示强调的"连"等可以加在所有动词句的多数名词性成分上的介词。

下面是介词性价语表示的参与者的类型。

1)空间

(1)起点　表示起点的介词有三类:

（a）从、打。表示一个参与者移动的出发点。例如：

⑥ 他从广州来。

"他来自广州"不分析为动词带介词短语，因为介词已经附着在动词上了，构成了动介附着式（clitic）的动词。语音上的证据是"来自"之间不能停顿。附着程度更强的"送给"里的"给"是轻声。可以跟在动词后面的介词还有：在、向、往、于。只有部分动词可以被介词附着。

（b）离、离开。表示和另一参与者之间距离的起点。例如：

⑥ 苏州离上海不远。

（c）向、跟。表示一个参与者索取的起点。例如：

⑥ 他向朋友借了本书。

（2）途径　表示途径的介词有：沿（着）、顺（着）、从、打。例如：

⑥ 你沿着这条路一直走。　　⑥ 你从这个门进去。

⑥中的"进去"是从门外开始的，不是从门开始的；因此，"门"表示途径。用表示"来自"意义的"从"来表示"经由"意义，这是相邻意义的借代。

（2）目标　表示目标的介词有四类：

（a）到、上。表示一个参与者移动的终点。例如：

⑦ 他到单位去了。

（b）往、望、朝、向。表示一个参与者移动的方向。例如：

⑦ 他望那儿跑了。

（c）对、对于、为、替、给。表示一个参与者影响的方向。例如：

⑦ 他对人很客气。

（d）跟、和、同、与。表示和一个参与者互动的对象。例如：

⑦ 她和营业员吵了一架。

2）作用关系项

（3）施事　表示施事的介词有：被、给、叫、让。例如：

⑭ 书被小王拿走了。　　　⑮ 那棵树给大风刮倒了。

（4）工具　表示工具的介词有：用、拿。例如：

⑯ 他用勺子炒菜。　　　⑰ 你要拿事实说服人。

（5）受事　表示受事的介词有：把、给、管、对、对于、关于、至于。"把"带的受事同时也是结果、原形或静物。例如：

⑱ 他把饭烧好了。　　⑲ 他把理想变成了现实。　　⑳ 他把信读完了。

㉑ 我对他的了解。

⑲里的"变成"是三价动词，表示三价事态；不同于例㊶里的双价"变成"。

下面㉒里的"把"的宾语可以作不同的语义分析：

㉒ 他把一锅饭吃掉了一半儿。　　㉓ 他把一锅饭都吃掉了。

㉔ 一锅饭他吃掉了一半儿。　　㉕ 一锅饭他都吃掉了。

㉒和㉔里的"一半儿"被吃掉了，其整体"一锅饭"当然也受到了影响，只是受作用的程度比"一半儿"低得多。如果把"一锅饭"也分析为受事，那么"吃掉"之类的事态的语义配价都要加一。没有特殊需要，当然不必这样分析，而是把这两句里的"一锅饭"分析为外围项。它们实际上处于参与者和外围项的过渡地带。

"给"带的受事同时也是目标兼静物。例如：

㉖ 他给小王汇去了一笔钱。

"管、对、对于、关于、至于"带的受事同时也是静物。"对、对于、关于"可以作动词和名词的价语。例如：

㉗ 小王管他叫大爷。　　㉘ 关于儿童教育问题的一场讨论。

3）控制关系项

（6）自主者　表示自主者的介词也就是表示施事的介词。⑭里的施事（小王）是自主者，而例⑮里的（树）则不是自主者。

参考文献

戴耀晶《现代汉语动作类二价动词探索》，手稿，1995 年。

范晓《动词的"价"分类》,《语法研究和探索》(5),语文出版社 1991 年版。

韩万衡、韩玉贤《德国配价论与汉语配价研究》,《天津外国语学院学报》1994 年第 2、3 期。

韩万衡、韩玉贤《汉语配价描写的一点尝试》,"配价论与配价词典"研讨会论文,1995 年。

黄锦章《汉语格系统研究》,上海外国语大学博士学位论文,1994 年。

金立鑫《动词的语义域及其配价的确定》,配价研究的一项基础理论研究,手稿,1996 年。

金立鑫《功能解释语法的解释程序和配价研究》,手稿,1996 年。

廖秋忠《现代汉语中支配成分的省略》,《中国语文》1984 年第 2 期。

吕叔湘《从主语宾语的分别谈到国语句子的分析》,《汉语语法论文集》,商务印书馆 1984
  年版。

马庆株《现代汉语的双宾语构造》,《语言学论丛》10,商务印书馆 1983 年版。

Tesniè, Lucien《结构句法基础》(节选),方德义译,《西方语言学名著选读》,胡明扬编,中国人
  民大学出版社 1988 年版。

文炼《词语之间的搭配关系》,《中国语文》1982 年第 1 期。

文炼、袁杰《谈谈动词的"向"》,《汉语论丛》,华东师范大学出版社 1990 年版。

吴为章《单向动词及其句型》,《中国语文》1982 年第 5 期。

吴为章《"X 得"及其句型》,《兼谈动词的"向"》,《中国语文》1987 年第 3 期。

吴为章《动词的"向"札记》,《中国语文》1993 年第 3 期。

杨宁《二价动词及其句型》,复旦大学硕士学位论文,1986 年。

杨宁《现代汉语动词的配价》,复旦大学博士学位论文,1990 年。

杨宁《语义和句法依存结构》,《九十年代的语法思考》,邵敬敏、刘大为编,北京语言学院出版
  社 1994 年版。

袁毓林《准双向动词研究》,《现代汉语祈使句研究》,北京大学出版社 1993 年版。

袁毓林《一价名词的认知研究》,《中国语文》1994 年第 4 期。

赵元任《汉语口语语法》,吕叔湘译,商务印书馆 1979 年版。

周国光《确定配价的原则与方法》,《现代汉语配价语法研究》,沈阳、郑定欧主编,北京大学出
  版社 1995 年版。

朱德熙《"的"字结构和判断句》,《现代汉语语法研究》,商务印书馆 1978 年版。

Allerton, D.J., *Valency and the English Verb*. London: Academic, 1982.

Anderson, J.M., *On Case Grammar. Prolegomena to a Theory of Grammatical Relations*. London: Croom Helm, 1997.

Cook, Waltar A, S.J., *Case Grammar Theory*. Washington, D.C: Georgetown University Press, 1989.

Günther, H., *Valence in Categorial Syntax. Valence, Semantic Case and Grammaticl Relations*. ed. by W. Abraham. Amsterdam: John Benjamins, 1978.

Hudson, Richard., *Word Grammar*. Oxford: Blackwell, 1983.

Hudson, Richard., *Invitation to Linguistics*. New York: Basil Blackwell, 1984.

Hudson, Richard., Zwick on Head. *Journal of Linguistics* 23, 1987:109-32.

Herbst, T., A Valency Model for Nouns in English. *Journal of Linguistics* 24-2, 1988.

Jackendoff, R., Grammar as Evidence for Conceptual Structure. *Linguistic Theory and Psycological Reality*. eds. by M. Halle et al. Cambridge. MA: MIT Press, 1978.

Jackendoff, R., *Semantics and Cognition*. Cambridge, MA: MIT Press, 1983.

Kempson, Ruthm., *Semantic Theory*. Cambridge: Cambridge University Press, 1977.

Langacker, R.W., *A View of Linguistic Semantics*. in Rudzka-Ostyn, Brygida (eds), 1988.

Langacker, R. W., *The Nature of Grammatical Valence*. in Rudzka-Ostyn, Brygida (eds), 1988.

Matthews. P.H., *Syntax*. Cambridge: Cambridge University Press, 1981.

Rudzka-Ostyn, Brygida. ed., *Topics in Cognitive Linguistics*. Amsterdam/philadelphia: John Benjamins, 1988.

Taylor, J. R., Linguistic Categorization. *Prototypes in Linguistic Theory*. Oxford: Clarendon, 1989.

Vater, H., *On the Possibility of distinguishing between Complements and Adjuncts. Valence, Semantic Case and Grammaticl Relations*. ed. by W. Abraham. Amsterdam: John Benjamins, 1978.

原载《语文研究》1996 年第 3 期

认知图景与句法、语义成分

卢英顺

句法和语义是语法的两个重要方面,探讨句法和语义之间的对应关系也就一直成为语法研究的永恒主题。三个平面理论提出之后,对这两者之间关系的探讨日趋细致。从目前的研究情况来看,研究者对句法与语义之间的关系似乎达成了一个共识,即:语义结构决定句法结构。比如范晓就认为:"动词和它所联系着的动元(强制性的语义成分)所构成的动核结构,在深层是最基本的语义结构,它是构成表层句子的基础。"[1]持类似观点的还有陈昌来[2]等人。比如,"吃"是一个二价动词,所以它可以和两个名词性成分共现,在句法上一般表现为"主语—动词—宾语"结构;"休息"是一价动词,所以它只能和一个名词性成分共现,在句法上表现为"主语—动词"这样的结构。但是,大家在谈论这个问题的时候,似乎忽略了一个最基本的东西:语义结构又是从哪里来的?

还有,在"吃饭"和"吃大碗"中,"饭"和"大碗",句法上都是名词性成分,都是"吃"的宾语,在语义上为什么一个是受事,一个是工具?"大碗"在"买大碗"中好像又成了受事,这又是为什么?如果用计算机来处理,能得出同样的结论吗?再比如,我们说"盖楼房"中的"楼房"表示"结果",有人曾提出疑问:

---

① 范晓《三个平面的语法观》,北京语言学院出版社 1996 年版,第 326 页。
② 陈昌来《现代汉语动词的句法语义属性研究》,学林出版社 2002 年版。

这种结构中的"楼房"往往没盖好,甚至压根儿还没盖,如"我准备明年盖楼房",怎么能说是结果呢？可能正是基于这种考虑,邢福义称这类宾语为"目标宾语"①。

我们认为,所有这些问题都可以通过"认知图景"得到解释。本文以几个个案为例,试图通过认知图景来解释语义与句法方面的一些关系问题。

"认知图景"的涵义

"认知图景"这一概念始见于拙文《"下去"的句法、语义特点探析》②。该文对动词"下去"所表示的认知图景的描述可简述为:位于高处某一点(起始点,也是参照点)的客体,向低处作位移。这种位移要有一定的过程,位移的结果是客体离开了参照点,原则上说,这种位移没有内在的终止点,虽然客观上一般有。但该文没有对认知图景直接下定义或者作概括的说明。

本文试图对认知图景作如下的概括说明:

认知图景是人们对现实世界常规的,或者说是比较恒定的认知模式。它包括两个方面:静态的模式和动态的模式。所谓静态的模式是指我们对一个客体(也许包括抽象的在内)方方面面的认识,比如,一个"足球",它是圆的,充满气后,可以踢,落到地面上还可以弹跳起来,还有它的大小、表面图案、作用、甚至质料等;一只"苹果",我们知道它是什么颜色、什么味道、什么形状、一般大小、是结在树上的果实等。所谓动态的模式是指一个可感知的行为动作的过程以及伴随这一过程的各种概括的认识特征,比如"吃"这一行为,存在一个有生命的动物,典型的是人,"吃"一种什么东西,吃的时候还可能涉及一些辅助工具。

① 邢福义《汉语里宾语代入现象之观察》,《邢福义自选集》,河南教育出版社 1993 年版,第155—173 页。
② 卢英顺《"下去"的句法、语义特点探析》,《语法研究和探索》(11),商务印书馆 2002 年版。

就人而言,他要用筷子或刀叉之类,食物还要放在碗之类的容器里,等等。无论是静态的模式还是动态的模式,都可能涉及文化信仰等方面的因素。这两种不同的模式似乎又可以分别称之为"物体模式"和"行为模式"("行为"一词要作广义的理解)。

上述关于认知图景的概括说明,还有几点需要指出:第一,这两种模式都是以普通人的日常认知经验为基础,而不是以专家的认知为基础。这就不排除这样一种可能:人们的日常经验与有关的科学事实恰恰相反。但这并不意味着普通人的认知与专家的认知就一定不同,他们在这方面可能相同,也可能专家在某些方面知道得更多。第二,这里所说的两种模式都是概括的认知模式,是为许多人所共享的。只有建立在这种认知图景基础上的语言表达才能易于被人们理解和接受。任何与某一认知图景相关的个别情况一般不在认知图景这种知识范围内。比如吃饭时用的具体碗的各种特征不是认知图景所需要的知识,在"吃饭"这一认知图景中,知道需要用"碗"这样的工具就可以了。第三,认知图景中所说的认知模式与原型理论中所说的"好的样例"不是一回事。

与认知图景相近的概念常见的有 gestalt(格式塔)、image schema(意象图式)、cognitive model(认知模式)、frame(框架)、script(脚本)等①,但这些概念或相当于我们所说的静态的模式,或相当于动态的模式,任何一个概念都不能涵盖"认知图景"所说的内容。Taylor② 对 metonymy(转喻)的理解与我们对认知图景所作的概括说明倒比较接近,但前者一般是作为一种修辞格看待,在理解上一般也是很狭义的。我们所说的认知图景则是用作解释汉语(其实不限于汉语)句法、语义现象的基础。鉴于上述种种原因,我们没有采用现成的概念,

---

① Ungerer, F. & H.J. Schmid. *An Introduction to Cognitive Linguistics*. New York: Addison Wesley Longman Limited, 1996.

② Taylor, J.R. *Linguistic Categorization: Prototypes in Linguistic Theory*. Oxford: Clarendon Press, 1989:122-130.

以免混淆。

一个语义结构到底由什么样的认知图景决定,这是相关词语所表示的概念的激活决定的,其中谓语动词起着关键性的作用。

接下来,我们就以汉语的几个个案为例,运用认知图景来解释相关的语义、句法现象。

"考试"的认知图景与动词"考"的语义句法问题

我们先看看下列例句:

(1) 你是要考研究生吗?(张承志:《北方的河》)

(2) 从你们那儿回来以后,我还要早些睡觉,大后天上午还要考最后一门课。(张承志:《北方的河》)

(3) 首先要考上他的研究生。(张承志:《北方的河》)

(4) "你准备考哪个学校?""我想考清华大学。"

(5) "小王考什么专业?""考汉语言文字学专业。"

(6) "他今年考谁的?""好像是考张斌先生的。"

从这些例句可以看出,从句法上看,动词"考"可以带名词性宾语;从语义上看,其宾语的内容非常丰富。这些内容丰富的宾语与"考"所激活的认知图景有什么关系呢?

"考"所激活的认知图景可作如下描述:考试,首先有一个准备考试的主体(考生),有一个(或几个)主持考试的人(考官);考试时要考一定的科目;你还有一个考试目标,这个目标对一般人来说是所要报考的学校;考试时还有等级的不同,有升初中、高中的考试,也有升大学的考试,还有硕士研究生考试和博士研究生考试;对考研究生的人来说,还存在报考的专业,对考博士的人来说,还要明确所要报考的导师。上述"考"的宾语内容尽管丰富多样,有的甚至难以说出它属于什么语义角色,但它们都在这一认知图景范围之内。超过了这一认知图景范围,相应的句子就不能接受,除非给这一般的认知图景赋予特别的内容。试比较:

(7) * 你的小孩儿今年要考幼儿园/小学了吧?

(8) 你的小孩儿今年要考初中/高中/大学了吧?

为什么例(7)不能说而例(8)能说?按照三个平面的说法,原因既不在句法方面,也不在语义方面,而在语用方面。按照我们的理解,原因在认知图景方面。在考试这一认知图景中,不存在上幼儿园、上小学要考试的情况,就是说,认知图景中没有这些方面的内容,因而在语义上就缺乏这方面的内容,句法上也就不能表达这方面的内容。如果某个特定的幼儿园或小学的入学需要考试,这就等于给考试这一认知图景另外赋予了这方面的内容,在这种情况下,有关表达就能为人接受,例如:

(9) 你的小孩儿准备考世纪之星幼儿园/世纪之星小学吗?

例(9)与例(7)的根本不同之处在于,例(9)在"幼儿园/小学"之前有修饰语"世纪之星",这一修饰语的作用在于表明,考幼儿园、考小学不在常规的认知图景之内。有理由预测,随着我国九年制义务教育的彻底实行,"考初中"的说法将会从语言中淡出,代之以"上初中"或"升初中"。

"洗"的认知图景与相关的语义句法问题

先请看下面几个例子:

(10) 柳月正在洗衣服,弄得两手肥皂泡沫。(贾平凹:《废都》)

(11) 我一年到头用冷水洗脸,他则四季洗热水。

(12) * 他在洗草纸。

(13) * 洗脸,我喜欢洗水。

例(10)的宾语"衣服"是洗的对象,例(11)的宾语"热水"表示材料;但同样表示对象、材料的"草纸"和"水"为什么不能作"洗"的宾语呢?从功能主义角度看,例(13)之所以不能说,是因为这句没有传达新信息,因为洗脸用水是不言而喻的;但功能主义难以解释例(12)这样的句子。我们认为,诸如上述现象都可以通过"洗"所激活的认知图景来进行解释。

"洗"给予人们的认知图景是这样的:一个人用水洗某种东西,这种东西应该是能用水洗的,洗的目的是使被洗的东西变干净,而不是相反;能洗的东西往往是可以反复洗的。这是一般的认知图景。有些情况下,洗涤用的液体是汽油之类,洗东西时还需要盆之类的工具;有的东西经过水洗之后还会缩小。"洗"的这一认知图景不仅可以解释上述现象,还可以解释其他有关现象。

就例(13)来说,功能主义固然作了自己的解释,但如果问一句:为什么这句没有传达新信息?可能的回答是,洗东西需要水是人所共知的。这就涉及了认知图景。再看例(12),这句之所以不能说,是因为"草纸"是属于不能用水洗一类的东西。但这并不影响它能在含有否定意义的句子或非现实句子中与"洗"搭配,例如:

(14)哎呀,这草纸怎么能洗呀?草纸不能洗呀!

(15)草纸如果用水洗,就会溶化。

运用"洗"的认知图景,下面的句子能说与不能说就不难解释了:

(16)你这衣服怎么不但没洗干净,反而越洗越脏?

(17)*你这衣服不但没洗脏,反而越洗越干净。

(18)这衣服才洗了两水,就洗缩了这么多。

(19)*我这衣服洗过两水之后,洗大了不少。

(20)这么多衣服,分两盆洗吧。你洗小盆,我洗大盆。

只有在特定的情境下,"洗"才可以带"脏"作补语。例如:

(21)哎呀,用这浑浊的水洗衣服,会把衣服洗脏的!

"水"是"洗"这一认知图景的默认液体,不能传达新的信息,因而这一成分如果出现,就不同寻常,有强调的作用。例如:

(22) 庄之蝶不明白她笑什么,到浴室来洗脸清醒,一照镜子,左腮上却有一个隐隐的红圆圈儿,忙用水洗了。(贾平凹:《废都》)

这一例省略"用水"之后并不影响理解,但加上"用水"就有强调的意味。

"绣"的认知图景与相关的语义句法问题

我们先看看动词"绣"的句法语义情况,然后再看看动词"绣"的句法语义成分与相关认知图景的关系。

从句法上看,动词"绣"有个主语,可以带宾语,还可以带相关的状语。从语义上看,有施事、受事、材料、结果和处所。例如:

(23) 白流苏坐在屋子的一角,慢条斯理绣着一只拖鞋。(张爱玲:《倾城之恋》)(施事,受事)

(24) 这花还是绣绒线好看。(材料)

(25) (那一条三角裤头)前边的中间却绣着一朵粉红莲花。(贾平凹:《废都》)(结果)

(26) 枕头套上绣着一枝梅花。(孟琮等:《动词用法词典》)(处所,结果)

上述例句有两点需要说明:第一,例(24)中的"绒线"过去一般看作是工具,如孟琮等[1],但后来大家倾向于把工具和材料分开,如谭景春[2]、范晓[3]等),本文赞成将两者分开处理。第二,例(26)中的"枕头套上"一般看作处所,但问题是,一般所理解的处所不适合此类例子。范晓对处所的解释是"动作、状态等发生

---

[1]　孟琮等《动词用法词典》,上海辞书出版社 1987 年版。
[2]　谭景春《材料宾语和工具宾语》,《汉语学习》1995 年第 6 期,第 28—30 页。
[3]　范晓《说语义成分》,《汉语学习》2003 年第 1 期,第 1—9 页。

的处所(地点、场合、位置等)"①;孟琮等在"说明书"部分对处所的解释是"动作或行为及于某处所或在某处发生"②。相比之下,后者所概括的面要广些,只是"动作或行为及于某处所"说得不够明确。

动词"绣"给人们所展示的认知图景是怎样的呢? 大致可以这样来描述:某人要从事"绣"这一行为,就是要在某个载体上面做成某种图案或文字,这一载体就是绸、布等织品;从事这一行为,还需要用绣花针、彩色丝、绒、棉线之类物品;这种图案或文字一旦做成,它就位于这个载体之上。

从上述"绣"的认知图景不难看出它与动词"绣"的语义上的关系。从事这一行为需要一个人,这个人就是通常所说的"施事";行为的结果是产生图案之类的东西,这就是"结果";"绣"这一行为还涉及一个对象,这个对象其实就是图案的载体,因此,就行为与对象的关系来说,就有了"受事",就载体与图案的关系来说,就有了"处所";要做成某种图案,还要相关的"工具"和"材料"。因此,从这一图景出发,我们还可以预测"绣"应该还可以带一个"工具"成分。例如:

(27)你绣这根针,你手里拿的那根坏了。(工具)

孟琮等③在"绣"条下也列举了带工具的例子,但是,他们所说的工具只相当于本文所说的材料。《现代汉语词典》(修订本:1418)在解释"绣"时没提及工具:"用彩色丝、绒、棉线在绸、布等上面做成花纹、图像或文字。"我们对实际语料进行检索之后也没发现带工具的例子。例(27)是自造的,因为它符合认知图景,所以并不觉得不可接受。运用认知图景,下列句子就不难解释:

(28)*你绣这把刀,你手里拿的那把不好用。

(29)*你绣这块板,那块板我来绣。

---

① 范晓《说语义成分》,《汉语学习》2003 年第 1 期,第 1—9 页。
②③ 孟琮等《动词用法词典》,上海辞书出版社 1987 年版。

（30）这对枕头我想绣鸳鸯。

从"绣"的认知图景我们知道，绣花等所用的工具是特制的一种针而不是刀类，因而"刀"不在这一认知图景之内，所以例（28）不能说；人们也不可能把花等"绣"在木板上，因而例（29）也不能接受。例（30）中，"绣"的行为还没有开始，称"鸳鸯"为结果成分是否妥当？有没有必要换一种名称？我们认为这没有什么不妥当，因而就没有必要换个其他名称。因为"鸳鸯"虽然没有开始绣，谈不上有什么结果，但在"绣"的认知图景中，我们知道有这样或那样的结果成分。"盖楼房"等也都与此类似。例（30）还有一个值得注意的地方，就是其中的"枕头"具有双重的性质；它相对动词"绣"来说是行为的对象，是受事；相对"鸳鸯"来说，可看作处所。

认知图景与语义成分的句法表达

平常我们只说动词的语义结构决定句法结构，但好像没人说语义结构是从哪里来的。其实，从上述几个个案的分析中不难看出，动词所能带的语义成分与相关的认知图景是密切相关的。认知图景决定了相关动词语义结构的框架，不过这种决定是大致性的。一个动词最终能带多少语义成分还与动词的词义有关，属于大致相同认知图景的不同动词的词义因对这个图景中语义要素概括的不同或着眼点不同而在所能带的句法成分上呈现出差异。例如，"考试、报考"这两个动词在句法上的表现与"考"就不完全相同，试将下列句子与前面有关"考"的句子进行比较：

考试

（31）＊这星期五下午，我们考试语文。

（32）＊我想考试研究生。

（33）＊他准备明年考试清华大学。

　　（34）＊他孩子明年要考试高中了。

报考

　　（35）＊我想报考物理。

　　（36）我想报考现代汉语语法专业。

　　（37）我想报考研究生。

　　（38）他想报考陆先生。

　　（39）他准备明年报考清华大学。

　　（40）他孩子明年要报考高中了。

上述例子中不能说的或者难以接受的，如果将相应的动词换成“考”就都能说了。由此似乎可以得出这样的结论：动词“考试”的着眼点在于考试这一行为本身；动词“报考”着重在所考的专业、导师和学校等。郭圣林①认为，“报考研究生”这样的说法值得推敲，理由是，我们不能说“＊报考高中生／本科生”。根据我们的语感，“报考研究生”这样的说法没什么不妥。“报考”一词突出的是高层次的考试目的，报考研究生或博士生时，报考者的自主性也很强；而“考高中”和“考大学”与此不同，上什么高中或大学有很大的被动性，可能就是这些缘故导致“＊报考高中生”和“＊报考本科生”不能说，后者还隐含在“报考大学”之中。

　　我们说认知图景决定动词的语义成分，但这些不同的语义成分在句法上充当什么职务是难以准确预测的，其中有特定动词的句法习惯。比如在“帮助”这一认知图景中，有一个“受帮助的对象”，这个对象在句法上能不能作宾语就因动词自身的特点而有所不同。比较：

　　（41）王明经常帮助他。

　　（42）王明经常帮忙他。

　　例（42）一般不说，但偶尔也听到有人这样说。其正常表达应该是“王明经

---

① 郭圣林《学位可以考取吗》，《汉语学习》2002 年第 5 期，第 19 页。

常帮他的忙"。此例之所以不是完全不能接受,甚至趋于正常化,其根本原因还是在于这一语义成分是认知图景中存在的。否则句子就无法接受,例如:

(43) *王明经常帮忙/帮助高中。

陆俭明①曾提出这样的问题:为什么可以有"掏出来、插进去"的说法,而不能说"*掏进去、*插出来"? 为什么能说"洗干净、熨平"而不说"*洗平、*熨干净"? 我们认为,这也与认知图景有关。"掏"所展示的认知图景是一个人用手(或借助工具)将某物体从一个容器之类的东西中取出来,而不是相反的动作——把物体放进去;因而"掏"可以与"出来"搭配而不能与"进去"搭配。"插"所展示的认知图景是,某人将一个细长的物体(往往是比较尖的)置于另一物体(可能是容器,也可能不是)的内部;因而"插"能与"进去"搭配,不能与"出来"搭配。"洗"和"熨"的情况与此类似。日常生活经验告诉我们,一般情况下,衣服之类是靠洗才能干净的,是靠熨才平的;光靠熨是不能使衣服等变干净的,光靠洗也不能使衣服变平,多数情况下反而使衣服变皱。所以,"洗干净""熨平"能说,而"*洗平""*熨干净"不能说。

余　论

语言学是一门科学,而科学的特点之一就是讲究预测性,从认知图景与句法、语义成分的关系来看,认知图景虽然不能准确地预测某个动词(或其他类词)所带的句法、语义成分的数量和种类,但它明显地框定了有关词语所带成分的范围,而且动词所带句法、语义成分变化情况也是万变不离其宗。认知图景的这种特性使我们能够在一定程度上预测一个动词的句法发展情况(也许也可以预测其他情况),比如"约会"作动词用时一般不直接带宾语,但从其认知图景看,"约会"这一

---

① 陆俭明《关于句处理中所要考虑的语义问题》,《语言研究》2001年第1期。

行为涉及约会者和约会对象这双方(当然还包括约会时间和地点),约会对象这一要素的存在,为"约会"直接带宾语提供了潜在的可能,我们就发现了这一用例:

(44) 金星、土星和火星争相"约会"嫦娥,爱看星星的市民可大饱眼福了。(《观土星冲日　赏星月童话》,《新民晚报》2003 年 12 月 29 日,第 1 版)

不仅如此,认知图景的这种特性也为我们在对不同语言进行相关对比时提供一个参照坐标。

本文所说的认知图景与句法、语义成分之间的关系是一个最基本的关系,或者说是一种原型关系。认知图景只能提供某一动词的句法语义框架,它不能决定特定语境下一个句子应该是怎样的,比如某句成分的顺序应该如何如何,什么成分可以省略等。要解释此类现象,必须借助其他理论。这是一方面。另一方面,语言中充满着隐喻,对隐喻现象的解释可能不能直接从认知图景着手,但它一定与认知图景有关,如"下去""下来"用于社会地位的变化。① 由此可见,认知图景对语法现象的解释是不充分的,它是一个基础;但它是一个不可缺少的基础。

原载《复旦学报(社会科学版)》2005 年第 3 期

---

① 卢英顺《"下去"的句法、语义特点探析》,《语法研究和探索》(11),商务印书馆 2002 年版。

使动句致使意义实现的机制及其语用价值

张豫峰

现代汉语使动句是指由使役动词带上宾语作谓语,表致使意义的句子。这类句子包含致使原因、致使对象、致使结果和致使词四要素。使动句在现代汉语中使用频率虽不是最高,但所表达的致使意义比较特殊。例如:

(1) 绿色植物减轻了污染的危害。

(2) 这一桌菜真馋人!

(3) 他们端正了学习态度。

(4) 人们积极开展丰富多彩的文体活动活跃农村文化生活。

在这四个使动句中,句首词语或涉及或指代致使原因,当句首词语涉及致使原因时,它往往以小句形式蕴涵于句中,如例(4)的"人们积极开展丰富多彩的文体活动";当句首词语指代致使原因时,它往往由某个名词性词语转喻句外的某个事件,如例(1)(2)(3)的"绿色植物""这一桌菜""他们"分别转喻"绿色植物[能吸附有害的物质……]"、"这一桌菜[色香味俱全……]"、他们[采取某种措施……]等事件。①在这四例中,句末词语"污染的危害""人""学习态度""人们的文化生活"为句子的致使对象。句中使役动词"减轻""馋""端正""活跃"既为致

---

① 这里的"[ ]"表隐含,"……"表或可有其他表述形式。

使对象发出的致使结果,又为致使词,作为致使词,使役动词起着传递致使原因影响力的作用,又决定致使结果是已然的。①这四个句子分别表示"绿色植物使污染的危害减轻""这一桌菜使人馋""他们使学习态度端正了""放映一些优秀剧目使人们的文化生活活跃了"。从整体上看,使动句主要表达在致使原因事件的影响下,促使致使对象产生了一定的已然结果。

在古代汉语中,使动句是一种常见的句式结构。例如:"尝人,人死;食狗,狗死。"(《吕氏春秋·上德》)"项伯杀人,臣活之。"(《史记·项羽本纪》)"既来之,则安之。"(《论语·季氏》)等。以往人们总是把使动句看作动词的使动现象,认为使动句的意义是由于动词的致使意义所致,像陈承泽、黎锦熙、王力等人在现代汉语语法研究初期就开始关注汉语中存在的使动用法,并相继提出"致动用""使动式""使动用法"等概念。②20世纪80年代以后,人们发现在现代汉语中由形容词、不及物动词带上宾语构成的使动句逐渐多起来,但它们和古代汉语中的使动用法不同。吕叔湘就此问题曾指出,"在古汉语中,不及物动词和形容词的使动用法是常用的语法手段,现代汉语里,动词的使动用法已经不能广泛应用,一些形容词的使动用法如端正态度、严格纪律等等,是最近三四十年里才出现的"③。再后来,关于现代汉语使动句研究的相关论著越来越多,像刁晏斌、彭利贞、谭景春、宛新政等分别从不同的视角较系统地分析了现代汉语使动句的语法特点,这为使动句的进一步研究打下了基础。纵观前人研究成果,我们可以看到人们研究使动句的着眼点已逐渐从使役动词的分析上升到使动句的句式分析上,并且取得了很大的成绩。但是,就今天来看,使动句的研究仍然存在不少值得更加深入探讨的问题,比如

---

① 在表将来的虚拟语句中,其致使结果好似未然的,但全句表示只要有某种致使原因的影响就一定会产生人们预想的致使结果,因此我们把这种存在于虚拟语句中的致使结果看作是特殊的已然。

② 详细分析参看陈承泽《国文法草创》,商务印书馆1922年版;黎锦熙《新著国语文法》,商务印书馆1924年版;王力《中国现代语法》,商务印书馆1943年版。

③ 参看吕叔湘《说"胜"和"败"》,《中国语文》1987年第1期。

使动句的语法结构与句式意义的实现、使动句的语言运用价值等。为叙述方便，本文用 S、O、V$_使$分别代表使动句中的主语、宾语和使役动词，这样，使动句就可记作 S＋V$_使$＋O。本文试图在前人研究的基础上结合句式研究理论阐释使动句致使意义的实现机制以及使动句在语言实际运用中的价值特征。

一、与使动句致使意义相匹配的使役动词

20 世纪八九十年代，人们大多认为使役动词是使动句中非常重要的结构成分，使役动词的语法意义和特征不仅影响着使动句句式结构成分的排列，也影响着使动句句式意义的表达。不少研究者甚至提出使动句的致使意义是由使役动词的词义实现的，比如任芝锳认为，使役动词本身包含着使动义；王建之也认为使役动词在句子中分表两项意义，一项是本身的词汇意义，另一项是使动意义，使役动词自身带有的使动义决定着由它构成的使动句也带有使动意义；郭锐、叶向阳也曾明确指出"同形型的致使情景是独立于结构的"，使动句的使动意义是词本身具有的。[1]另外，像范晓、陈昌来等基于动词配价理论，认为使役动词为二价动词，它联系两个论元成分：一是 S，为施事或致事，二是 O，为使事。[2]像"他们调节企业的数量平稳价格"这样的使动句，其中的使役动词"平稳"就是二价动词，"他们"为施事或致事，"价格"为使事。

其实，使动句主要表达某种行为动作事件以原因形式影响致使对象，促

---

① 参看任芝锳《从两种非受事名词宾语看动词的再分类》，《语言学年刊》1982 年第 1 期；王建之《论现代汉语使动句》，《唐山教育学院学报》1991 年第 6 期；郭锐、叶向阳《致使表达的类型学和汉语的致使表达》，《汉语研究的类型学视角：第一届肯特岗国际汉语语言学圆桌会议论文集》，北京语言大学出版社 2005 年版。

② 详细分析可参看范晓《论"致使"结构》，《语法和研究探索》(10)，商务印书馆 2000 年版；陈昌来《现代汉语语义平面问题研究》，学林出版社 2003 年版。

使其发出凝固在使役动词中的已然结果。虽然使役动词在使动句中既起传递原因影响力的作用又表致使结果,但使役动词的重要性并不能证明使动句的句式意义只是由使役动词来表达。我们以典型的使役动词"平稳"为例,随机查阅了 1946—2010 年《人民日报》中 11000 多条包含"平稳"的句子,我们发现其中只有 110 多例是由"平稳"构成的使动句,占全部"平稳"句的十分之一,而在另外的十分之九的"平稳"句中,"平稳"的主要句法分布表现情况可示例如下:

(1) 中国政府及时对宏观经济政策作出调整,努力保持平稳发展。

(2) 8 点,专机准时起飞,很快平稳地飞上了云端。

(3) 当进入以经济建设为中心、发展市场经济的平稳期后,人性的另一面就会浮出来。

(4) 蔬菜、水果价格趋于平稳。

(5) 城镇登记失业率长期稳定在较低水平,就业局势总体平稳。

例(1)(2)的"平稳"为状语,是"发展、飞"的方式,尤其是例(1)的"平稳"和"发展"组成偏正短语作句子宾语的用法最为普遍,占 11000 条"平稳"句的 80%。例(3)的"平稳"在句中为定语,例(4)的"平稳"为宾语,例(5)的"平稳"为谓语。从"平稳"的句法表现情况看,"平稳"在句中既可做定语又可做状语、谓语,应为性质形容词。而只有当"平稳"后面加上宾语,"平稳"才带有"使某物产生平稳状态"的意义,像"平稳情绪"中的"平稳"加上宾语"情绪",全句就有了"使情绪稳定"的意义。由此可见,使动句中的致使意义不是由使役动词独自产生的,是由使役动词带上宾语构成使动结构后才产生了致使意义。以往也有人注意到使动句句式可以决定致使意义的显现,如吴竞存、梁伯枢就曾提出有些使役动词本身不具有使动义,只是进入使动句后,句式才赋予它一定的使动义;彭利贞也曾提到使役动词是使动句式的标志,但有些使役动词若不进入使动句,也就没有了使动义;张伯江明确指出使动语义应归因于使动句句式;宛新政也曾说过"从本质上看,使动句的致使意义来自结构义"①。

我们认为,使动句的致使意义实际上是由句式和使役动词共同作用、配搭而实现的,也就是说在使动句和使役动词的匹合配搭中,句式的致使意义才能呈现出来。为了弄清使动句中的使役动词的语法特征及其与句式的匹配关系,我们把《动词用法词典》②里 1328 个动词的 2117 条义中标有[致使]语义特征标的动词挑选出来,共 148 个,如下所示:

> 暴露、闭、变化、愁、出 1、出版、倒 1、颠倒、掉 1、定、动弹、冻 1、冻 2、斗 2、端正、断 2、堆、对 3、饿 2、发动 3、发挥 1、发扬、发展、翻 1、翻 7、方便、放松、分裂、丰富、改变 1、改变 2、改革、改进、改良、改善、改正、感动、搁 2、巩固、拐 1、关 1、贯彻、滚 1、过 3、合 2、轰动、化 1、化 2、恢复、回 2、活动 1、集合、积累、集中、剪 2、减少、降 2、结束、解散 1、解散 2、紧、进 1、加强、纠正、解决 1、开 1、开动、渴、扩充、扩大、流露、满足 1、迷 2、密切、灭 1、灭 2、灭亡、明确、磨 2、模糊、便宜、破 2、破 3、破 4、破 5、破 6、破 7、破坏、普及、起 2、气、迁移、欠 1、确定、去 1、热、散 1、散 3、丧失、杀、伤、上 3、上 6、上 7、上 8、伸、升 1、升 2、顺 1、顺 2、松、缩 2、缩小、抬 1、探 2、提高、停 1、停 3、通 2、通 3、通过 2、统一、突出、退 1、脱 3、弯、完、完成、稳定、下 7、降 2、响、消除、摇、移动、延长、增加、增长、展开 1、展开 2、震动 1、震动 2、住 2、转变、转 1、转移、走 2、醉

为了正确判断使役动词,我们设立"主语＋动词＋宾语"主谓句框架,当某个动词置入此主谓句框架后具有致使意义,该动词即为使役动词;不具有致使意义,该动词相应就不是使役动词。根据这个标准,我们逐一测试了上面提到

① 参看吴竟存、梁伯枢《现代汉语句法结构与分析》,语文出版社 1992 年版;彭利贞《论使宾动词句的相关句式》,《杭州大学学报》1995 年第 1 期;张伯江《现代汉语的双及物结构》,《中国语文》1999 年第 3 期;宛新政《现代汉语致使句研究》,浙江大学出版社 2005 年版。

② 孟琮、郑怀德等编《动词用法词典》,上海辞书出版社 1987 年 6 月第一版。

的 148 个标有[致使]特征的动词,结果发现这些动词在进入"主语＋动词＋宾语"主谓句框架后,整个框架基本表达"致使某事物发出致使结果"的意义,这些动词的确应被看作使役动词。我们同时还发现,在《动词用法词典》中虽然有些动词义项前没标示[致使]特征,但是当这些动词进入"主语＋动词＋宾语"主谓句框架中,往往会形成表致使意义的使动句,这些动词其实也应被看作使役动词。试看下面的动词及例句:

摆 3:来回摇动。如,小狗摆尾巴。

保持:维持(原状)使不消失或减弱。如,保持现状。

刺激 1:推动事物,使起积极的变化。如,刺激人们的积极性。

刺激 2:使人激动,使人精神上受到挫折或打击。如,这件事刺激了小钱。

夸大:把事情说得超过了原有的程度。如,夸大成绩、夸大自己的功劳。

扭:调转。如,扭头、扭身子。

损害:使事业、利益、健康、名誉等蒙受损失。如,损害眼睛、损害身体。

调整:改变原有的情况,适应客观环境和要求,发挥更大的作用。如,调整经济结构。

停止:不再进行。如,停止他的职务。

推翻:用武力打垮旧的政权、使局面彻底改变。如,推翻清政府、推翻北洋军阀。

推广:扩大事物使用的范围或起作用的范围。如,推广先进经验。

通过以上分析,我们认为《动词用法词典》中有 159 个使役动词,根据这些使役动词的语法特征,它们相应又可以分成四组:

第一组:暴露、端正、方便、放松、丰富、感动、轰动、集中、满足 1、密切、明确、模糊、便宜、普及、确定、统一、突出、稳定、震动 1、震动 2、紧、松、愁、

冻1、冻2、迷2

第二组：闭、出1、倒1、掉1、定、动弹、斗2、断2、堆、对3、翻1、翻7、搁2、拐1、关1、滚1、过3、合2、化1、化2、回2、活动1、剪2、降2、进1、开1、灭1、灭2、灭亡、磨2、破2、破3、破4、破5、破6、破7、起2、欠1、去1、热、散1、散3、杀、伤、上3、上6、上7、上8、伸、升1、升2、顺1、顺2、缩2、抬1、探2、停1、停3、通2、通3、退1、脱3、弯、完、下7、降2、响、摇、住2、走2、摆3、扭、气、醉、变化、出版、停止、发动3、发挥1、发扬、发展、分裂、改变1、改变2、改革、贯彻、巩固、恢复、集合、积累、结束、解散1、解散2、解决1、开动、流露、破坏、迁移、丧失、通过2、转变、转移、保持、刺激1、刺激2、损害、调整、消除、移动

第三组：颠倒、改进、改良、改善、改正、减少、加强、纠正、扩充、扩大、缩小、提高、延长、增加、增长、夸大、推翻、推广、展开1、展开2、完成

第四组：饿2、渴

第一组"暴露、端正"等是形容词，这类形容词带宾语，可构成典型的使动句，这类形容词是典型的使动句使役动词。①第二组"闭、出"等为状态动词，它们往往是单音节不及物动词，意义单一，有些虽是双音节动词，如"变化、出版"等，意义相应也较单一，仍表示动作完成后的一种状态，这类动词带宾语可构成典型的使动句，这类动词也是典型的使动句使役动词；②第三组"改变、改良"等动词是由动补语素构成的，它们连接宾语构成的使动句，其语法特征游离于使动结构和使成结构之间，这类动词相应为非典型的使动句使役动词；第四组"饿、渴"也

---

① 以往有人认为这类使役动词是兼属动词和形容词或者兼属使役动词和动词、形容词的兼类词。我们认为这类词不是兼类词，是使役动词中的形容词，其中使役动词中的"动词"是指广义动词，包括某些狭义动词和形容词。

② 值得注意的是其中如"出版、发动3"等双音节动词在用法和意义上有些接近动作动词，其实，使役动词和动作动词之间存在模糊状态；另外，像使役动词之间的类别也存在这种模糊状态，如"发挥、发扬、破坏"等双音节动词在意义和用法上便接近于第三组的使役动词。

是状态动词,这类状态动词不像前三组使役动词那样可以轻松地构成使动句,往往倾向于构成"主语+动词"主动句,在特定的情况下,它们间或可以带上宾语构成使动句,暂时具有致使义,这类使役动词(除了"饿、渴"之外还有像"醒、累、黑、火"等)为临时使役动词。

就我们搜集的大量语料来看,无论是典型的使动句使役动词、非典型的使动句使役动词,还是临时使役动词,它们在句法和语义表现上必须与使动句句式意义相匹配。具体来讲,它们要具备以下三个特性,缺一不可:

第一,使役动词后面必须能带宾语,即使役动词一定能够出现在"[ ]+宾语"框架中。

第二,使役动词必须具有性状的语义特征,在语义上是一价的,其连接的论元成分是性质状态的系属者,即系事。

第三,使役动词必须具有两种状态发生变化的潜质,且主要表示动作完成后的状态。

下面我们示例说明使动句使役动词的三个特性。像"暴露、闭、刺激"是三个典型的使动句使役动词,它们后面必须带宾语,同时它们也是表性状和状态的一价动词,如"暴露火力点、闭眼睛、刺激积极性"中的"火力点、眼睛、积极性",在句法上是使役动词的宾语,在语义上是使役动词的系事;另外,"暴露、闭、刺激"隐含着"由隐蔽到暴露、由开到闭、由平稳到刺激"两种状态的变化过程,它们在使动句中主要表示状态变化后的一种固定态,"使……暴露、使……闭、使……得到刺激"。①同样道理,非典型使动句使役动词和临时使役动词也具有这三个特性,因此我们还可以通过这三个特性甄别哪些动词为使动句的使役动词,像"爆发、死"等动词从形式上看很像使动句使役动词,它们可以进入"[ ]+宾语"框架,也是表性状的一价动词,其论元成分是系事。但它们在"这

---

① 有些使役动词本身更凸显使役动作完成后的状态,所以我们可以用"使……得到"等格式来阐述这种使动句。

里爆发了一场革命"、"家里死了几个人"中只表现某种瞬间出现或消失的状态，所以"爆发"、"死"等动词就不是使役动词。

二、使动句致使意义的实现过程

在对使役动词的分析中我们发现，使动句 S＋V$_使$＋O 的意义和作用与使役动词 V$_使$ 的意义和作用是互相协助、互相配合的。一方面，动词要进入 S＋V$_使$＋O 结构成为 V$_使$，必须具有符合使动句的意义特点；另一方面，使动句的句式意义也会在一定程度上赋予 V$_使$ 一些固定的词义特征。

使动句就其本身来看是一种独具意义和形式的固定格式，它能赋予句式一定的语义角色，我们称之为因事和果事。其中 S 为因事，即表致使原因，V$_使$＋O 为果事，即表致使对象发出的结果，因事和果事都表示一定的命题事件。例如：

(1) 在温柔舒适的花园中，兰草恪守名分，娴静恬淡，默默奉献，丰富人间。

(2) 巩固我们的改革的成果。

(3) 明年将稳定外资规模。

(4) 老子的老师商容，游学许久，归来后召见老子，什么也不说，只是伸伸舌头。

(5) 这样改正了单纯救济的做法。

在这五个例句中，例(1)(4)(5)中的 S"兰草恪守名分，娴静恬淡，默默奉献""老子的老师商容""这样"为因事，其后的 V$_使$＋O"丰富人间""伸伸舌头""改正了单纯救济的做法"为果事。其中例(1)的 S 为一个完整的命题事件，蕴含在句中；例(4)中的 S 是由发出动作的主事词语指代"商容做出伸舌头动作"整个命题事件，例(5)是由指示代词"这样"概括命题事件，命题事件位于上文中。例(2)(3)虽然没有出现因事 S，但其中的命题事件隐含着。总之，使动句中的 S 虽然从表面上看或为名词性词语,或为动词性词语,或为零形式,但它们都是完整命题事件的省略或隐含,是使动句的主题和主语,使动句的使动意义是围绕着致使原因进行描述的。①出现在 S 位置上的词语,有的和果事事件无直接的语义关联,像例(1)中的 S"兰草恪守名分,娴静恬淡,默默奉献"和"丰富人间"没有直接的语义关联;出现在 S 位置上的词语,有的和果事事件中的构成成分有着一定的语义关联,像例(4)中 S"容商"是"伸"这个动作涉及的对象,同时"容商"还和致使对象"舌头"有着一定的领属关系。从意义上看,例(1)类使动句比例(5)类使动句的致使意义要强。

使动句的果事是由致使对象和致使结果构成的,果事也表示一个完整的命题事件,是表示在致使原因的影响下,致使对象处于一种已然结果状态。很多语法研究者在研究现代汉语使动句时,都非常关注致使对象的语义特征。彭利贞提到使动句的宾语在句中为"实现者",是"使宾动词生成句子的最关键的合格性条件",陈昌来、宛新政等人也提到使役动词后的宾语在句子结构中起着重要的作用。②的确,正如人们所分析的那样,句式的致使表达必须有致使对象为中心和依托,没有致使对象,影响力就无法落于实处,也就更没有了致使结果的产生。也正因此,张斌先生提出,使动句的宾语在意义表达上是有关人事的。③在人们心目当中,客观事件是以人为本体的,只有有关人事的词语才最适合承载致使原因的影响力,发出某种状态结果。像这五例中的致使对象"人间""我们的改革的成果""外资规模""舌头""单纯救济的做法"都是和人事息息相关的,"人间"是人的居所,"舌头"是人身体中的一部分,这些致使对象与人事相关

---

① S的省略和隐含其实大多是由句式匀称、韵律和谐的需要以及语言经济原则决定的,像很多文章标题就是隐含S的使动句,比如,"放松借贷管制、促进资金融通"(《人民日报》财经论坛中的文章标题)。省略或隐含S并不是说致使原因在使动句中的地位轻或作用小,恰恰相反,致使原因是传递影响力的发源地,无致使原因,使动句也就无所谓使动句。

② 参看彭利贞《论使宾动词》,《杭州大学学报》1993 年第 1 期;陈昌来《论现代汉语的致使结构》,《井冈山师范学院学报》2001 年第 6 期;宛新政《现代汉语致使句研究》,浙江大学出版社 2005 年版。

③ 关于其中宾语有关人事的分析可参看张斌《汉语语法学》,上海世纪出版集团 2003 年版。

不必多述,"我们的改革成果""外资规模""单纯经济做法"从表面上看虽然与人事无关,但它们是人类在客观世界中进行的政治和经济活动,推动社会发展的人类活动当然应归属于人事,像"我们的改革的成果"就是直接在"改革的成果"前加上活动的领属者"我们"。同时《动词用法词典》中有关使役动词的例句也证明了其后所带宾语常常是有关人事的,比如"方便群众""放松思想""分裂国家""丰富业余生活""改变生活条件""改革制度""改进工作""改善关系""改正错误结论""感动全体同志"等例句都是如此。

从使动句的句式意义实现角度看,在使动句的语义框架下,句式指派的因事和果事两个语义角色和 $V_{使}$ 与其指派的系事论元成分互相融合、交叉,其语义特征在句式表达中或保留、或丢弃、或增添,分派出使动句的表达要素。比如使动句中的 S 就保留了句式语义角色因事的意义,在句式表达中表致使原因,其语义表现模式或为"主事+动词"或为"主事+动词+客事";O 丢弃了 $V_{使}$ 系事的语义特征,保留句式语义角色果事的部分语义特征,在句式表达中表致使对象;$V_{使}$ 保留句式语义角色果事的部分语义特征,在句式表达中表致使结果,同时 $V_{使}$ 融合了它为动词配价核心和充当句式语义角色果事的部分语义特性,增添出[+使]的语义特征,在句式表达中临时充当了致使词的角色,起着传递致使影响力的作用。

下面我们以一使动句为例,图示分析一下使动句的语义角色和 $V_{使}$ 的论元成分是怎样互相交叉融合形成使动句的表达要素,从而完成使动句的致使意义实现的。

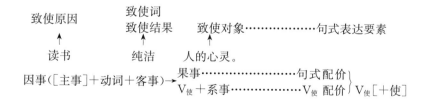

从上例看,致使原因、致使对象、致使结果、致使词是句式配价和形容词"纯洁"配价双重制导共同赋予使动句的表达要素。句中致使原因"[　]读书"是保留句式语义角色因事所致;致使对象"人的心灵"是丢弃"纯洁"的系事的语义特征,保留句式语义角色果事的部分语义特征所致;致使结果"纯洁"是丢弃其在动词配价中的性状意义,保留句式语义角色果事的部分语义特征所致,同时"纯洁"的性状义和句式语义角色果事的融合,使"纯洁"在句式中增添出[＋使]的语义特征,临时承担了由致使原因向致使对象传递原因影响力的作用,成为致使词,也正因为"纯洁"为致使词,此例才能称其为使动句。

综上所述,在使动句的表达中,使动句的语义角色制约着 $V_{使}$ 论元角色在句式层面的意义表达。从表面上看,"$S＋V_{使}＋O$"的句式语义配价好似扩充了 $V_{使}$ 配价的表义属性,从而使 $V_{使}$ 兼类、变价产生相应的致使意义,但是,究其本质看,使动句的致使意义主要是由"$S＋V_{使}＋O$"结构决定的,像"渴、饿、火、热"等临时使役动词,它们在词典中只是表性状的动词和形容词,并无表致使的义项,只有当它们在"渴他两天、饿他两顿、火了市场、热了人心"等使动结构中,才具有了"使……渴""使……饿""使……火""使……热"的致使意义,这种致使意义主要是由使动结构临时赋予的,而不是由动词决定的。当然,使动句中的 $V_{使}$ 也能在一定程度上辅助使动句致使意义的实现,如前文提到的《动词用法词典》中的某些典型使役动词,由于它们长期使用于使动句,持久受到使动句句式语义角色的指派,自身便积淀一定的致使意义,当它们出现在使动句中,自身所体现的词汇义反过来又会促使句式致使意义的表达,像"瓦解、端正、丰富"等典型使役动词在词典中就具有"使……分崩离析""使……摆平""使……数量增大种类增多"这样的义项,它们在"瓦解斗志、端正态度、丰富生活"等使动结构中明显起着辅助和促进使动句致使意义实现的作用。由此可见,使动句与其动词之间互相作用和制约的关系是使动句致使意义实现的重要运作机制。

三、使动句的语用价值

使动句和其他表致使意义的句子相比,结构独特,节奏紧凑、言简意丰,全句用三个简单的句法成分,阐释出复杂的致使意义。人们对致使事件最典型的认知方式是由致使词把致使原因、致使对象和致使结果按照时间发展顺序完备无缺地线性串接起来,即"致使原因→致使对象→致使结果",现代汉语的"使"字句最能完整体现这种典型认知方式,线性或单向地表达致使原因影响于致使对象,促使致使对象发出一定的致使结果。而使动句中的 V$_{使}$ 既为致使结果又为致使词,从使动句致使要素的排列情况看,使动句的致使结构可简单描写为"致使原因→致使结果→致使对象",但使动句是以 V$_{使}$ 为中心,V$_{使}$ 先以在句中突显出的[＋使]的语义特征暂代致使词身份,把致使原因影响力正向传递给致使对象,然后即刻又反向来承担致使对象产生的致使结果。由此可见,使动句内部的语义构造包括正向传递影响力过程和反向产生致使结果的过程,下面我们以"他们端正思想"为例,具体分析一下使动句的语义构造情况:

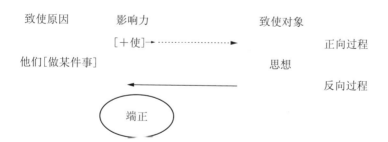

从这个例句的分析,我们可以看到,在正向传递影响力过程中,处于句中位置的致使词"端正[＋使]"把由"他们"所涉及的致使原因事件的影响力传递给致使对象"思想",这种影响力的传递不是实际动作力的传递,由此我们在图中

用虚线表示;在反向产生致使结果过程中,"端正"承担了致使对象"思想"在影响力的作用下产生的致使结果,这种结果的产生是实在的,由此我们在图中用实线表示。总之,在使动句的语义构造中,其正向过程和反向过程是以既表致使结果又表致使词的 V$_{使}$ 连接起来的,也正因此,V$_{使}$ 在使动句的句法位置上必须居中位于致使原因和致使对象之间,这是遵从认知语言学距离原则的最佳选择,致使原因和致使对象同 V$_{使}$ 在语义的结合度上是相同的,它们在句法结构排列的距离上也是相等的。从这个角度上看,使动句特殊的语法结构是由 V$_{使}$ 一身兼二任以及句子的语义构造而决定的。

使动句的特殊表义方式为人们在表达致使意义时,提供了更确切的句式选择,丰富了汉语致使意义的表达方式。下面我们通过例句来比较一下使动句与"使"字句的语用表达特点。

(1)书卷气的淡薄,对城市直接和间接的危害,不容低估。腹有诗书气自华,读书能纯洁人的心灵,高雅人的情操,文化的浸染和熏陶使人向善向美,远离无聊庸俗。相反,一个没有书香淡漠经典的城市,不仅不可能是一个文明的城市,甚至还不可避免地恶习丛生,庆气肆虐。而失去文化的支撑,更有可能使城市的发展难以为继。

从这段文字看,作者主旨是在说明文化对城市的影响。为了阐释文化对心灵和情操的影响,作者在文中首先运用了两个使动句"读书能纯洁人的心灵,高雅人的情操",使动句内部传递影响力的正向过程和产生致使结果的反向过程,决定了这两个使动句是以"纯洁""高雅"为中心,以致使对象"人的心灵""人的情操"为焦点来阐述"读书"对于"人的心灵""人的情操"的影响及其会产生凝固在形容词"纯洁""高雅"中的致使结果。在这里,使动句的使用不仅使得句式简洁明快,而且与前后语句相得益彰,呈现出对称和谐之美。接下来,作者为了进一步详细阐明"文化的浸染和熏陶"这个致使原因可以影响到致使对象"人",从而促使"人"发出"向善向美,远离无聊庸俗"的致使结果,选用了一个"使"字句。

"使"字句是单向表达致使意义的句式,它是以致使结果为焦点,以平铺直叙的朴实表达方式来显示致使原因影响于致使对象,促使致使对象发出一定的致使结果。接着作者在阐释文化缺失对城市发展的影响时,又选择了一个"使"字句,此处"使"字句的运用,作者想更清楚地表达在"失去文化支撑"的致使原因影响下,致使对象"城市的发展"会出现"难以为继"的致使结果,全句是以"难以为继"为句式焦点进行描述的,给人以震动和警醒的感觉。

使动句与"使"字句相比,其语用特点不仅是致使对象在句中承担着句尾焦点信息,而且这个致使对象往往可以由表领属关系的定心短语充当,这种句法表现是由我们上文提到的致使对象是与人或人类活动有关的语义特征决定的。就此使动句的言简义丰还可表现为:三个简单的句法成分表达了致使原因对隶属物(领属定心短语的中心语)的直接影响,以及对领属主体(领属定心短语中的定语)的间接影响这种复杂的语用意义,即使动句具有影响力传递双效性的独特语用特征。如"一系列的举措巩固了我们的改革成果"这个句子,致使原因是"人们实施一系列的举措",它不仅直接影响隶属物"改革的成果",也间接影响领属主体"我们",句子主要表达"我们"及其"改革的成果"在"一系列的举措"的间接、直接影响下,促使致使对象"我们的改革成果"产生"巩固"的已然结果。在使动句中,领属主体也可以位于 S 位置,隶属物位于 O 位置,其致使原因和致使结果都是由领事主体发出,即某人发出一定动作和状态形成一定的致使原因,又影响于自身及自身的隶属物,促使这个隶属物发出已然结果。如"我们巩固改革的成果"这个句子,致使原因是"我们发出一定的行为",它不仅直接影响"我们"的隶属物"改革成果",还间接影响同时充当"发出一定动作"的主体"我们",句子主要表达"我们发出一定的行为"影响于隶属于"我们"的"改革的成果",从而使"改革的成果"产生"巩固"的已然结果。有时为了凸显、强调说明致使原因对致使对象的影响,人们还可以通过介词短语把整个原因事件清楚交待于句首,如"通过一系列的举措,我们巩固了改革的成果"就是这样的表达式。

正是因为使动句的致使对象往往由表领属关系的定心短语充当,所以它在句中常常是有定的。例如:

(2) 村姑村妇三五成行,或弯腰,或俯身,田园溪边都是欢快的身影。

(3) 青山依旧在,大栗子沟已经变成大栗子镇。镇辖三村,户数四千,人口万余。新路坦荡,老街犹存。工、农、商、贸,欣欣向荣。为了牢记五十五年前中日之间那场不幸之战,为了不让伪满洲国傀儡政权及其儿皇帝的政治丑剧重演,吉林省文化厅,长春伪皇宫陈列馆,白山市,临江市,都帮助大栗子抢救小镇的历史。他们派人进京,访问年已九旬的溥仪之妹二格格、五格格,请来年过七旬的溥仪之侄等人,这些溃逃亲历者的回忆,丰富了小镇的历史故事。溥仪退位旧址和"皇亲楼",已整旧如故;溥仪逃亡的行宫,正在修复。小镇的历史故事,讲述者越来越多……

这两例中的"腰""小镇的历史故事"为致使对象,它们在句中都是有定的。像例(2)中的"腰"虽从字面上看,好像是无定的,但从上句可以看出,它是省略的主语"村姑村妇"的领属物,"村妇村姑"在上句中已经出现过,为有定的,有定事物的领属物自然也是有定的。例(3)语篇话题是"大栗子镇",其中使动句中的致使对象"小镇的历史故事"也就是"大栗子镇的历史故事",所以它在句中仍然是有定的。使动句中的致使对象是已知的特点实际上反过来也决定了使动句的句法和语义结构。综上分析,使动句的语用价值就可以更详细地描述为以事件形式出现的致使原因正向间接和直接影响于领属主体及其隶属物,并促使其即刻反向发出凝固在临时致使词上面的致使结果。

另外,在现代汉语表致使意义的句子中,除了表典型致使意义的"使"字句和使动句外,还有表致使意义的"把"字句和"得"字句。这两类句子在表致使意义上与使成句和"使"字句不同,下面我们通过两个例句进行简单的说明:

(4) 一席话说完感动得他直掉泪。

(5) 当天就由大队刘指导员去那边把东西取回来,原封不动的还给他,这一下可把他感动了。他说:"过去我们的长官告诉我们说,共产党是哄人的,现在亲自看到了,原来不是这一回事!"

例(4)和例(5)是带有感情色彩的叙述文字,作者根据自己表情达意的需要,选择运用了表致使意义的"得"字句和"把"字句。例(4)在表致使意义时以表情状的致使结果为焦点,强调致使对象"他"在致使原因"一席话说完"影响下产生的致使结果"直掉泪";例(5)在表致使意义时以一般致使结果为焦点,主要描述致使对象"他"在致使原因影响下发出一种致使结果的同时,致使原因对致使对象"他"仍具有一定的处置性,全句既带有致使性,也带有一定的处置性。

总之,任何致使句都是由致使词连接致使原因、致使对象和致使结果,表现一定的致使意义的句子,只是不同的句式会在同一个致使意义实现过程中有不同的凸显,这也是各种致使句的语用价值,因此人们也可以根据语境的需要,选择最恰当的句式来表达自己确切的思想。

原载《复旦学报(社会科学版)》2012 年第 4 期

"都"允准任选词的理据

蒋　勇

一、引　言

Giannakidou & Cheng(2006)认为在"疑问不定词＋'都'"结构中"都"标记范围的有定性。本文认为"都"不具有限定范围的功能。汉语和英语中任选词的极性差异表现在修饰语和焦点标记是否必须出场,这反映了不同语言对概念结构的凸显密度的差异。在肯定的叙事句、领属句和存现句中,英语的任选词后面通常必须添加限定语表示限定任意选择的范围,而汉语可以借助语境省略限定成分。汉语用"都"表总括,辅助和增强任选词的扩域功能,而英语的任选词后常省略总括词。

本文先介绍英、汉任选词的浮现极性特征和人们对不合格语句的病因的解释,然后介绍任选词的限定语的救活功能,综述人们对"都"的允准功能的解释,根据对立的经济原则提出显性与隐性限定说,分析"都"的贡献,最后得出结论。

二、任选词的浮现极性特征

Haspelmath(1997)等指出任选词(如英语的"any"和汉语的"任何"以及光

杆疑问不定词如"谁"、"什么"等)用在非极性语境(如类指句、情态句等)时不显现负极性特征,可以用于肯定陈述句。

类指句

（1）*Any* howl hunts mice.（转引自 Kadmon & Landman 1993：405）

（2）任何东西都有正反两个方面……（人民网,20110104）

情态句

（3）*Any* lawyer could tell you that.（转引自 Kadmon & Landman 1993：354）

（4）我们可以把任何一个数无限地二分。（人民网,20131028）

"Any"和"任何"用于叙事句、领属句和存现句时具有负极词的特征,能被否定陈述句允准,不能被肯定陈述句允准。

叙事句

（5）a. Yesterday John didn't see any student.

　　b. * Yesterday John saw *any* student.（转引自 Chierchia 2013：319）

（6）我们*（没)见到任何改善。（新浪财经,20140816）

领属句

（7）a. I don't have *any* potatoes.（转引自 Kadmon & Landman 1993：353）

　　b. * I have *any* potatoes.（同上）

（8）奇怪的是,他*（没)有任何莫奈的作品。（新浪收藏,20150221）

存现句

（9）a. There are not *any* unicorns in the garden.（转引自 Ladusaw 1980：98）

　　b. * There are *any* unicorns in the garden.（同上）

（10）17 岁的儿子贺胜斌还在读高中,家里*（没)有任何收入来源……（《长沙晚报》20140530）

任选词的负极性特征只能被有的语境触发，而在有的语境中处于惰性状态。我们把这一现象称为任选词的浮现极性特征现象（蒋勇、翟澍、邢雪梅 2011；蒋勇、周云亮 2013）。

三、对病因的解释

对以上不合格语句的病因的解释历来有三派观点：内在辖域观、信息观和变量观。

1. 内在辖域观

Ladusaw(1980)认为 any 是一个同形异义词：分布在非极性语境中的 any 是自由选择的 any（free choice any，简称为 FC any），它表达全称量化意义；分布在极性语境中的 any 是极性敏感性 any（polarity sensitive any，简称为 PS any），它表达存在量化意义，并典型地分布在以下语境。

(11) Peter didn't **talk** to *anybody*.（做宾语时被谓语部分的否定允准）

(12) Nobody **talk** to *anybody*.（做宾语时被主语部分的否定代词允准）

(13) Few **people talk** to *anybody*.（被表示很少意义的词语允准）

(14) I doubt **that he talked** to *anybody*.（被含有否定意义的谓词允准）

(15) Everyone **who talks** to *anybody* gets arrested.（被全称量词的限定语允准）

(16) If you **talk** to *anybody*, you'll get arrested.（被条件句的前件允准）

Ladusaw 把广义量词理论的单调逻辑（Barwise 1979）运用于极性词的研究，认为 PS any 具有内在的辖域要求，它必须处于下向蕴含（downward entailing）算子的辖域内。Ladusaw 用下向蕴含的属性概括了 PS any 分布语境的共同逻辑特征。"下向蕴含"也称"单调递减"（monotone decreasing），是指母集的信息蕴含子集的信息，例(11)—(16)中的黑体部分都是下向蕴含算子。例如，

"a person"和"a woman"构成母集与子集的关系,下例(17)—(22)中的"→"表示从母集到子集的下向衍推关系。

(17) Peter didn't talk to a person→Peter didn't talk to a woman

(18) Nobody talk to a person→Nobody talk to a woman

(19) Few people talk to a person→Few people talk to a woman

(20) I doubt that he talked to a person→I doubt that he talked to a woman

(21) Everyone who talks to a person gets arrested→Everyone who talks to a woman gets arrested

(22) If you talk to a person, you'll get arrested→If you talk to a woman, you'll get arrested

"上向蕴含"(upward entailing)也称"单调递增"(monotone increasing),是指子集的信息蕴含母集的信息。肯定叙事句是上向蕴含语境,如例(23),不满足 PS any 对下向蕴含算子辖域的要求,故(24)不合法。

(23) Peter talked to a woman→Peter talked to a person

(24) * Peter talked to anybody.

然而,Ladusaw 提出的内在辖域条件不过是任意性的规定而已,未能揭示下向蕴含算子与 any 的语义之间的联系。any 本身的语义并不指示言语者"把我用于下向蕴含算子的辖域内"。此外,他割裂了两个 any 之间的联系。其实,FC any 和 PS any 并非同形异义词,而是同一个词在不同语境中表现出不同的极性特征而已,两个 any 都表示任选意义。

2. 信息观

信息观以 Landman & Kadmon(1993),Krifka(1995),Lahiri(1998),Chiercia(2013)为代表。他们认为任选词用于强调,含有任选词的语句必须满足加强信息度的要求,如果讲话人使用强调的形式,命题就不能传递较弱的信息。Landman & Kadmon(1993)和 Chiercia(2013)用扩域功能来解释 any 的语法。any 的语义内容相当于"a+CN",其中"CN"代表普通名词(commonnoun)。任选词具有扩域功能,它把界外的、例外的成员也纳入到名词短语所指代的对象的范围中。

（25）a. I don't have potatoes.

b. I don't have *any* potatoes.（转引自 Landman & Kadmon 1993：370）

（26）a. I have potatoes.

b. *I have *any* potatoes.（ibid.：353）

例(25a)中的"potatoes"一般指可食用的土豆,而例(25b)中的"any potatoes"则扩大了土豆的范围,把非食用的土豆,比如作装饰用的土豆或烂土豆也纳入到被排除的集合中,扩大了否定的范围。(25a)是关于窄域的陈述,(25b)是关于宽域的陈述。当宽域的信息能蕴含窄域的信息时,any 的使用就是合适的,这时它能解除更多成员的不确定性,起到加强信息度的功能。例(26a)表示我有一些窄域中的土豆,即可食用的土豆。例(26b)表示我有一些宽域中的土豆,即某些可食用的或非食用的土豆,命题传递不确定的信息,无法让人推知他到底有哪些土豆,扩域反而使信息变得更加含糊,any 在肯定句中不但不能起到加强信息度的作用,反而降低了信息度,故出现语用异常的情况。

Chiercia(2013)也认为 any 在语义上相当于 some 或 a,外加扩域功能。他认为任选词能激活母集中的所有子集。在上向蕴含语境中,母集的信息被子集的信息所蕴含,例如子集中有一些土豆蕴含母集中也有一些土豆,而逆向推理不成立。例(26b)表示母集中有一些土豆,它传递的等级含义是:只有母集中有一些土豆,而子集中未必有一些土豆。但根据常识,如果母集中有一些土豆,则其中的某个子集中必定也有一些土豆,因此例(26b)不合法是因为等级含义和常识推理相矛盾。

Krifka(1995)指出任选词能激活选项,如"anything"指代一个事物(a thing)或某个事物(something),它激活的对比选项是各种具体事物,具体事物含有较高的信息度,任选词本身的语义的详尽性、具体性弱于其他具体事物,它用于肯定叙事句时是信息度极低的表达。

(27) * Mary saw anything.(转引自 Krifka 1995:220)

(27)的所言的信息是玛丽看到了某个东西(=Mary saw something/a thing)。由于某个东西和某个具体的东西构成母集与子集的关系,事物的普遍特征蕴含在具体特征之中,故子集的信息蕴含母集的信息。例(27)的所言的信息度比所有的对比选项的信息度都低,它引导的等级含义是玛丽没有看到某个具体的东西。所言表示玛丽看到了某个东西,而等级含义又说她没有看到具体的东西,所言和含义相互矛盾,故语句不合适。(ibid.:225)然而,下例也表示玛丽看到了某个东西,也传递同样的等级含义(即未看到具体的东西),为何是合法的?

(28) Mary saw something.

他认为例(28)不引入对比的选项,不涉及选项之间信息度的对比,故是合法的。

以上分析不符合我们的语感。把任选词的意义解释为虚指意义是不正确的。Dayal(1998)指出任选词在肯定的领属句和叙事句中仍然表达全称量化意义。例(26b)给我们的语感是它表示"我什么土豆都有",而不表示我有某种(食用的或非食用的)土豆,例(27)表示玛丽什么都看到了,而不表示玛丽只看到了某样东西,讲话人的强调意图仍然得到了实现。在不合法的语句中并不存在所言和含义的矛盾。当次要成分允准任选词时(见本文第四节),任选词表示的是全称量化意义而不是存在量化意义,这说明信息观把任选词解释为虚指意义是不合理的。汉语的任选词可以用于肯定的领属句和叙事句,可以验证(26b)和(27)表示全称量化意义。

(29) 我<u>什么</u>东西都有了，所以对购物没有太大热情。（人民网，20070328）

(30) 到加拿大馆<u>什么</u>都看到了，就是没看到大山。（人民网，20091014）

例(29)不表示我只有某样东西，而是表示我想有的都有了。例(30)表示所有的东西我都看到了。按照内在辖域观和信息观对不合格例句的病因的解释，任选词是不能用于肯定的领属句和叙事句的，而汉语的语料事实可以证伪他们的解释。

3. 变量观

变量观的主要代表人物是 Giannakidou & Cheng(2006)，Haspelmath(1997)，Dayal(1998)。变量观认为任选词指代任意变量，表示讲话人允许听话人任意地和不加区分地选择的意义，集合中的各个变量虽然性质不同，但在满足某个属性时地位相等；语境必须满足任选词激活任意选项的要求。任选词用于肯定的叙事句、存现句、领属句时不合法是因为任选词表达的自由选择的无限性与语境预设的选项范围的有限性相冲突。在表达已然事件、正在进行的事件或已然拥有、存在的事物时，其中涉及的选项具有"存在闭包性"(existential closure)。"存在闭包性"这一概念是 Heim(1982)提出的，它是指变量(variables)被句中的一个存在算子(existential operator)所约束的现象。在存在闭包语境中，自由变量的作用域被绑定，特定事件的参与者和已然存在的事物的范围是有定的和有限的。

(31) 门口有个人。

$$\exists x \; 人(x) \& 门口(x)$$

"$\exists x$"表示 x 的存在量化意义，变量"人"被存在算子"有"绑定，是被语境限定的集合中的一个变量。存在闭包语境无法满足听话人任意选择变量的要求，如果听话人选择的变量跨越集合的边界，命题就不可能为真，因此，在肯定的已然事件句、领属句或存现句中使用任选词就违反了合作原则中的真值准则。Haspelmath(1997:49)也指出，由于任选词的语义是表示不定指称的、任选的个体,因此在个体已经被确定的肯定句中不能使用任选词,例如,任选词不能用于表示计划或请求的肯定句,或用于以过去时、完成体、进行体表达的肯定的叙事句,或用于表示必要性的肯定句。

(32) * She plans to buy anything.

(33) * She asked me to buy anything.

(34) * She bought anything.(Haspelmath 1997:49)

(35) * You must marry anybody.(ibid.)

在上例(32)—(35)中,她不可能计划、要求或已经把全世界所有的东西都买了下来,也不可能强迫她嫁给每个人。在这些例句中,任选词所指代的范围太广,传递的信息量太大,违反真值准则,导致语用异常。由于叙事句是指代在特定时刻发生的一个事件,其中所涉选项的范围受时、空的限定,选项的数量是既定的和有限的,不允许有无限的、任意选择的自由,因此 Giannakidou(2001)指出,任选词是反离散事件性的(anti-episodic),而在类指句、或然情态句、假设条件句、疑问句、指令句和以将来时表达的叙事句中,它们不含有实情性预设,存在闭包被打开,其中的自由变量被释放,无论听话人选择哪个变量,命题都能成立。

综观以上三种解释,变量观的解释比较有说服力。

四、任选词的限定语的救活功能

Giannakidou & Cheng(2006)指出如果任选词带上限定成分时,就可以用于肯定的离散事件语境(episodic context)(即叙事句)。LeGrand(1975)把这一现象称为次要成分(后置定语从句)的触发(subtriggering)。

(36) a. * Anyone brought a present.(转引自 Giannakidou & Cheng 2006:167)

　　　　b. Anyone <u>who came to the party</u> brought a present.(ibid.)

(37) a. ？ 任何人都受到台湾安全局严格审查。

　　　　b. 当时台湾处于军事管制戒严令期间,各种民间社会活动和人
　　　　　身自由均被明松暗紧地监视着,<u>进出台湾的</u>任何人都受到台
　　　　　湾安全局严格审查。"连外交部长都不得例外。"谷正文说。

　　　　（人民网,20120327）

　　Giannakidou & Cheng(2006)和 Dayal(1998)认为次要成分具有内涵化的
作用,能充实任选词的内涵,从而使任选词所指代的外延随之缩小。例(36a)
(37a)是肯定的叙事句,它们分别表示不管什么人都带来了一件礼物,无论什么
人都受到了台湾安全局的严格审查。在已然事件中,所涉个体是有限的,因此
带礼物的人和受到审查的人的范围不可能包括全世界所有的人,人们很容易找
出反例证伪命题,命题不可能为真。而(36b)(37b)对人的范围加以限定,表示
有定范围内的任选,命题就合乎情理。

　　然而,以上外延收缩说只能解释带上限定成分的任选词可以用于肯定的叙
事句、领属句或存现句的情况,不能解释为何汉语的任选词有时可以不带限定
语就能用于肯定的叙事句、领属句和存现句的情况。汉语的任选词的限定语可
承语境省略,而英语的任选词的限定语一般不能省略。因此是否任选词一定需
要限定语才能用于肯定的叙事句、领属句或存现句取决于不同语言的要求,不
能依据英语的特点来判断汉语的语句的合适性。

五、对"都"的允准功能的解释

　　人们观察到"都"可以允准"任何"或光杆疑问不定词用于肯定的叙事句、领
属句和存现句,于是认为"都"是任选词的允准语。本节介绍解释这一现象的有
关理论,一一评述它们的不足之处。

1."都"标记有定性

东南亚语言（日语、韩语、汉语）和印欧语（古希腊、拉丁语等）皆用疑问词表示任选义（Haspelmath 1997）。Giannakidou & Cheng（2006）指出，在有些语言中，光杆疑问词单独使用不能表达任选义，它们有时需要带上一个焦点小品词才能表达任选义。在汉语、日语、希腊语等语言中，疑问语素需要带上有定标记、焦点标记或任选标记。例如，在希腊语中需要在疑问不定词之前加上"o"才能表达任选义（既可以表示有定任选义，也可以表示无定任选义）(Giannakidou & Cheng 2006：136)。

希腊语

[o-pjos]-dhipote	有定标记—谁—情态任选标记
[o-ti]-dhipote	有定标记—什么—情态标记
[o-pote]-dhipote	有定标记—何时—情态标记
[o-pu]-dhipote	有定标记—哪里—情态标记

"o"是有定标记语素，相当于英语的定冠词"the"，它是不自由语素，不受性、数、格的影响，疑问不定词需要与"o"配合构建自由关系小句，去掉"o"后疑问不定词在关系从句中不能表达任选意义。"dhipote"是情态标记，相当于英语"-ever"（"无论"的作用，它们组成"有定标记—疑问词—无论"的构式。语义或形态的有定性是某些语言中疑问词成为任选词的先决条件。在某些语言中，疑问不定词与情态标记或表递进意义的焦点小品词（表示"也""甚至""并且""或"等意义的词）联合表达任选意义。

荷兰语

wier dan ook，(字面义)：谁—就—也

加泰隆尼亚语

qual-sevol，(字面义)：谁—情态标记

西班牙语

qual-quiera，(字面义)：谁—情态标记

北印度语

    jo-bhii,（字面义）:什么—甚至

日语

    dare-demo,（字面义）:谁—甚至

韩语

    nwukwu-na,（字面义）:谁—或者

    nwukwu-to,（字面义）:谁—并且

汉语

    谁/什么/哪里/怎么＋都/也

在英语中无定任选用不加限定语的 any 来表达,有定任选用后置的定语从句限定 any 或用 wh-ever 引导的关系从句来表达。

(38) a. I will order <u>whatever</u> is recommended by the chef.（转引自 Giannakidou & Cheng 2006:136）

      b. I will order anything <u>that is recommended by the chef.</u>(ibid.)

Giannakidou & Cheng(2006)指出:从句法上看,any 和 wh-ever 不同,any 后接名词短语或单独作代词,而 wh-ever 需要后接补语;从表达的意义上来看,any 修饰名词短语,表示无定任选,而 wh-ever 用于关系从句,表示有定任选。由此,语言中的任选表达分为有定任选和无定任选。例(39a)表示无定任选,可以是空集,对学生的来电无期待。例(39b)偏向于有定任选,预设非空集,对学生的来电有期待。

(39)a. If any student calls, I am not here.（转引自 Giannakidou & Cheng 2006:157）

      b. Whichever student calls, I am not here.(ibid.)

Giannakidou & Cheng(2006)接受 Lin(1996)的观点,认为疑问不定词＋"都"是无条件句"无论＋疑问不定词＋都"的减缩,表示有定任选的意义,"都"

是表达范围有定的最大算子(definite maximality operator),即表达有定集合中最大数目的个体变量,"都"所做的贡献是为语句提供有定性(definitcncss)、已知性(giveness)和穷尽性(exaustivity),能起到限制语境论域(contextual domain restriction)的作用,故允准疑问不定词用于肯定的叙事句、领属句和存现句。

(40) 我去了比赛现场,<u>什么</u>都看到了。(人民网,20120611)

(41) 我<u>什么东西</u>都有了,所以对购物没有太大热情。(人民网,20070328)

(42) 想玩什么,更便捷,电脑上<u>什么</u>都有。(人民网,20150225)

(40)中的"什么"指的是当时在比赛现场所发生的一切,(41)中的"什么"指的是我想拥有的东西,(42)中的"什么"指的是可以在电脑上玩的任何东西,它们都指代限定范围内的任意变量。

然而,以上解释存在两个问题。

1) 疑问不定词后面带"都"并非皆表有定任选。"都"表示总括(朱德熙2003:195),强调没有例外。当"都"与疑问不定词组合时表示在集合中任取一个都具有动词短语所表达的特征。"都"只能对辨认任指义起作用,它不标明有定任选义。范围是否有定是根据语境和常识而不是凭借"都"做出的判断。在叙事句中,某个已然发生的事件的参与要素是有定的,在领属句、存现句中,所拥有的事物或在某个时间或地点存在的事物也是有定的,所以在这些语句中需要把疑问不定词+"都"解释为有定任选。而在类指句,如例(43),和情态句,如例(44),中虽然无须限定指代的范围,但仍须使用"都",这说明"都"并不表示对范围的限定。

(43) 她说,"但是任何事情都有两面性,我会告诉他,一定要处理好。"(人民网,20131121)

(44) 第二天,周恩来宴请曹聚仁时,告诉他,今后你就是大陆的常客,什么时候都可以来。(人民网,20131018)

如果对例(43)中的"任何事情"和(44)中的"什么时候"所指代的范围进行限定,把"都"视作有定标记,势必会造成对语句的误解。例(43)不表示只有一定范围内的任何事情才具有两面性。例(44)不表示对方只能在指定的时间点或时间段前来,周恩来为了显示热诚态度,并不对曹聚仁来访的时间加以限定,而是表示欢迎对方随时来访。即便疑问代词+"都"是"无论/不管/任+疑问代词+都"的紧缩形式,也无法说明"都"能起到限定范围的作用。俭省形式和完整形式皆表达同样的语义。"无论"、"不管"、"任"仅是辅助任选意义的表达,表示不管对方选择哪一个选项,结果都一样。"无论/不管/任+疑问代词+都"只是在条件句中突出任选意义而已,不能起到增加内涵和限定外延的作用,无法表达有定任选,它们也可以用于类指句和情态句等表示无定范围的语境。

(45)无论谁都有权利在无正式结论之前避免成为贪腐猜测的目标,这是法治社会的基础性条件之一。(人民网,20150203)

在例(45)中,"无论+谁+都"并没有充实"谁"的内涵和缩小它的外延。可见,Giannakidou & Cheng(2006)把"无论+疑问不定词语+都"这一构式中的"无论……都"的功能等同于修饰任选词的后置定语从句的功能是值得商榷的。诚然,后置定语从句能丰富中心语的内涵,和缩小它的外延,而"无论+疑问不定词+都"只是表达无条件假设的意义,不具有收缩外延的功能。

2) 英语中与汉语相同的结构也不表示有定意义。汉语的任选词+"都"对应英语的"any(NP) at all",其中的"at all"和"都"的意义相当。下例中的"at all"不表示对范围的限定,而表示总括。

(46) To do anything at all would be to risk exposure.(*Sons of the morning*. Curtis, J.London:Corgi Books,1992)

3) 汉语的任选词即使已经有了限定成分也要带"都"。

(47)申涛和勘探队的任何人都没有听说过它。(礼平《小站的黄昏》)

如果"都"起限定范围的作用,当任选词已经有了限定语的时候就不再需要

"都"来重复限定范围了,为何这时仍需要"都"来约束范围? 这也显示"都"的作用并不是添加内涵和起限定范围的作用,只是表示"全都""尽都"的意思。疑问不定词+"都"是为了突出任一对象皆不例外,而不是为了限定任选词指代的范围。

2. 汉语主语的有定性

文卫平(2013)主要解释"任何+都+否定"这个构式中为何"任何"需要得到"都"和否定的双重允准,他提出了"任何"需要与"都"和否定连用的两条理由:

1) 汉语中疑问不定词语与"都"同现是跟汉语的主语的有定性有关。汉语的上语要求表示有定范围的名词或代词,除了类指句、规范句及有某些数词短语引导的句子外,无定名词一般不能出现在主语位置(文卫平 2013:192)。而"都"的引入能为无定名词提供一个语境论域限制。

2) 在叙事句中,主语位置上的任选词是负极词,负极词需要获得否定等成分的允准,谓语部分的否定成分能逆向辖制主语中的负极词,即负极词处于否定的逆向辖域内。

于是,"都"和否定成分共同允准叙事句的主语位置上的"任何",二者缺一不可。

(48) a. * 任何学校没有接受我的申请。(转引自文卫平 2013:187)

   b. 任何学校都没有接受我的申请。(同上:188)

(49) a. * 任何家长都收到了开会的通知。(同上:192)

   b. 任何家长都没收到开会的通知。(同上)

然而,汉语的主语表达有定性仅是一种倾向性而已,类指句和情态句的主语位上的任选词不表达有定性。文卫平提出的两个条件都可以被语料事实证伪:

1)"任何"做否定叙事句的主语时,可以不带"都"。

（50）小赵喝酒是自愿行为，任何人没强迫小赵，被告的行为与小赵之死无关。（人民网,20130402）

2)"任何"做主语＋"都"可以用于肯定叙事句,无需否定的逆向允准。因此,没有必要用否定的逆向辖制来解释主语位上的任选词的允准理由。

（51）任何人都在猜测这本书的价格。（人民网,20071128）

3."都"量化的对象的有定性

黄瓒辉(2006:71)认为当"都"作量化副词时,要求所量化的对象必须具有有定性。

（52）＊一些人都没去过北京。（同上:72）

（53）这些人都没去过北京。（同上:72）

她认为"一些"指代的对象是不确定的,而"这些"指代的对象是有定的,后面可以带"都"。

然而,在情态句和类指句中,"都"前面的成分并不是有定的。

（54）日本变得富裕,谁都可以出国了。（人民网,20120817）

（55）谁都喜欢和性格活泼的人相处。（人民网,20150205）

以上例句与她所说的情况相反:"都"前面的成分不是有定的成分。可见,"都"所量化的对象是有定的还是无定的当视语境而定。

4. 焦点暗示有定性

Liao(2011)用焦点暗示有定性来解释有定任选现象。他指出焦点算子通常激活与语境相关的一套选项,引导对语境相关的集合进行操作,而不是对词语所指世界中的所有元素进行操作。因此,暗示有定性是焦点算子的属性。他认为焦点算子"都"指代有定集合,语境中被激活的选项是世界集合的子集(Liao 2011:111)。任选词指代母集中的任何一个子集,只要是任选词＋"都"的结构,就可以暗示有定的母集中所有子集全都被激活,焦点算子能帮助任选词避免语义冲突(同上:110)。他所谓的语义冲突是指任选词表达的选择的无限自由性和事件所涉变量的范围的有定性冲突。

（56）宫鲁鸣说："我们这场比赛没有保留实力，任何打法都用上了。"

（《新闻晚报》20040117）

人们在比赛中所用过的打法毕竟是有限的，有定的，这里的"任何打法"限定在人们所掌握和能够想到的打法，而不表示凡是有史以来世界上出现过的打法或者由别人任意举出的打法。

然而，在类指句和情态句中任选词后面也跟"都"，表示的任选范围却不是有定的，这该如何解释？

5. 倒装结构赋予有定性

石毓智（2004:342—343）用"结构赋义"来解释宾语前置时表示有定范围内的变量。

（57）什么他都吃过了。→* 他都吃过什么。（同上:343）

他认为疑问代词表示遍指义时必须用于谓语动词之前的现象与结构赋义规律有关。语法上的"遍指"概念都是指某一特定范围内的每一成员。所谓的"有定性"就来自这个"特定范围"。由于光杆疑问代词不能再为其他词语所修饰，有定性无法通过词汇手段来表示，所以必须放在谓语之前来获得结构所赋予的有定性特征，结果就造成了它们只能出现于谓语动词之前的现象。（同上）实际上，例（57）中的有定性是"过"所赋予的，有定性是通过已然事件的预设推导出来的，因为已然事件预设其中的参与者的范围是有定的。

动词之前的任选词并不一定指代有定范围内的任选变量，下例（58）中的"什么"指代的范围就不受限定。

（58）那时候年轻嘛，什么都愿意干。（人民网，20131128）

倒装并不是为了表达有定性，而是为了区分虚指和任指解读。

（59）a. 忽然，听到了什么声音，在众人还没有回过神来的时候，吴万余"撇下"首长夺门而出，直奔猪舍。（人民网，20130530）

  b. 爸爸和妈妈说话时我就装睡,过半小时他们以为我睡熟了,然
   后才说事,其实我<u>什么</u>都听到了。(人民网,20060718)

例(59a)中的"什么"是虚指,指代有定的、未知的事物。例(59b)中的"什么"是
任指,因为是通过完成体表达的已然事件,所以指代与事件相关的任意变量。
结构赋义只能用来解释对疑问词的虚指义和任指义的标示,无法用来解释人们
对有定和无定的区分。疑问代词+焦点标记是任选标记而不是有定标记,倒装
结构也不制造有定意义。

  6. 小结

  对任选变量施加范围限制的不是"都"、主语或句法结构。我们将说明对任
意变量施加范围限制的是语境。

六、两种对立的经济原则

  齐夫定律描述了人类行为遵守以最小努力获得最大收益的省力法则,也称
经济原则。Zipf(1949:20ff)认为言语交际中存在两种对立的经济原则:一方
面,有利于讲话人的经济原则是要节省编码精力,尽量少说,用最少的语音努力
传递最大的信息量;另一方面,有利于听话人的经济原则是讲话人要尽量多说,
应传递充分的、清楚的、没有歧义的信息,使听话人在理解时最省力。Grice
(1989)的会话合作原则也包含相互对立的两条准则:足量准则(要尽量多说)和
适量准则(要尽量少说),它们分别体现了听话人的经济原则和讲话人的经济原
则。Levinson(2000)认为所言是系统性的欠明的,句子的真值条件义是残缺不
全的,需要语境信息的充实才完整,语用含义进入到语句的逻辑意义中,这就是
语用信息对命题内容的浸润。下例显示语义的自由装载,括号中的内容显示命
题内容所涉的性质、范围都是欠明的,它们都是讲话人根据适量准则而减省
的信息。

（60）她是长了（聪明的）脑袋的。

（61）从文件到落实肯定尚需（较长）时日。

Hom(1984)根据数量原则（大致对应于足量准则）和关系原则（大致对应于适量准则）提出了语用分工理论,讲话人选择简短的、无标记的表达式来表示常规关系,用冗长的、有标记的表达式来表示异常关系。这反映了讲话人为节省精力而采用的优选策略。讲话人的策略是在寻求耗费的精力和收益之间的平衡。由于常规关系最普遍、最易为听话人想到,所以讲话人只需使用简短的形式,而异常关系不普遍,不易被听话人想到,所以讲话人需要使用复杂和冗长的形式。

（62）a. 她停下车。（用常规的方式）

　　　b. 她让车停下来。（用异常的方式）

讲话人是按照信息对听话人的可及度来选择足量准则或适量准则。可及度是指语言使用者从大脑记忆系统中提取一个指示单位的便捷程度,或者是激活指示的速度。可及度影响编码的信息密度。Ariel(1990)提出可及度原则:不同类型的指称词语在大脑中提取指示单位的速度是不同的,指称词语的可及性系统是一个按照"可及度"排列的连续统。Ariel(1990)给出了指代词的可及度梯级:

全名＋修饰语＞全名＞较长确定性描述语＞较短确定性描述语＞姓＞名＞远距离指示词＋修饰语＞近距离指示词＋修饰语＞远距离指示词＋NP＞近距离指示词＋NP＞远距离指示词（－NP）＞近距离指示词（－NP）＞重读代词＋手势＞重读代词＞非重读代词＞附着代词＞动词人称一致标记＞零形式

代词、指示语、名词都是不同可及度标记的词语。指称词语结构越简单,语义信息含量越低,它暗示其指代的概念的可及度越高。Ariel(1990:56)认为可及度较高的指代词在话语里所需的信息处理努力较低,可及度较低的指代词在话语里的信息处理努力较高。高可及度标志语主要指那些依赖话语语境就能获得解释的指称词语,如代词的零形式。中可及度标志语主要指那些须依靠现场物理语境获得解释的指称词。低可及度标志语指那些须从百科语境推知的指称词语,如确定性摹状语、专有名词和普通名词。如果某个信息的可及度较高,易被对方识别,讲话人就应该遵守适量准则,使用较简洁的表达。如果某个信息的可及度较低,讲话人就应该遵守足量准则,使用较充分的表达。

七、显性与隐性限定

Sperber & Wilson(1986/1995)把语境视作认知语境,并把它分为三类:话语语境(上下文语境)、现场物理语境(交际情景)和百科语境(常规假设),它们构成语境假设的内容。汉语的任选词能够出现在肯定叙事句、存现句和领属句不是因为所指对象的范围受到"都"的限定,而是因为受到语境假设的限定,话语语境、现场物理语境和百科语境都能提供任选词的指代范围的信息。我们提出任选词指代范围的显性和隐性限定说。显性限定和隐性限定分别体现了讲话人顺应足量准则和适量准则时所采用的优选策略。

1. 显性限定

这里的显性限定是指使用定语、状语、同位语等限定任选的范围。如果所指范围的可及度很低,只有使用限定语才能使听话人明白所指范围,这时讲话人选择和遵守足量准则是最佳的语用策略。内涵与外延成负相关:内涵越丰富,外延越窄。限定语能丰富由任选词构成的名词短语的内涵,缩小所指的外延,表示允许听话人在限定的范围内进行任意选择。在使用限定语划定任选范围这点上,英、汉语相同,"any"和"任何"以及用作任指的光杆疑问不定词在肯定的叙事句、存现句和领属句中都表示在所限定的范围内任何选项都无一例外,允许听话人在有限范围内进行任意选择。下例中下划线部分标示任选词的限定语。

（63）The slave masters ran around, punishing anyone <u>who slowed down or became disobedient.</u>(*The pit*. Penswick, Neil. London: Virgin, 1993)

由于上文尚未提供奴隶主惩罚的对象的信息,他既不可能惩罚全世界的任何人,也不可能惩罚那些勤劳的、顺从的奴隶,所以讲话人需要划定任选范围以增加语句的信息度和合情性,例(63)用定语从句限定奴隶主惩罚的对象:任何怠工的和不顺从的奴隶。英语的任选词的限定语一般后置,而在汉语中,限定语可以置于"任何"之前,如例(64),也可以置于"任何"与其修饰的名词短语之间,如例(65)。

（64）奥巴马在新罕普什尔州对在座听众说:"告诉你们美国能通过钻探石油来摆脱能源问题的<u>任何人</u>都在胡说八道,或是在对你们撒谎。"(人民网,20120302)

（65）这里年平均温度在 24 ℃左右,因此踱步雨林,你能感受到阵阵的清新凉意,穿越雨林中的栈道,呼吸最新鲜的空气,此时想必任何<u>烦心</u>的事情都已被抛在脑后了吧。(新浪旅游,20141208)

由"任何"构成的短语既可以做肯定的叙事句的主语,如例(66),也可以作它们的宾语,如例(67)。

（66）你会发现,在日本动画片里,任何<u>好莱坞制作</u>的痕迹都消失了。(杭州网,20041213)

（67）我狗丢了,任何<u>寻找</u>的方法都试过了,可我还是很难过。(大众科普网,20100923)

诚然,"任何"较少作肯定的叙事句、存现句和领属句的主语或宾语,因为它的功能被其他更简洁的光杆疑问不定词所替代,如:以"什么"替代"任何＋NP",以"谁"替代"任何人",以"哪里"替代"任何地方",以"怎么"代替"任何方法"。虽然光杆疑问词比"任何"＋NP 更简洁,但这并不排除"任何"可以用于肯定的叙事句、存现句和领属句,如上例(64)—(67)。

虽然汉语的光杆疑问不定词不接受定语的修饰,但它们前面出现的地点、时间状语、同位语或者前后罗列的选项也都能起到限定范围的作用。

(68) 这几天,有关那"野种"的事儿,是个男孩儿,挺壮实,八斤半,头发漆黑之类的消息,满院子谁都知道了,可谁也不对老爷子说半句。(陈建功;赵大年《皇城根》)

(69) 靖萱愤愤不平的说:"全家上上下下,除了一个奶奶不知道以外,谁都知道了⋯⋯!"(琼瑶《烟锁重楼》)

(70) 李:我说,你们刚才谁都看过了,有点儿意思没有?(电视《编辑部的故事》)

(71) 失去住所的三谷翔流浪到了大阪,"这期间我什么都干过,打过短工,卖过米,杀过牛,颠沛流离的生活苦不堪言。"(人民网,20141120)

(68)用地点状语限定知道的人的范围。(69)(70)分别用同位语"全家"和"你们"表示"谁"指代的范围。(71)的后文列举的事项是总括的范围。

2. 隐性限定

这里的隐性限定是指省略任选词的限定成分,通过启动听话人的最佳相关的语境假设对任选变量进行限定。诚然,当任选词没有限定语时,讲话人提供的信息有时不足以让听话人顺利确定任选词所指代的范围,语句的可接受度低,但缺少限定语不是绝对不可以接受的。Dayal(1998:446)援引她与Jason Stanley和Barbara Partee的私人通信中提到的例句:

(72) a. Mary confidently answered any objections.(转引自Dayal 1998:446)

b. After dinner, we threw away any leftovers.(ibid.)

Dayal认为如果有的语句有语境提供线索,就能隐性地限定任选的范围,但Dayal(1998:447)指出她不太明白能够引入隐性限定语的条件是什么,她也没有举出真实的语料来佐证。Duffley & Larrivée(2015)根据美语历史语料库

（COHA）、美国当代英语语料库（COCA）、英国国家语料库（BNC）以及因特网的真实语料，证明不带限定语的 any 确实可以用于肯定叙事句和存在构式等存在闭包语境。以下例句都预设实情性或存在性，表示有定任选，任选词的所指范围都受到语境假设的限定。

（73）Hoyle says the residents are using any means to stop the project，simply because they don't want it.（COCA）

（74）There are *any* number of ways to engage voters.（COCA）

（75）罗伯茨表示："我的著作旨在戳破人们对美国士兵的美好看法。人们一度认为美国士兵富有男子气概，举止文明。实际上，美国士兵<u>在任何地方</u>都上演着无耻可怕的强奸行为。"（《北京日报》20130605）

（76）2000 年 4 月 12 日，约翰·埃里克·阿姆斯特朗在他的吉普车内被捕，警方带他回去盘问。凶手<u>什么</u>都招了。（人民网，20020113）

以上反例的存在似乎暗示一个颠覆性的结论：任选词根本就无极性特征。这一结论意味着半个世纪以来研究 any 及其他语言中的任选词的极性特征的语言学家们都是无的放矢。

我们认为可以用 Sperber & Wilson(1986/1995)提出的最佳相关的语境假设来解决 Dayal 的问题和解释以上反例。最佳相关的语境假设是听话人最先想到的且满足关联期待（即觉得是合理）的假设。如果所指对象的可及度高，听话人会在认知语境中搜索言语事件发生时的时间、地点、情节、涉事者，启动最佳相关的语境假设推断所指代的范围。在这种情况下，讲话人遵守适量准则是最佳的语用策略，可以省略任选词的限定成分。例(72a)启动的最佳相关的语境假设是：在交锋时人们是针对反对自己的那些观点做出答复，所以听话人会自动为"any objections"添加后置限定语"raised against her proposal"。例(72b)启动的最佳相关的语境假设是：餐厅服务员在打扫卫生时会扔掉他们看到的任何剩菜，所以听话人会自动为"any leftovers"添加限定语"that we saw"。人们所使用的方法不超出他们的智力范围,所以例(73)中的"any means"指代居民们能够想到的阻止项目的各种办法,例(74)中的"any number of ways"指我们能够想到的吸引投票人的各种方法。例(75)省略了地点状语的限定语,且带有夸张的意味,结合当时当地的情况推知"任何地方"是指二战时美军在国外参战的许多地方。在(76)中,凶手招认的是杀人经过和细节,所以"什么"覆盖这些方面的所有内容。

即使在情态句、类指句和指令句等非极性语境中,任选词指代的范围有时也不是无限的,它们有时只允许听话人适当地、有限地扩充选项域。在任选词缺少限定语的情况下,人们也可启动最佳相关的语境假设来判断非极性语境中的任选词指代的到底是有定还是无定任选。

(77)在北京什么事情他都能帮你搞定。

(78)而那些出身平民的总统还可以自身经历为教材激励年轻人:任何人都可以通过受教育而改变命运,奔向梦想。(人民网,20030602)

例(77)表示一般人办不到的事情他都能帮你办到,但这些事情必须限定在他力所能及的和合情的范围内。而在例(78)中,读者启动最佳相关的语境假设是:人人都有均等的教育和成功机会,任何美国人都可以当总统,所以不需要对"任何人"的身份和地位加以限定,"任何"在这里表达无定任选的意义。

可见,对范围的限定的提示既可以通过言语线索(如限定成分、状语、同位语等),也可以通过最佳相关的语境假设获得,不一定非得通过显性的限定语来表达。只要有足够的语境信息,指代范围的可及度高,上文中所谓不合格的语句就能得到改善。对范围的限定不是通过"都"来完成的,而是听话人启用背景知识、语境知识和百科知识限定任选词指代的范围。

八、"都"的贡献

在疑问不定词+"都"这个构式中,"都"不标记任选词所指代的范围受到限定,"都"表示总括,起到呼应和辅助表达集合中任意一个选项全都不例外的意义。疑问不定词后面需要带"都"是遵守汉语的一条语法规则:周遍性成分后面一般需要"都"呼应,表示前面的成分全都不例外,二者合力表示穷尽性。因为"都"既然表示总括,总括的对象应该是复数变项,因此它能起到区分光杆疑问不定词作虚指或任指解的作用,因为虚指表达的是不确定的一个或某个的意义。"都"跟在疑问不定词后面诱导任指解读,是任指标记。英语不一定用总括词,汉语一般要用总括词"都"、"皆"或递加算子"也"。这可用语言开窗数量的差异来解释。英语一般只用开一个窗口表达任何一个都不例外,汉语一般需要开两个窗口来表达对应的概念。对比下列英文原文和汉语译文的开窗数量的差异。

(79) Any child would know that.(《朗文当代英语词典》1998)

　　任何一个小孩都知道这一点。

(80) Goats eat whatever(food) they can find.(同上)

　　山羊什么都吃。

以上译文中的"都"皆不表示有定意义。当然,英语也可以像汉语一样,开两个窗口以加强语气,如"anything at all"就对应于汉语的"任何/什么……都",其中的"at all"就表示"都"的意思,它总括集合中的任意元素。

(81) Presumably you have to feel that strongly to do anything at all.
(*New Scientist*. London: IPC Magazines Ltd, 1991)

在汉语的叙事句和存现句中,疑问不定词表任指义作肯定句的宾语时需要倒装,一是为了区分虚指和任指意义,见上例(59a、b),二是因为满足汉语的前焦规则,汉语通常把要强调的成分提前,任选词用于强调,故需要倒装。但疑问不定词在作否定句的宾语时不一定需要倒装。

(82)……作为外地人,在这儿做生意,也没得罪过谁,店被砸得莫名其妙。(人民网,20140929)

(83) 蔡英文冷处理,给了一个<u>谁</u>都<u>没得罪</u>的安全回应,不过大部分的人能闪则闪。(人民网,20080919)

在管控汉语的宾语和否定的组合的语序规则中有否定居先和焦点居先的语法规则,对两条优选规则的取舍关键看是强调否定还是强调宾语。在例(82)中,非倒装的结构体现了否定居先规则,强调否定成分,不强调疑问不定词指代的信息。在例(83)中,倒装是为了顺应焦点居先的语序规则,"谁"带有语句重音。此外,疑问不定词作否定句的宾语时,非倒装的结构有任指和虚指两种解读。例如,"没得罪过谁"既可以表示任何人都没得罪过,也可以表示没有得罪过某个人,其中的"谁"作虚指解时没有语句重音,而否定词才有语句重音。

九、结　语

英语中的任选词"any"、汉语中的任选词"任何"和光杆疑问不定词都具有浮现极性特征。当省略了任选词的限定语时,人们以为"都"就能对任选变量进行限定(Giannakidou & Cheng 2006),或者认为焦点能暗示有定性(Liao 2011),或者认为汉语的主语是有定的成分(文卫平 2013),或者认为"都"的量化对象具有有定性(黄瓒辉 2006),或者认为结构能赋予有定性(石毓智 2004)。本文的语料和论证显示这些观点是值得商榷的。

"任何"或"光杆疑问不定词＋'都'"不表示有定任选,焦点标记词"都"表示总括意义,它的作用只是起到区分任指和虚指的作用,有定性的效果不是来自于"都",而是来自于限定语或语用推理。在缺少限定语的情况下,最佳相关的语境假设起到限定任选范围的作用。肯定的叙事句、领属句、存现句所涉及的参与变量的范围为有定的,因此任选词在存在闭包语境只能表达有定任选的意义。"都"虽具有救活不合格语句的功效,但它仅标记信息焦点,不标记有定性。有定性是明示的限定语或者最佳相关的语境假设提供的。

参考文献

黄瓒辉《"都"在"把"、"被"句中的对立分布及其相关问题——从焦点结构的角度来看》,《语法研究与探索》(第十三期),商务印书馆 2006 年版。

蒋勇、翟澍、邢雪梅《极性隐喻的梯级逻辑》,《修辞学习》2011 年第 3 期。

蒋勇、周云亮《极量负极词用于问句的双向关联分析》,《当代修辞学》2013 年第 4 期。

石毓智《汉语研究的类型学视野》,江西教育出版社 2004 年版。

文卫平《英汉负极词 any 与"任何"的允准》,《外语教学与研究》2013 年第 2 期。

朱德熙《语法讲义》,商务印书馆 2003 年版。

Ariel, M., *Accessing noun phrase antecedents*. London: Routledge, 1990.

Barwise, J., On Branching quantifiers in English. *Journal of Philosophical Logic*, 1979(8):47-80.

Cheng, Lisa L.S, and Anastasia Giannakidou,. The Non-Uniformity of wh-indeterminates with free choice and polarity in Chinese. In Tsoulas, G. and K.-H.Gil(eds) *The Nature of Quantification and Crosslinguistic variation*. Oxford University Press, 2013: 123-154.

Chierchia, Gennaro., *Logic in Grammar: Polarity, Free Choice, and Intervention*. Oxford University Press, 2013.

Dayal, Veneeta., Any as inherently modal. *Linguistics and Philosophy* 1998(21):433-476.

Duffley, Patrick J., Pierre Larrivée, A fresh look at the compatibility between any and veridical contexts: The quality of indefiniteness is not strained. *Lingua* 2015(158):35-53.

Giannakidou, A., The meaning of free choice. *Linguistics and Philosophy* 2001(24):659-735.

Giannakidou, Anastasia and Lisa Cheng, (In)definiteness, polarity, and the role of wh-morphology in free choice. *Journal of Semantics* 2006(23):135-183.

Grice, H.P., *Studies in the Way of Words*. Cambridge, MA: Harvard University Press, 1989.

Haspelmath, M., *Indefinite Pronouns*. Oxford: Oxford University Press, 1997.

Heim, I., *The semantics of definite and indefinite noun phrases*. Unpublished Ph.D. dissertation, University of Massachusetts. Amherst, MA, 1982.

Horn, Laurence R., Toward a new taxonomy for pragmatic inference: Q-based and R-based implicature. In D. Schiffrin(ed.) *Meaning, Form, and Use in Context: Linguistic Applications* (GURT'84). Washington, DC: Georgetown University Press, 1984:11-42.

Horn, L.R., Any and ever: Free choice and free relatives. *Proceedings of Israeli Association for Theoretical Linguistics* 2000(15):71-111.

Kadmon, Nirit, Landman, Fred, Any. *Linguistics and Philosophy* 1993(16):353-422.

Klima, E. S., Negation in English. In J. Fodor and J. Katz (eds.) *The Structure of Language: Readings in the Philosophy of Language*. Englewood Cliffs, NJ: Prentice-Hall, 1964:246-323.

Krifka, Manfred, The semantics and pragmatics of polarity items in assertion. *Linguistic Analysis* 1995(15):209-257.

Ladusaw, William, *Polarity Sensitivity as Inherent Scope Relations*. Garland, New York, 1980.

Levinson, Stephen C., *Presumptive Meanings: The Theory of Generalized Conversational Implicature*. Cambridge, MA: MIT Press, 2000.

Lin, Jo-Wang, *Polarity Licensing and Wh-phrase Quantification in Chinese*. Unpublished Ph.D. dissertation. University of Massachusetts, Amherst, MA, 1996.

LeGrand, J.E., *Or and Any: The semantics and syntax of two logical operators*. Unpublished Ph.D. dissertation. University of Chicago, 1975.

Liao, H.-C., *Alternatives and exhaustification: non-interrogative uses of Chinese WH-words*. Ph.D. dissertation. Harvard University, 2011.

Sperber, Dan and Deirdre Wilson, *Relevance: Communication and Cognition*. Cambridge, MA: Harvard University Press.(2nd edn., 1995, Oxford: Blackwell, 1986.)

Zipf, George Kingsley, *Human Behavior and the Principle of Least Effort*. Cambridge: Addison-Wesley, 1949.

原载《当代修辞学》2015 年第 5 期

从存现句的形成看其结构原理

张新华

引　言

　　存现句是一种很特别的句式,主要涉及三方面问题:1.主语的处所性。一般小句的主语是事物范畴,存现句的主语却是处所范畴。相应的问题是主语与宾语间"处所—物"的关联机制如何,而一般小句的主宾语间是"物—物"关联。2.谓语动词的非宾格性,即所述事态非外力致使,反过来看也就是宾语的自发性,而一般动宾结构的宾语是被动性的。3.存现动词的语义机制,这是存现句诸问题的枢纽:存现句是通过存现动词运转起来的。本文对前二问题拟通过考察存现句的形成过程进行解释;对后一问题则以对谓词一般语义机制的揭示为根据,把存现动词置于整个谓词连续体中予以说明。

　　学界对存现句的研究大致可分两个阶段。传统以描写为主,对其次类分别、主动宾三段的语法特征等有详细展示。近来,学者用非宾格理论重新审视存现句,一般认为其谓语是非宾格不及物动词,但又不很整齐,甚至可出现及物动词,对此如何解释仍存争议。

　　本文认为存现句是一种后出的句式,有"产生句"和"设置句"两种形成途径。二者演化的一般机制相同,都包括两种句法过程:1.主语由事物范畴转化为处所范畴;2.谓语动词非宾格化,由表原主语的动作转而指宾语的存在状态。但两种句式演变的具体过程及结果都有较大差异。跨语言看,存现句谓语都包括不及物动词和及物动词被动式两种,来源上,二者就对应于产生句和设置句。

一、"产生句"源存现句

产生句转变为存现句的动因是对主语事物去物质化,这同时产生了主语处所化和去施事化两个句法后果。由于原来的主语名词在范畴性质上被直接改变,所以这种存现句根本没有施事,形成词汇层面的非宾格现象,因而构成存现句的典型形式,也集中显示了存现句的基本原理。这种存现句形成过程可称为语义式构造。

"产生"事件的结构为"母体—新事物",动词包括"出、生、下、现、起"等。产生句通过三种句法过程演变为存现句:1.主语由指"母体"(事物范畴)转为指新事物出现的"基底",即处所范畴。演变机制是:新事物与母体本来在物质上连在一起,后来则成为一个自立的新个体而分离出来,物质的分离之处即处所,形式上通过主语名词后加方位词而完成。2.主语名词的施事身份被删除。产生事件的内在操作过程如下:一开始,母体是致使因素,在产生事件中占主导地位,后来,新事物自身在出现过程中占主导地位。3.谓语动词由施事性转为非宾格性,即,由指主语发出的动作转而指宾语自身的出现方式。主语的处所化是三种句法过程的枢纽,因为主语名词的物质内涵被消除,也就无从参与事件,而谓语动词也就自然非宾格化。如:

(1)天出五色。(《礼记》) (2)天油然作云,沛然下雨。(《孟子》)

两句具有存现句的特征,但尚不明确。其存现句的特征表现为:宾语事物与主语在物质上确实完全分开而从中脱离出来,小句表宾语由内向外的现身。其不典型表现为:在当时的语言心理中,主语"天"仍被视为一种物质性的事物,它从自身的物质内涵中酝酿分化出"五色、雨"这种事物。以下句子的存现句特征就明确起来了。

（3）土中忽生芝草五本。（《论衡》）

（4）饥荒的上头，生出歹人来。（《老乞大》）

（5）叶上生着一子，大如芥子。（《镜花缘》）

方位词"中、上头、上"等是对母体事物的物质分开之处的范畴化。处所范畴不能对谓语动词形成控制关系，这样，语义上，动词所指状态就只能反过来基于宾语事物自身来解读，这就形成存现句的语义模式。

补语和体标记对存现句有强化、稳固作用。严格分析，产生动词也属完结动词（accomplishment），包括施事动作与结果状态两个次事件。补语和体标记聚焦后者，就是把当前状态自身截取出来，而弱化其作为外力动作结果的意义，这样，小句作为存现句的特征就更显著。

在产生动词中，"出、起"最典型，二者后来常用为普通存现动词的补语，且一定程度上虚化为类形态标记。"出"本指草从土中生出，后虚化为指事物由内向外出现的一般模式，因而被用于特别提取具体动作中所含的一般出现义，如"生出、吐出"。"起"指事物自身物质实体聚集、伸展开来的一般方式，因此也虚化为指事物现实确立的一般语法成分，如"地平线上升起太阳、观众席上站起一个人"。

普通动作动词充当谓语的存现句出现较晚。这种动词指出了宾语事物向外现身的具体方式，增强了宾语的自立性及出现的自发性，这就显著改变了常规小句主语控制谓语事态的意义格局，显示了存现句的进一步发展。如：

（6）何处飞来双白鹭。（苏轼《江城子·凤凰山下雨初晴》）

（7）水底下钻起一个人来。（《水浒传》）

主要动词"飞、钻"指宾语事物从主语基底出现的具体样式，补语"起"指一般性的向上确立，趋向动词"来"则进一步指宾语对语篇场景的参照关系。

产生是新事物出现的基本方式,这就是语用上存现句是向语篇引入新事物、宾语一般不定指的根据。同时,存现句多表新事物从主语基底中走出、离开,反之,表新事物进入主语的存现句,数量较少,如"旅馆住进了一个神秘客人"。

最后讨论一下存现句与处所主语"有"字句的不同。一般认为后者指纯粹存在,是存现句的典型形式,本文认为此观点还需商榷。两种句式有较大差异:1.谓语"有"的着眼点是主语,而存现句谓语动词的着眼点是宾语,后者正是存现句区别于普通主动宾小句的关键特征。因此,存现句往往可转换为"主语+存现物+VP"的形式,而"有"字句不能。2."有"字句指处所主语对宾语的统摄关系,这更多地表现为一种参照定位功能。因此,只有那些表存现物依附于主语的存现句才与"有"字句相通,如"池子里养有金鱼"。而存现句主语只表宾语事物所出的基底,存现物出现后可完全离开主语,如"水底下<u>钻起</u>一个人来"不能说为"水底下<u>钻有</u>一个人来"。二者的构造来源也很不同,存现句主语的处所范畴是对"母体"的去物质化,初始事件结构是"母体—新事物","有"字句主语是对"本体"的去物质化,初始事件结构是"本体—构件"(张新华 2011)。历史上,处所主语"有"字句早在《诗经》就很常见,如"山有榛、丘中有麻",而存现句到唐宋才出现,二者在形成上全无关联。

二、"设置句"源存现句

设置句表主语具体安排宾语的物质展开方式,而宾语事物也就在这样的物质排布中具体呈现出来。设置句演变为存现句发生在句法层面,通过两种操作完成:1.在小句表层对原来的施事主语做简单抑制,原因多是语篇省略,但在词汇层面仍保留。这对外力的删除并不彻底,所以谓词仍有较明显的被动义,因此形成的存现句也就不很典型。2.小句原来有一个处所状语,该状语向上提升为主语。这种存现句形成过程可称为语篇/语用式构造。

设置句有两种类型。一是宾语事物本有其实体形式,施事只是对宾语做简单的外在放置,从而使之呈现为一种特定的空间构型。如:

(8) 乞取池西三两竿,房前栽着病时看。(王建《乞竹》)

(9) 汝南汝阳彭氏墓头立一石人。(《风俗通义》)

(10) 临池水上置龙王像。(《入唐求法巡礼行记》)

"三两竿(竹)、一石人、龙王像"是原本存在的,施事只是从整体上对其空间构型做了某种安排。动词"栽、立、置"都暗示外力作用,所以句子有明显的被动义,但因该外力事物常不出现,且形式上处所状语占据了句首位置,小句也就慢慢被读为存现句。

二是造就性的内在物质设立。这种设置过程较复杂,宾语本无实体形式,是在外力对其物质内涵的具体安排过程中成形的。设立句与前述产生句有相似之处:都表一种从无到有的产生过程,但事件结构与后者有重要差异:设立句宾语的物质内涵并非来自外力事物,即外力的身份并非母体,而是一般的致使因素,这一点与空间构型类一致。如:

(11) 梁之边亭与楚之边亭皆种瓜。(《新序》)

(12) 这月初十日立了婚书。(《朴通事》)

(13) 曾头市寨南寨北尽都掘下陷坑。(《水浒传》)

"瓜、婚书、陷坑"本不存在,是通过"种、立、掘"的动作而成形的。同样,这种小句的外力作用也很明显,但因常不引出,句首的处所状语逐渐被重新解释为主语,这样,小句也就慢慢被固化为一种独立构式。

设置动词属典型完结动词,包括"动作、结果状态"两个次事件,但上述小句环境常抑制其动作部分及相应的施事要素。久之,这种非施事性还会进一步发展,即固化为动词的概念结构,这就形成一种词汇层面的非宾格功能。这样,小句作为存现句的特征就被强化。比较:

(14) a. 手里端着一盆水。　b. 床上铺着漂亮的床单。

    c. 地上摊着一堆苹果。

a"端"较显著地指涉施事,是一般及物动词,因此小句就易读为普通主动宾结构,如可换为"双手端着一盆水"。b"铺"对外力的暗示较弱,更倾向于指"床单"自身的直接展现,这就形成词汇层面的非宾格现象,小句读为存现句就更自然。c"摊"的外力因素更弱,非宾格性更强,小句就发展为成熟的存现句。

  与产生句一样,体标记"着、了"对设置句向存现句演变有重要的促进作用。"着、了"的功能都是聚焦完结动词所指复合事件的当前结果,而抑制其动作部分。可以说,只要设置动词后无"着、了",小句就都可读为施事省略的普通及物句,而不能肯定其为存现句。例如,孤立看,"梁之边亭与楚之边亭皆种瓜",可读为类指句,表那里的人有种瓜的习惯,如读为存现句,"种"后其实暗示"着"字。又如,"墙角立一壁橱",可读为祈使句"你去往墙角立一壁橱",也可为存现句,但意思是"立着","着"不出现,小句就有文言色彩。比较看,"着"对动作部分的抑制能力更强,因此其所构成的存现句也就更典型,"了"则较明显地暗示当前状态是作为外力动作的结果而出现的,所以小句的被动义就更明显,如"墙上挂了一幅画",暗示是某人挂的,甚至暗示该事件结束时间不长。

  去施事是一种语态现象,从此角度看,存现句与被动句、中动句有相通之处,但三者去施事的程度不同。被动句对施事只做了简单抑制,并未删除,形式上,施事可在小句表层随时引入。中动句对施事抑制的程度进一步加深,一般不能在小句引入,施事并多类指。存现句则对施事做了彻底删除,而存现句的成熟程度也就表现在它去施事操作的完善程度。另一个重要不同是,被动句、中动句在抑制施事的同时对受事进行了话题化的句法操作。存现句未对受事话题化,但却把主语由事物范畴转为处所范畴,这对小句格局显然也是一种剧烈改动。这就造成存现句双重视角的奇特现象:语用上以主语处所为出发点,语义上却以宾语事物为出发点。这即历史上关于"台上坐着主席团"主宾语问题大讨论的症结所在。本文认为,既然存现句本质上是与普通施动受不同的另一种独特句式,研究者也就只能承认这种客观事实,按照其本来面目进行说明。

三、存现句系统

存现句的主宾语在以下两组语义特征上形成此消彼长的关系:1.主语的物质性,外力存在的显著性;2.宾语的自发性,宾语对主语的依附程度。这些参数既是存现句从普通主谓句中分离出来的动因,也是其分别为不同次类的内在根据。由此可得如下系统:

(15) 树上长出嫩叶。　　　(16) 地里种着西瓜。

(17) 汽车上安装着导航仪。　(18) 黑板上写着通知。

(19) 桌上摆着茶杯。　　　(20) 墙上挂了一幅画。

(21) 门口搭着丝瓜架。　　(22) 广场上站满了游人。

(23) 地上滚着两个足球。　(24) 水里游着漂亮的金鱼。

(25) 公园飞来几只大雁。　(26) 隔壁店里走了一帮客。

以上小句可分三组。前两行为一组,概括为"产生",指存现物刚从母体中分离出来,虽已形成独立的实体形式,但物质上仍与主语连在一起,宾语对主语的依附性最强。例(15)(16)"长、种"是产生动词,宾语"嫩叶、西瓜"与主语"树上、地里"物质上连在一起,依附性最强。例(17)(18)"安装、写"是设立动词,"导航仪、通知"只是从观念上被视为与主语不同的独立个体,双方在物质上则紧连在一起,而"通知"对"黑板"的分离程度进一步提高。

中间两行为一组,概括为"摆放",是存现句的主体形式,表存现物的空间构型,存现物与主语在物质上明确分开,只附载于其外部表面。例(19)(20)"摆、挂"所指存现物对主语的依附性较强:宾语事物的出现完全依托主语事物的外部轮廓。例(21)(22)"搭、站"则更着眼于宾语"丝瓜架、游人"自身的物质伸展,主语"门口、广场上"只表一种外在的支撑点,双方之间的分离性增强。例(22)

与上面的小句(包括前一组)有更重要的分别:后者的宾语与主语是静止而紧密地贴在一起的,而从例(22)开始,宾语事物对主语处所逐渐形成动态分离。这也显示了宾语对谓语动词形成更高的自发性、控制性。

最后两行为一组,概括为"滚飞",指存现物可动态活动,形成一定的施事性。这一组是产生句源存现句的高级发展形式,设置句不能形成该句式。例(23)(24)"滚、游"指存现物的全身运动,存现物只在运动过程的一些点上与主语接触。例(25)(26)"飞、走"更强化了存现物对谓语动作的控制性,二者也成为存现句的最高形式,表现在:1.宾语在物质上与主语完全脱离,双方只有一种外在的参照指向关系。2.宾语对谓语动词的控制性更高,形成弱施事性。需指出,存现句宾语对动词的自发性也只能发展到例(25)(26)的程度为止。这是因为,"施—动—受"是小句常规意义模式,如果存现句宾语形成典型的施事性,就会与之形成剧烈冲突,这是句法系统不能接受的。功能上,存现句仅表宾语事物的一般呈现,并不特别描述其具体动作样式。这就决定了存现句谓语动词只能限于一个较窄范围,详下节。

以上存现句连续体也反映在谓语动词的补语及体标记上:"出"→"着$_1$/了"→"着$_2$"→"来/去"。如:

    (27) 树上长出嫩叶。   (28) 门口搭着$_1$ 丝瓜架。

    (29) 前面走着$_2$ 一群人。   (30) 公园飞来几只大雁。

"出"对应于"产生"类,一些成员也可用"着$_1$/了",指宾语事物对主语处所的紧密依附,"着$_1$/了"所表分离性要比"出"更高。这类动词后不能直接用"来/去",如"树上长来/去嫩叶"不成立。

"着$_1$/了"对应于"摆放"类,指宾语对主语的静态依附。前类部分成员也可加"着$_1$/了",显示了类别间的过渡性。但"摆放"类动词后一般不能加"出":*床上躺出一个孩子,因为它们指宾语事物的当前直接存在,不暗示由内向外的出现过程。

"着₂"和"来/去"对应于"滚飞"类。"着₂"指存现物对主语的动态依托关系。"来/去"指存现物对一个参照点的指向关系,显示了存现物对主语的进步远离。"滚飞"类动词后是不能用"出"的,如果用了就转为第一类,如"公园飞出几只大雁",指大雁刚从公园内向外飞出,空间上尚未远离,其事件结构其实与"土里长出草"相同。"滚飞"类可用"着₂""来/去"两种标记,显示了存现句的动态性在该类小句中急剧分化。

以上对应关系是有实质根据的。与动词相比,补语与体标记属高阶谓词,功能是从更高的范畴层面对其前谓词的事态样式进行概括、规定。上述语法成分即对存现动词范畴类别的一般提示。

四、存现动词在谓词连续体中的地位及其语义机制

存现句的结构枢纽是存现动词,一般认为存现动词是非宾格不及物动词,但也遇到一些困难,问题的关键在于弄清存现动词的语义机制。本文把所有谓词处理为一个连续体,在此背景上揭示存现动词的功能实质及存现句的结构原理。

各种谓词区别的根据在于对事物自身物质内涵展开的离散化、殊指化、动态性程度。"离散"指把连续的整体区别为分开的片断,"殊指"指整体中的特定局部,"动态"指片断之间的位置改变。由此可得如下谓词连续体:

区别词→形容词→非宾格不及物动词→非作格不及物动词→简单及物动词→致使及物动词

存现动词位于谓词连续体的中间部分,主要是非宾格不及物动词,也包括少数非作格不及物动词,其语义特征有三:"离散性、全体性、简单性。"事物存在的根本载体是物质实体,所谓事物的出现也就是其整个物质实体由内向外地伸展开来,这即存现动词语义特征的全体性。另一方面,存现动词只指事物实体

的一般展开,并未进一步殊指化为复杂的动作样式,这是存现动词语义特征的简单性。例如,"绵延"对事物只在整体这一层次进行分化,无具体样式,参数少,语义简单,所以"绵延"是一个典型的存现动词,如"天空下绵延着群山"。另如"散落、摊、放"等都属"绵延"类。由外向内聚集是由内向外伸展的相反形式,二者语义机制相同,所以这种动词也是典型的存现动词,如"聚集、堆"。

"躺、坐、站、挂"等指事物实体中一个特定局部的排布方式,殊指化程度比"绵延"类高,似乎不符合"全体性"这一语义特征,其实不然。这种动词实际都是以局部为代表而笼统指整体。例如,"挂"表面上指事物的一个特定点,其实指事物的整体都以该方式伸展开去。"晒、煮、睡"等属另一种情况,它们一般并不指事物整体的伸展,但也可用于存现句,如"架子上晒着被子、锅里煮着肉、地板上也睡着人"。这里,"晒"指被子的物质实体铺开,"煮"指肉之全部物质在锅里动荡,"睡"并不指内在意识状态的睡觉,而侧重于表躯体的全部展开,实际指一种特定的躺。这显示了存现句作为一种特定构式可强制改变一些词语的读法。"门外伸进一条腿、会场上举起很多手"显示了存现动词"全体性"语义特征的另一方面:虽然"腿、手"是整体中的一个局部,但动词"伸、举"却指"腿、手"自身的全部展开,而把上位事物隐去了。

从谓词连续体看,存现动词的左侧边界是非宾格不及物动词中的强形式,以"散落、生长"为代表,右侧边界是非作格不及物动词中的弱形式,以"游、走"为代表。向左,形容词、区别词不能用于存现句,因为它们表事物的内在属性、状貌,无"离散性",这就不能指出事物实体的向外现身:越是指事物内在属性、状态的谓词,越不可用于存现句,如"胖、大"。向右,非作格动词的强形式与及物动词不用于存现句,因为它们是对事物局部的特殊分化,造成复杂的动作样式,不能指事物全部实体的一般出现:越是殊指化程度高的谓词,越不能用于存现句,如"工作、玩、咳嗽"等。对事物在一个维度的展开就形成谓词的一种语义参数,参数越多,语义就越复杂。例如,"笑"对事物的分化至少有三个层次:全体、头部、面部,且指面部肌肉在多维度上的复杂动态排布,以区别于"哭",因此"笑、哭"都不用于存现句。

有学者认为存现动词信息量少(Birner 1994),或指事物的典型存在方式(Levin & Hovav 1995),这种说法的深层根据就在于存现动词全体性、简单性的语义特征。信息量轻是因为语义参数少。所谓指事物的典型存在方式,是因为存现动词指事物整体的一般现身,故在日常经验上也就成为人们感知该事物的一般途径。其实所谓"典型"的说法很含糊:很难说"前面挤着一群人"的"挤"对"人"有什么典型性。

另一方面,存现动词的语义特征也是其与处所范畴具有内在相关性的根据。处所范畴是对物质展开的纯形式格局的提取。不难理解,殊指化程度越低的存现动词,其处所性就越强:简单性即抽象性。存现句的表达结构即为:以一种事先确定的处所为基点,由之引出一个相向出现的新事物。这就解释了为什么设置句在去施事操作的同时,必然伴随处所状语提升为主语的句法过程。相比之下,普通动词更关注事物之物质内涵的具体展开样式,所以其与处所范畴的关系就较疏远,如"写"更关注"手、笔、纸"间舞动而造成的具体图式,而不仅指物质的一般性伸展。另一方面,区别词、形容词指事物的内在属性、状貌,未伸展开来,所以它们都无处所义。

关于"非宾格"的经典论述是 Permulter(1978),下面对其所述谓词做一梳理,并列为更细致的谓词连续体。Permulter 把形容词列为非宾格的 a 类,这样做有失笼统,会掩盖一些问题,此不谈。b 类,"语义上是受事",成员最多,内部也最复杂,本文认为可细分为三种:(一)接近形容词的。指事物的内在情形,离散性程度低:干 dry、烂 rot、枯萎 wither、perish、满 fill、弯 bend。(二)指事物内部全部物质的静态或动态排布。离散化程度较高,但未殊指化,又分三种:1.指静态排布:碎 break、开 open、关 close、掉 fall、倒塌 collapse、散落 scatter、disperse、沉 sink、沉没 drown、冻 freeze;2.指动态生长,离散性、动态性极弱:增长 grow, bud、生长 sprout、兴盛 thrive，flourish；3.指动态排布，离散性强，但未殊指化，因此无控制性：融化 melt、燃烧 burn、流淌、飘扬 flow、滑动 glide、颤抖 tremble、摇晃 shake、沸腾 boil、滚 roll、爆炸 explode。（三）指实体构型，局部分化显著，殊指化程度高：躺 lie、坐 sit。

Permulter 的 c 类指存在和发生（如"出现 arise、存在 exist、发生 happen"）、d 指无意识的发射（如"照耀 shine、噼啪 snap"）、e 指体（如"开始 begin、停止 stop"）、f 指持续（如"持续 last、remain、survive"），成员都很少。其中 d 动态性、殊指性程度大大提高，已具有非作格的特征，次序上应在最后。实际上，Levin & Hovav（1995）就把发射动词归入非作格，而不是非宾格。而前面 b 的（三）又应在 c、e、f 之后，d 之前，因为它们指实体构型，殊指化程度要比指事物整体出现、延续的 c、e、f 高。因此，这种谓词也具备一定的非作格特征。发射动词之所以在空间构型动词之后，是因为前者具备一定的及物性，更接近简单及物动词，如"照耀、亮"暗示"发光"，"噼啪"暗示"出声"。

Permulter 所列非作格不及物动词只有两种，数量也很少。a，指有意识的动作，如：游泳 swim、行走 walk、工作 work、玩耍 play、闲谈 talk、笑 laugh、跳舞 dance。b，指某些无意识的身体活动，如：睡 sleep、咳嗽 cough、打嗝 belch、哭泣 weep。从连续体看，b 类更靠近非宾格，而 a 类则接近及物动词。

非作格与非宾格相区别的关键特征是控制性，这是个程度的问题。控制范畴的语义机制是殊指化：控制即事物整体对局部的支配、操纵关系，在此关系中，整体就表现为动作的发起者、操纵者，局部则表现为工具范畴，如"人用腿走路"。控制性与施事性是两个相互蕴含的语法范畴：作为控制者的整体被范畴化为一个指挥中心、意识中心，即施事。可有如下推论：殊指化程度弱的谓词控制性必差，控制性强的谓词其殊指化程度必高。例如，所有形容词都是弱殊指化，无控制性。非宾格动词中，"沸腾、流淌"指全体，殊指化低，因此也无控制性。"躺、坐、站"三动词虽都是非宾格，但随殊指化的增强而控制性也递增。

综上,存现动词跨越了非宾格、非作格的二分,但又不是其中的全部成员,主要包括:非宾格中的 b(二),指事物全部实体的伸展(如"倒塌、生长")、动荡(如"沸腾、流淌"),殊指性差。b(三),指事物实体的一般构型(如"躺、站"),殊指化程度提高。c,指事物整体的一般产生和存在(如"出现、发生")。非作格的a,指"施事性方式运动"(如"走、飞"),殊指化程度进一步提高,形成弱控制性;b类则只有一个"睡",且语义上有转移,即又返回为指外在空间构型。

最后指出,本文虽一直采取"非宾格"的提法,但并不意味着本文完全接受该理论。逻辑上看,这种提法是把"底层宾语、域内论元"作为初始概念,以此解释不及物动词的语法特征,即,非宾格的格框架为[ØVNP],非作格为[NPVØ]。句法上,这种做法则是认为"施—动—受"的语义模式为一切语法现象的起点,不及物动词的句法行为也要基于它才能说明。因此 Permulter 说,非宾格的 b 类成员——也是非宾格的典型成员,"**语义上是受事**"(黑体为引者所加)。归结到一点,对形容词、部分不及物动词"非宾格"的处理其实是把及物动词视为谓词的摹本,其他各种谓词都绕到它那里进行解释——所谓"非-"(un-)的提法显然不是基于对象自身的正面说明。实际上,不同谓词范畴化的根据就在于对事物分化展开的不同情形,而事物在此展开关联中表现出来的具体功能即论元角色。自然的做法是直接根据谓词的编码原理去说明其句法行为。

五、结论及方法论的反思

存现句通过对普通及物小句去施事的句法操作而构成。主语的非物质性/处所性、宾语的自发性是存现句的基本特征,因程度不同而形成存现句的不同次类,并对应于补语及体标记"出、着$_1$/了、着$_2$、来/去"。存现动词处于整个谓词连续体的中间地带,语义特征是"离散性、全体性、简单性"。方法论的反思是:语法现象的演化过程包括物理时间进程中具体事实的更替与功能实质的变迁两个层面,理论上,具体事实的演化可概括为一种抽象的句法操作程序。

参考文献

张新华《释"有"》,《语言教学与研究》2011 年第 5 期。

Birner,B.J.,Information Status and Word Order. *Language*,Vol.70,No.2,1994:233-259.

Levin,B. & Hovav,M.R.,*Unaccusativity*. Cambridge,Mass.: MIT Press,1995.

Perlmutter,D.M.,Impersonal Passives and the Unaccusative Hypothesis. In *Proceedings of the Fourth Annual Meeting of the Berkeley Linguistic Society*,1978:157-189. Berkeley: University of California.

原载《语言教学与研究》2013 年第 1 期

汉语句子否定的类型性质[*]

陈振宇

引言:句子否定及其形式与意义

根据形式与功能的不同,否定范畴分为两个大类与若干小类:

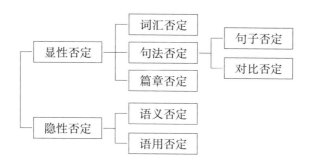

1. 显性否定(overt negation)。即有专门表示否定意义的语言形式,并且否定意义仅与该形式有关。它又分为:

1.1 词汇否定(lexical negation):指在构词中,对词汇的内容加以否定以构造意义相反的新词,如英语 un-、dis-、in-等系词,它一般由表示否定意义的

---

* 本文作为"2012 年语言的描写与解释学术研讨会(上海·复旦)"闭幕式总结发言《论否定范畴与汉语否定范畴》的一部分。戴耀晶先生对作者的研究多有指导,另尹洪波、朱庆祥、李双剑等好友提供了相关文献,文章在复旦大学中文系语法沙龙多次进行了讨论,在此一并感谢。

语素或其他词内屈折形式来完成,所以又称为"语素否定"(morphological nega-tion)、"构词否定"、"词项否定"(term negation)等。

1.2 句法否定(syntactic negation):指在构句中,对小句的内容加以否定,又称为"谓词/谓语否定"(predicate negation)。它又分为:a.句子否定(sentence negation):指独立使用的单一的否定小句,又称为"小句否定"(clausal negation)。b.对比否定(contrastive negation):指一种特殊的对比构式,其中一个是否定,另一个是肯定,在对比中突显否定的内容,如"他没看书,小王看了"对比句式。

1.3 篇章否定(texical negation):指在构成篇章中,对前面段落或话轮中所反映的内容加以否定,如由独立的否定词(如独用的"不、no")实施的否定。

鉴于"元语否定"(metalinguistic negation)的语用特殊性,它与本文的显性否定不是在同一个层次讨论问题,所以这里未予考虑。

2. 隐性否定(covert negation),又称"隐含否定"(implied negation)。即没有专门表示否定意义的语言形式,但仍表示某种否定意义。它又分为:a.语义否定(semantic negation),又称"内置否定"(inherent negation):即不包含否定形式,但在词汇意义中含有否定意义,如某个词本身的语义内容可以表示为一个否定命题,如"拒绝"含有"不接收"的意义(也有把这一类称为"词汇否定"的,但这与上面讲的词汇否定不是一回事)。b.语用否定(pragmatic nega-tion):指不采用否定形式,但有表达否定意义的语用机制,如会话含义、反问等。

本文仅讨论显性否定中的句子否定。从类型学角度讲,一个重要的共性是:每种语言都会发展出某种句子否定形式。在语法形式上主要有以下四种,并且以第二种最为常见(另请参看 Dahl 1979:81—86):

1. 否定词缀,即否定形式作为一个语素加在动词词干等成分上,又称为"语素否定"(morpholodical neg)、"综合性否定"(synthetic Neg)等。这类语素有前缀(prefixation)、后缀(suffixation),个别语言还使用重复手段(如 Tabasaran语),或使用韵律修饰成分(一些非洲语言)。这一类实际上兼有词汇否定与句子否定的性质:如果一种语言把这类形式看成肯定句的构成部分,则它主要应看成词汇否定,如下面例(1)a 英语的例子,反之,如把它看成否定句的构成部分,则它主要应看成句子否定,如例(1) b 日语的例子:

(1) a. He is unhappy too.(他也不幸福)——"too"是肯定极性词,说明这一句在英语中被当成肯定句,虽然句中有否定词缀"un-"。

b. Gakusei ga juu-nin ko-nakat-ta.(十个学生没有来)

学生　　　十　　来　-neg-过去

不过,在现代汉语中几乎不存在严格意义上的否定词缀,而是利用"短语词汇化"(lexicalization of phrase)来形成否定性词汇,即原来的一个在结构上紧密的短语,由于经常作为一个整体使用,而渐渐地被视为了一个词。汉语用这一方法构造了大量的"不"系词,较多的"无"系词,以及少量的"没、莫、非"等其他系的词语。这些汉语否定性词语中的"不、没、无"等并没有进一步语法化,与原来的句子否定功能没什么两样,甚至有的在意义上也基本不变,所以不能视为英语 in-、un-之类的否定词缀。正因为汉语复合词的内部结构往往是从短语结构通过词汇化演变而来的,所以两者有高度的一致性,如与(1)a 相似的"他也不高兴",在汉语中仍然被视为否定句,虽然"不高兴"因为可以说成"很不高兴"并表示与"高兴"对立的状态而已经词汇化了。

2. 否定语缀(negative clitics),又称为"否定词""句法否定""分析性否定"(analytic Neg)、否定小品词(negative particle)等。它在否定句中形式几乎不变,仅仅是黏附在某一句法成分上或独立使用,如英语的 not,汉语的否定副词"不、没、无、勿"等大都属于这一种。

3. 否定助词(negative auxiliary),它独立使用,并且像其他助词一样,一旦使用,就吸引了句子的语法项,如时、体、态、人称等到自己的身上,成为句子的核心,动词反倒采用光杆形式,成为附着在它之上的东西,如 Finnish 语。另外还有傀儡助词(dummy auxiliary),如英语,为了否定,有时用了一个助词 do,而在肯定句中它并不存在。英语傀儡助词也用于疑问句和强调句。

4. 否定实词(否定动词)(negative word/negative verb),如汉语动词"无、没(有)"等,它自身就是小句的核心谓词。

句子否定的意义一般有以下两种:

1. 真值否定(negation of truth value),即对小句所表示的命题的真值进行反转,原句命题为真,则反转后为假;反之亦然。这又称为"全句否定"、"句子否定"、"小句否定"、"VP 否定"(VP Neg,因为小句所说的事件的主体由 VP 部分表示)、命题否定(negation of proposition)、"标准否定"(standard negation)等,如"他没买红酒",其真值与"他买了红酒"相反,指买红酒这一事件没有发生。

2. 成分否定(negation of elements/constituent),即不对小句所表示的命题的真值进行反转,而是对命题的某一特定部分的合适性进行否定,又称为"焦点否定"(focused negation)、"局部否定"(local negation)等,如"他没买 红酒 "(加框的部分特别重读,下同),与"他买了红酒"都是指他一定买了某种物品,这一事件的真值不变,只不过说买的这种物品不是红酒而已。

本文将从四个角度,来看看汉语的句子否定在语言类型中究竟居于何种地位:

1. 句子否定形式在小句中占据的句法位置。

2. 汉语句子否定操作的特点。

3. 实现成分否定的难度。

4. 当汉语方言发生语言类型上的根本转变时所出现的新情况。

一、句子否定的句法位置

关于句子否定形式在小句中的位置，Jespersen(1917:5)的论述曾为学界广泛引用，他主要讲了两条原则：1.否定形式趋向于放在句子前面。2.否定形式趋向于放在动词之前。但实际情况远比他所说的要复杂得多，至少应分为常规位置（一种语言中所普遍使用的那个插入句子否定形式的句法位置）与非常规位置。后者如英语中的句首否定词现象，"Not anybody can do this""Never did she see him angry""Not that scientists have all the answers"，这只能看成特殊句式，而不能视为英语的基本形式。

（一）句子否定位置的语言类型

限于篇幅，本文仅讨论常规位置，即使如此，也比 Jespersen 所说的要复杂得多，分为：

1."全句否定形式"，即句子否定形式位于整个小句的外围，又分为：首操作（位于句首）、尾操作（位于句尾）、其他固定的句法位置。现代汉语中，从古代汉语继承下来的"非、并非"就有首操作功能，如"并非任何人都可以做这件事""并非有人喜欢她"。再如，据调查，不少地方的手语，在使用独立的否定词时，都采用尾操作的方式，如"我打妹妹没"的语序（参见李然辉 2011）。吴铮(2007)说，藏缅语中，在历史上本来是否定标记与句尾判断动词或存在动词结合，后来它们经过合音，形成了一个新的后置否定标记，这也是尾操作。

2."核心否定形式"，它是对小句的核心成分进行的操作，又分为以下两种：

2.1　独立否定形式，也就是否定助词或否定动词，即以一个独立的否定词承担小句核心的功能。如果该语言小句有时、数、人称、一致性等要求的话，也由该否定词担任，动词反倒用光杆形式，如 Finnish 语，否定词 e 带有人称词缀，构成 en 和 et；动词 lue 反倒失去人称词缀。不过，独立否定形式往往是不充分

的,也是一种十分少见的语言现象。(引自 Dahl 1979:84—85)

  (2) Luen 'I read'   En lue 'I do not read'

    Luet 'Thou readest'   Et lue 'Thou dost not read'

  2.2 非独立否定形式,即自身不能充当小句的核心成分,而是作为依附成分,依附在小句的核心成分之上,并与被依附的成分一起形成一个"neg-X"或"X-neg"整体,共同担任否定性小句的核心成分。这是一种十分普遍的形式,根据核心成分的不同,又分为:

  a. 核心谓词否定形式,即小句的核心成分是句中的核心谓词,否定形式依附在这一谓词上,如法语。

  b. TMA 成分否定形式,即小句的核心成分是句中表示时、语气、体的 TMA 成分,否定形式依附在这一成分上,如英语 not 就是依附在助动词 do、be、may、must、have、should 等上面,此时动词反倒是用原型形式。不过,英语的情况是历史发展的结果,今天英国英语中仍有一些特殊的历史形式的遗留,如当动词"have"表领属关系时,可以直接带否定词,如 I have-*n't* (any) stamps。这是因为英语早期也采用核心谓词否定形式。

(二) 定式成分策略

  什么是小句的核心? 要明确什么是小句的核心,必须先明确小句与短语(词组)有什么本质区别。从功能上讲,短语(词组)表示的是抽象的概念,而小句经过背景化操作,与言语活动的时间、空间、指称等指示背景联系了起来,从而得以表示具体的时空中的事件,这样就将抽象的命题与言语活动的可能世界联系起来,从而赋予命题以真值。因此有所谓"定式策略"(strategy for choosing a finite element,简称 Finite Strategy。另参看 Dahl 1979:86—87),它分为三个层次:

  1. 定式项(finite item),即对小句有真值实现功能的时、一致性、语气,以及某些语言中标记言语功能的某些标记。

2. 定式成分(finite element,简称 FE),即那些带有以上性质的定式项的成分,定式成分因此在形式上成为小句的核心。

在所有定式项中,时和一致性最为突出,但在某些语言中,其他一些因素也很重要,如句尾位置(SOV 语言如藏语、日语、韩语等,句尾位置为定式成分即小句核心所在的位置)等。

3. 优势策略是,句子否定形式或者自身充当定式成分(独立否定形式),或者依附在定式成分之上(非独立否定形式)。

现代英语是助动词而不是动词带上时和一致性标记,所以它是定式成分;而法语的定式成分则是动词,因为是动词带时和一致性标记。正因为如此,法语中句子否定形式 ne ... pas 依附在动词上,英语中句子否定形式 not 依附在助动词上,否定时也一定要有助动词。不过,在莎士比亚时代,英语的助动词还未广泛使用,所以 not 常依附在动词之后,有时甚至在代词宾语之后。(参看韦钰婷 2010)

二、非定式语言——汉语句子否定的特点

显然,汉语常规句子否定采用的主要是非独立否定形式,即否定副词"不、没、别"等。但研究表明,汉语对"定式理论"构成了巨大的冲击,因为后者忽视了一个极为重要的可能性,即世界上可能存在着一些人类语言,它们在时、一致性等所谓小句功能上语法化程度不高,没有发展出这些小句功能的标记,或者虽然发展出了部分小句功能标记,如汉语的时间助词"了、着、过",但它们远不是强制性的,也不够纯粹(同时具有时体和情态语气等意义),所以一个小句的核心成分就不够明确,例如在"他应该去过北京""他去不了北京"中,谁是小句核心都曾引起过不小的争议。

汉语这样的语言可以称为"非定式语言"(language without finite elements),而英语法语之类是"定式语言"(language with finite elements)。对于汉语而

言,定式成分策略自动失效,不是因为有反例,而是因为无法像英语法语那样明确地确定出小句的定式成分是哪一个。对非定式语言而言,小句层次缺乏强制性的显性标记,因此一个短语(词组)带上语调就可以成为小句,不需要结构上的完整性,这导致汉语"零句"极为发达,同时也给人汉语小句与词组层次在结构上几乎一致的感觉,成为"词组本位说"的基石。

非定式语言的这一性质极大地影响了汉语句子否定的面貌:

(一) 浮动(floating)

汉语的句子否定形式可以较为自由地在核心谓词、VP 中附加成分、TMA 成分,以及能性补语上浮动。

TMA 成分　　VP 中附加成分　　核心谓词　　能性补语
├────────────────────────────────┤
上界　　　　汉语句法否定形式的浮动范围　　　　下界

(3) a. 她不喜欢张三。　　　　　核心谓词

b. 他不在家里睡觉。　　　　VP 中附加成分

c. 她不应该喜欢张三。　　　TMA 成分

d. 他打不过张三。　　　　　能性补语

对此现象的解释是,由于汉语定式项语法化不成熟,所以没有为小句确定一个唯一性的核心,上述各种成分都可以充当核心,故从理论上讲,它们都可以进行句子否定操作(虽然在实际上会受到其他句法、语义、语用规律的限制)。这一解释很有道理,但引出了更为复杂的问题,例如 VP 中的附加成分,在世界上大多数语言中根本不可能成为定式成分,不可能担任小句核心,不可能成为句子否定形式所依附的对象;但在汉语中却可以是句子否定的操作位置。例如汉语"把、被"句,正常的否定词是加在"把""被"之上,反而不能加在谓词上:

(4) a. 他没被人偷走东西。——*他被人没偷走东西。

b. 他没把作业做完。——*他把作业没做完。

再如,汉语的能性补语与其他补语也有极大的不同,前者可以直接加"不"否定,如例(3)d中的"过"。

(二) 双重否定(double negation)

一个简单的小句只表示一个命题(主从、并列、主次等结构都是由两个或两个以上小句所构成的,这样才能表示多个命题),而对一个命题的否定只能有一次,故有"句子否定唯一律":一个简单小句有且只有一次句子否定操作。Stockwell(1968:27)称为:一个简单句一个否定词。关于唯一律,需要注意以下几点并不是它的例外:

1. 一个语言可以有多个句子否定形式,它们分别对不同小句进行否定,只是不能同时对同一小句层次进行否定。如汉语"他不看书"和"他没看书""不、没"不在同一层次共现所以不违反唯一律。

2. 一个句子可以同时有多个否定形式共现,只是这时句子或分为不同的主从、主次层次,每个层次一个简单小句,或分为几个并列结构,每个结构一个简单小句,而这些句子否定形式是分别否定不同的小句。如英语"I do not think that he is not your friend"中两个 not 分别在主句和从句中。

3. 一个简单小句可以同时有多个句子否定形式共现,只是这些句子否定形式是联合在一起共同起作用的,它们相当于一个框式结构的整体,在逻辑上只相当于一个否定词的功能,称为"双重否定词"(double negative particles)现象。(请注意,真正意义上的"双重否定"(double negative),如斯多葛学派所说的那样,每个否定词在逻辑上必须各自独立地起作用,这两个术语有本质的区别)如法语否定词"ne+V+pas"组成一个框式结构,其中 ne 为原来的否定形式,pas 则为"否定强化词"(negative intensifier)。再如状语由于处在从句末否定形式向核心谓词否定形式的转变过程中,所以出现了同时使用两个句子否定形式,但在逻辑上只相当于一个否定词的功能的现象(例引自覃凤余、黄阳、陈芳2010):

(5) kou¹ naːu⁵ ma i⁴ kɯɯn¹ ɔm⁴ lɯ¹ naːu⁵（我不爱吃剩饭。）

我　不　爱　吃粥剩不

谓否　　　　　句尾否

4. 一个简单小句可以同时有多个否定形式共现，只是其中只能有一个是真正意义上的句子否定，其他的都是各种词汇否定，如：

(6) a. I am <u>not</u> <u>un</u>happy.　b. <u>No</u>body of the class did<u>n't</u> see the boy.

句否词否　　　　词否　　　　　　　句否

在非规范的英语中有与汉语相似的现象：

(7) a. It is what you cannot not(to) do.（这是你不得不做的事。）

b. He doesn't consent not to go.（他不肯不去。）

其中"not(to) do""not to go"在这里已不再是一种句子否定形式。英语中，不定式作为一个小小句(small clause)，其句法否定一般是在 to 前加 not，如：

(8) a. She wished not to go.（她希望不要去。）

b. She deserved not to be hated.（她不值得恨。）

c. He came not to send peace.（他来不是为了和平。）

其中"not to V"结构渐渐词汇化，成为一个用来表示与 V 相反意义的动词原型，这样一来，它就可以用在其他一些动词原型可用的句法位置。另外，这里 to 不一定会出现，这是因为在"短语词汇化"过程中，会尽可能在形式上将短语缩略，首先是那些对表义无所帮助的句法成分会被省略，其次是在一定条件下发生语音上压缩，即屈折性变化。to 的可以不出现正是基于第一点。

与上述语言现象都不同的是，汉语中，存在着"一个小句同时带有多个句子否定形式共现"的现象，而且这些句子否定形式是相互独立的，并非法语、状语那样的框式结构，构成了对"句子否定唯一性"条件的冲击。如：

(9) a. 她不应该不喜欢张三。It is not possible that she does not love

Zhang.

　　b. [她ᵢ 不应该[eᵢ 不喜欢张三]]

邓守信(1975：187)分析说,这种双重否定句并不违背唯一性原则,因为它们不是简单句,而是由一个主轴句与一个成分句所构成。将9(a)翻译成英语就可看到汉语与定式语言的不同策略:英语用了一个显性的主从结构,分别在主从句各加一个 not,而汉语貌似在一个小句上加了两个"不",但实际上,这一汉语小句在结构上相当于是一个主从结构,内部有两层,如 b 所示。

从理论上讲,汉语并没有限制这一层次的多少,虽然层次越多,受到的语义和语用的限制会越多,句子越难以成立:

　　(10) a. 他不和她分手。

　　　　b. 他不敢不和她分手。

　　　　c. 他不可能不敢不和她分手。

　　　　d. ? 他不一定不可能不敢不和她分手。

(三) 多层套叠主从结构

汉语研究者面临着一个重大的理论选择:

选择一:坚持认为汉语小句结构与定式语言一样,而承认汉语句子否定操作遵循与定式语言不同的规则,即它既是浮动的,又不是唯一的。但汉语句子否定现象仍然有待解释。

选择二:既坚持汉语小句结构与定式语言一样,又坚持汉语句子否定操作遵循与定式语言一样的规则,即它既不是浮动的,又不能不是唯一的。这一选择颇有难度,其中一种策略是,将汉语的"不＋情态词"(如"不会/不应该/不可如/不能/不想"等)全都解释为英语 impossible、unhappy 那样的词汇否定,这样一来它们就不必受到定式策略的限制了。但这一解释的毛病更大,首先,前面已经说过,汉语没有真正意义上的词汇否定形式,而是通过短语词汇化这一路径,所以在本质上汉语的"不可能"与英语的 impossible 不同;其次,这一解释对其他浮动现象,如介词、能性补语没有解释力,总不能说连"不在、不对、不和、没把、没破"等"否定词+介词"结构也词汇化了吧。

选择三:坚持认为汉语句子否定范畴与定式语言一样,也遵循"唯一律"和"核心律"(句子否定加在核心成分上),不过承认汉语小句结构与定式语言不一样,即汉语中的助动词、谓前介词等结构实际上仍保留为某种意义上的动词,带有高位谓词的性质,各自构成各自的论元结构,从而使整个结构不再是一个简单的小句,而是呈现出"多层套叠主从结构"(MLC)的面貌,这样一来,TMA 成分和前置介词前就都可以加自己的句子否定形式。

本文同意选择三。但为了阐明它,首先必须解释汉语中谓前介词、能性补语以及数量补语等成分的句法地位。

从陈振宇(2003)开始,我们一直坚持认为,从近代汉语到现代汉语,在谓词之前产生的谓前介词结构,与英语等语言(包括古代汉语)中的介词结构不是一回事,前者是主导性的"高阶谓词",而且是三价的,后者是补充性的"附加成分",且只是二价的,如:

(11) 他在桌上放了一本书。

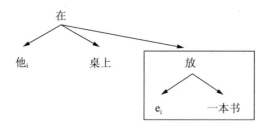

它是一个主从结构,主句是"他在桌上做什么",从句是"他放了一本书",从句占据的是"做什么"的位置,即:[他ᵢ 在桌上(eᵢ 放了一本书)]。主句、从句分别有自己的核心"在"和"放",故可以说"他没在桌上放一本书",也可以说"他在桌上没放一本书"。

(12) I put a book on the table.

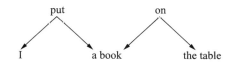

它是一个主次结构，主要动词是 put，次要动词是 on，它们共享一个论元 a book；次要动词失去了时、一致性等小句性质，不能担任小句核心，而是必须用于辅助主要动词，因此只能说"I didn't put a book on the table"。当然，英语在特殊情况下也可以说"I put a book not on the table but on the shelf"，但这是句法否定中的另外一种"对比否定"句式，与本文讨论的句子否定不一样。

至于所谓"能性述补结构"，我们认为，所谓的"补语"实际上才是主要谓词，故需要说"吃不了、看不到、说不清楚"。还有一个佐证：在西宁方言中，由于发生了类型上的巨大变化，否定形式变成定位的，只能依附在句尾的那个句子核心词上，如句尾的动词、形容词、情态词等，但当出现所谓的"能性述补结构"时，居于句尾核心位置的必须是所谓的"补语"，而不是动词，这说明"能性补语"才是真正的句子核心。（王双成 2012）

(13) a. 安乃近吃<u>不得</u>的不是，就是多吃<u>不得</u>啊！

b. 这个剪子甚用<u>不成</u>，你用那个。（这个剪子不能很好地用，可能可以稍微用用）

c. 我以前傢哈甚认<u>不得</u>。（我以前不能很好地认识他，可能有一点认识）

过去把"能性补语"看成"补语"，是因为把"V1 不 V2"结构看成"V1 得 V2"的否定式，后者如"吃得了、看得到、说得清楚"，而"得"是现代汉语中的补语标记。但太田辰夫(1987，1958)认为它们非出一源，"V1 得 V2"形成时间更晚，它们的句法表现也不一样。刘丹青（2005）则说两者在结构上也不一致。我们认为，两者的结构分别是："［V1］［不 V2］"和"［V1 得［V2］］"。因此,"V1 不 V2"结构不是"V1 得 V2"的否定式,而是"V1V2"述补结构(结果式)的否定式。

所谓"数量补语"也是如此,如下例都可以变换成"有"字句(这一点邓守信1975 已提出):

(14) a. 说了没几句　　　　　说了有几句了

　　 b. 走了没三天　　　　　走了有三天了

另外,也要看看反对者的观点。一些研究者认为,"着、了、过"等时间性成分虽然不是强制的,但它一般只加在谓词上,而不是 TMA 成分或介词上,这似乎证明汉语中谓词才是句子核心。我们认为这不是证明,因为完全可以把谓词部分看成从句,能加"着、了、过"等只证明从句是动态事件,而主句(由 TMA 成分、介词等担任谓词)则是静态事件,静态事件照样可以否定,而它不能加"着、了、过"等也是很正常的。

我们还看到另一证据:一般疑问句与否定句在句法操作上往往具有同样的句法位置,即全句疑问形式和小句核心疑问形式,前者如汉语尾操作"吗",后者如英语助动词移位。汉语正反问也是核心操作,而它可以由高层的 TMA 成分或介词来构成,如:

(15) a. 你应不应该去?　——* 你应该去不去?

　　 b. 他在不在家睡觉?　——他在家睡不睡觉?

这证明完全可以把 TMA 成分或介词看成主句谓词,而一般疑问句当然更倾向于在主句上操作。

(四) 多层套叠结构的性质

在"多层套叠主从结构"中,汉语否定副词只能依附在每一层的核心上,而这一个核心必定是一个可以带有结构性论元的谓词性成分,这解释了汉语句子否定中的三个重大限制:

1. 名词性 NP 不能充当其中的一个层次,也不能充当层次的中心,故汉语句子否定形式"不、没（副词）"等都是否定副词，不能直接插入主、宾语的前面。定式语言则不一定有此限制，英语对 NP 的否定，可以直接用句子否定形式 not，虽然这对英语也是非常规的。但汉语对于 NP 的否定，首先一定要先添加一个情态动词（一般是判断动词），或使用否定动词"没（有）、无、非"等，才可以构成一个单独的层次，这正是以下英语、汉语句子的本质不同：

(16) Not many of us wanted the war.

　　我们中不是／并非大多数人都想要战争。——*我们中不／没有大多数人都想要战争。

在汉语中存在主、宾语上的不对称现象，因为宾语前一般无法插入动词性成分，因而也无法把否定词插到宾语前。另外，在汉语中，NP 有时具有做谓语的功能，但即使是这种 NP，也不能直接加副词性的句子否定形式，而必须添加一个动词（判断动词等），或使用否定动词，如：

(17) a. 今天 20 号——*今天没（有）／不 20 号——今天没到／不是 20 号

　　b. 小陈四川人——*小陈不四川人——小陈不是／非四川人

有些"没（有）"的句子曾经引起争议，不知它是否定动词还是否定副词，从"句法——语义平行性"原则出发，我们认为从例(17)可以旁证下面的例(18)a 中的"没（有）"也必须是否定动词，因为汉语否定副词不能直接作用于名词性成分。方言的(18)b 也旁证了这一点，因为对成都话来说，否定动词"莫得"与否定副词"没有"是严格区分开的，而此处只能用前者：

(18) a. 他今年三十岁。——他今年没有三十岁。

　　b. 他今年三十岁。——他今年莫得三十岁／他今年*没有三十岁。

2. 明确的层次性排除了"双重否定词"现象，汉语中一旦出现两个显性的句子否定，就一定有各自的作用范围与功能，不会联合在一起。汉语中有的"冗余否定"，在上位的那个否定形式都不是一个显性的否定形式，而只能是在词或结构的语义内容中包含了否定意义的隐性否定，例如：

表 1　汉语冗余否定的一般结构

	上位隐性否定	下位显性否定（冗余部分）
差点儿没摔着	差点儿	没
没有上学之前	……之前	没有
要避免别再犯错误	避免	别
小心别摔跤	小心	别
拒绝不予理会	拒绝	不
就差没写结语了	差	没
不能否认这话没有意义	否认	没有
防止洪水不要淹没了村庄	防止	不要

3. 对汉语而言，在成分否定时，一般不能以否定词句法辖域外的成分作为否定对象，因为汉语句子内部层次性十分明显。但在定式语言中，往往可以通过有标记的形式（如重音的突显）来实现这一点，这又称为"左向联系"，如下面英语对主语的成分否定：

（19）$\boxed{Everyone}$ didn't get his money.（意为不是每个人都得到了，而

　　　是有的人得到，有的人没得到。）

定式语言之所以可以这么做，是因为对它而言，成分否定主语和否定宾语都是采用同样的方式，即重音突显。但对汉语这一非定式语言而言，则有更为严格的限制，不容许出现"左向联系"，如下例中，无论"所有人、每个人"怎样重读，都没有"不是所有人都来了、不是每个人都有钱"的意思：

（20）a. $\boxed{所有人}$ 都没来。　　　　b. $\boxed{每个人}$ 都没钱。

有人认为，这是因为汉语的这两个句子中有"都"，所以干扰了语义。的确，汉语的这些句子确实一般都有"都"，但也可以找到没"都"的句子，它们也不能对左侧量化成分进行否定：

(21) a. 每天没有一分空闲。 b. 所有比赛不超过一个小时。

三、否定域与成分否定的实现

否定形式的句法辖域是指否定形式作为一般性成分(不考虑语义内容纯粹看句法位置)在句子(表层)结构中所管辖(government)的句法区域,而否定域(scope)则是指被否定形式所约束的、代表所否定的命题或命题的一部分的那个成分或结构(即语义上实际被否定的那个部分)。不同的否定形式有不同的句法辖域与否定域,总而言之,定式语言的句子否定形式长于真值否定,而短于成分否定;非定式语言正好相反,长于成分否定,而短于真值否定。

(一)定式语言面临的困难

全句否定形式处在整个小句之外,它们都以整个小句为其句法辖域,其否定域也是整个句子,在语义上往往是真值否定;这类语言很难直接进行成分否定,需要其他手段的辅助,如对比结构、重音、话题(焦点)标记等。

核心否定形式,它依附在小句的核心成分之上,因此该否定形式的句法辖域就是该核心成分以及该核心成分所管辖的那些句法区域。不过,虽然在句法上否定形式只管辖句子的一部分,但在意义上则是以全句作为其否定域,所以在语义上也往往是真值否定;这类语言也很难直接进行成分否定,需要其他手段的辅助。如英语就是这样(引自 Givón 2001:380—381):

(22) a. John didn't kill the goat.(> He did *not kill the goat*.)真值否定

b. John didn't *kill the goat. It's not* John *who killed the goat.*

John *didn't kill the goat,* Bill *did.*

(有人杀了山羊,但不是 John。) **成分否定主语**

c. John didn't kill the $\boxed{goat}$. It's not the $\boxed{goat}$ that John killed.

(John 杀了什么,但不是山羊。) <u>成分否定宾语</u>

d. John didn't $\boxed{kill}$ the goat.

(John 对山羊做了什么,但没杀它。) <u>成分否定动词</u>

可以看到,无标记时如(22)a 是真值否定,而成分否定 b、c、d 则需有重音、分裂句式或对比句式等有标记手段;又对英语而言,真值否定时否定域不在句法辖域之中;在成分否定时,实际上否定域也和句法辖域没有关系,因为可以成分否定主语,而此时主语并不在句法辖域之内。

定式语言对 VP 中附加成分的成分否定存在着更大的困难,往往依赖重音和语境,如:

(23) a. She didn't write the book $\boxed{for\ her\ father}$.(她写了书,但不是为她父亲。)

b. She didn't write the book $\boxed{with\ her\ sister}$.(她写了书,但不是和她姐姐一道。)

c. She didn't flunk $\boxed{on\ purpose}$.(她退学了,但不是有意地。)

d. She didn't come $\boxed{Saturday}$.(她来了,但不是周六。)

e. She doesn't visit $\boxed{often}$.(她来过,但不是经常。)

如果在重音上模糊一些的话,将会产生歧解,例如:

(24) I didn't come because I was afraid.

意义一:我不是因为害怕才来的。(成分否定原因从句)

意义二:我因为害怕所以没来。(真值否定)

有时,需要依靠句子的语义内容来帮助我们做出选择(例引自 Jespersen 1924,2012:513):

(25) I didn't call because I wanted to see her.(我不是因为想见她而来拜访的。)

I didn't call because I wanted to avoid her.(我因为想避开她所以没来拜访。)

"想避开她"那么一般就不会来拜访,而"想见她"那么一般就会来拜访了。

对于成分否定而言,定式语言除了通常采用的重音、对比句式外,还会采用一些特殊的、代价很大的操作,如英语的分裂句式。这里再介绍一种特殊的句法手段:移位。例如,当句子否定形式或"Neg+X"整体在句首或句尾操作时,有的语言中有一种语法手段,即将要否定的那个成分移位到该否定形式或"Neg+X"整体的附近,或与其结合,从而表明所否定的是该成分,而不是整个命题的真值。这种方法颇有"君不就我,我即就君""山不转则水转"的意味。显然,这需要该语言的小句内语序相对的自由,因此采用这种方法的语言不多。如 Bikol 语的正常语序是 VSO,首先其真值否定(26)b 与肯定句 a 语序相同,仅是在句首加了一个否定形式"da'i"(例引自 Givón 2001:386—387):

(26) a. nag-gadan'ang-lalake ning-kanding(那个人杀了山羊。)

perf/agt-kill top-man acc/indef-goat

b. da'i nag-gadan'ang lalake ning-kanding(那个人没杀山羊。)

neg perf/agt-kill top-man acc/indef-goat

而在成分否定时中,它采用的策略是把所否定的成分移到该否定形式之后,并加上话题标记。如下面(27)a 中的人,b 中的山羊:

(27) a. da'i 'ang-lalake nag-gadan ning-kanding[那个人没杀山羊(虽然别人杀了)。]

neg top-man perf/agt-kill acc/indef-goat　否定主语

b. da'i 'ang-kanding g-in-adan kang-lalake[那个人没杀山羊(虽然杀了别的什么)。]

neg top-goat　perf/pat-kill agt-man　否定宾语

有的语言只有部分成分可以移位,如在莎士比亚时代,英语中还少见副词与"X＋neg"整体的互动,但当代英语中已经可以将副词移入"X＋neg"整体之后,以实现对该副词的成分否定:(例 a、b 引自韦钰婷 2010)

(28) a. I <u>don't wholly</u> agree with you.我并不完全同意你的意见。

　　 b. I <u>wholly don't</u> agree with you.我完全不同意你的意见。

　　 c. * I don't wholly don't agree with you.我并不完全不同意你的意见。

(29) a. I <u>don't really</u> know what has happened.我不是真的知道发生了什么事。

　　 b. I <u>really don't</u> know what has happened.我真的不知道发生了什么事。

　　 c. * I don't really don't know what has happened.我不是真的不知道发生了什么事。

从表面看,这和汉语的情况很相似,但实际上它们是两种完全不同的结构。英语中是副词改变位置,而否定形式不变,因此全句仍然必须只出现一个句子否定形式 not,例(28)c 和(29)c 都不合法;而汉语中是副词位置不变,只不过可以在两个不同的层次上分别插入各自的小句否定形式罢了,因此汉语可以有例(28)c 和(29)c 中文翻译那样的结构。

(二) 非定式语言的问题

由于汉语句子严格遵循多层套叠的主从结构,而主从之间在语义上也是严格的套叠结构,所以在成分否定时,其否定域必须严格遵守表层句法结构关系,即它必须是其在句法上管辖的那一部分。如:

(30) a. 他在家不 |看书| 。　 他不 |在家| 看书。　 他不在家 |看书| 。

　　 b. 有人没 |书| 。　 没 |人| 有书。

这种现象有的句法理论又称为"否定浮动"(negative floating)或"否定移

位"(negative moving)，但实际上它只是句子否定形式插入不同的主从层次上罢了。还可以在不同的层次插入多个句子否定形式，它们的否定域也都在各自的句法辖域之内，如：

（31）你不 应该 不 在家 看书。

这一规律使汉语可以很好地进行成分否定，但在汉语中也有一些困难，如：

1. 汉语句子否定形式所插入的诸多句法位置中，一定存在一个句法位置，在无标记的情况下，否定形式在该位置就是进行真值否定，即此时的否定域是全句，称其为"真值否定位置"如：

（32）a. 他没睡觉。　　　b. 他不把书还给她。

c. 他在学校不好好读书。d. 他没吃完。

这种真值否定位置有两个基本性质：1）不规律性，即对有的句式来说，可能是动词（a），对另一些句式而言，则可能是其他成分，如介词（b）、方式副词（c）或述结式的前面（d），目前还找不到一个统一的规律来解释。2）模糊性，即使是在真值否定位置，也有可能进行成分否定，如例（33）c 完全可以只否定"好好"，而不是否定读书的事。

2. 虽然非定式语言可以很方便地进行成分否定，但有时它依然需要其他符号或语言形式的帮助，因为汉语小句中能插入句子否定形式的位置毕竟是不完备的，如无法插入谓、宾语之间等位置，这时就仍然需要借助其他语法手段的帮助，这些手段中最重要的也是重音，如：

（33）a. 他不喜欢在教室看书。（真值否定）

b. 他不喜欢在 教室 看书。（成分否定）

c. 他喜欢在教室不看 书 。（成分否定）

（34）他不看小说。（真值否定）他不看 小说 。（成分否定）

汉语也依赖认知语义上的突显来确定否定域。一般来讲，在动宾关系中，动词为事件框架,宾语为事件提供细节;状中、中补关系中,中心语为事件框架,状语和补语为事件提供细节;有量化成分(动量、时量、物量等数量成分,以及表量的副词等)时,数量成分为事件提供细节;等等。因此,宾语、状语、补语、数量成分等优先成为被否定的成分。如:

（35）a. 他不<u>天天</u>去学校。　　b. 他不<u>经常</u>锻炼身体。

四、一个特例——当汉语发生类型改变时

现代汉语中某些方言,主要是西北的某些方言,以句尾位置为定式项,在句尾位置的成分担任句子核心,它一般是动词,也可以是其他成分,而所有的宾语和状语都需放在这一核心之前。这是一个根本性的转变,使该方言从非定式语言向定式语言转变,汉语原有的"多层套叠的主从结构"便不再存在。如王森(2001)描写的东干话,下面主要以王双成(2012)所讲述的西宁方言的情况来说明之。(除特别说明外,本节例句均引自王双成2012;本小节实例及观点向唐正大请教过,特致谢意。)

这一转变的原因一般认为是受到周围 OV 语言(如阿尔泰语言或藏语)的影响(如王森2001、王双成2012、唐正大2012等),但也有不同意的,如刘丹清(2005)说,类似的语序现象在西北地区陕甘宁疆的汉语方言中广泛存在,其中的关中方言等未必有直接与维吾尔语大量接触的机会,不像是维吾尔语的影响。他用一条"核心吸附"的总规则来解释:在东干话及汉语西北诸方言中,谓语的核心会将状语或情态成分中独立性弱的成分吸附过来,紧挨在谓语核心之前。所谓独立性弱,就是短小轻弱,主要是单音节成分,如否定词,在没有单音节成分的情况下,双音节成分也可能被吸附,如副词"一定"。他认为正是这条核心吸附规则,打乱了汉语辖域与语序高度一致的常规,造成了语序与辖域的错位。

我们认为,"核心吸附"说可以说明否定词与其依附成分之间的紧密关系,但不能解释以下三个关键性问题:为什么在该方言中小句核心位于句尾? 为什么在该方言中,句子否定一般就只能操作一次? 为什么在该方言中,会有"名词化成分"的产生? 要回答这些问题,远不是"核心吸附"那么简单,而是该方言正在"定式化"这一总运动在起作用。如此巨大的类型变化,是一个"系统工程",很难排除语言之间的影响,也可能有部分方言自身的性质在起作用,例如唐正大(2012)说,关中方言肯定式中不能缺少表示时体或情态意义的语气词,这种对时体或情态意义的特别关注,也可能是该方言定式化的一个重要促进因素。

除此之外,汉语普遍存在否定词与其依附成分之间的紧密关系,但为什么西北方言的"核心吸附"特别紧密? 我们认为,正是"定式化"这一总趋向导致了"核心吸附"现象的产生,使它显得比一般汉语方言更为紧密;这种紧密性是一切定式语言的通性;放大来讲,它实际上是人类语言的通性,一般汉语方言也不是不紧密,只不过它只要求在每一个层次上必须紧密,但由于多重套叠结构的缘故,否定词有时没有插入动词所在的层次,所以"显得不够紧密"而已。

下面看看该方言句子否定的变化。定式化之后,该方言就必须满足定式策略。在该方言中,句子否定形式是核心否定形式,即只有一个句法位置,就是作为句尾句子核心的前置否定形式。当句子核心为动词时,它只能加在动词之上,如(36)a;当句子核心为否定动词(以及由它演变来的元语否定)时,否定动词在句尾充当小句核心,如b;当句子核心为TMA成分时,否定词只能加在TMA成分之上,如c、d;当句子核心为判断动词"是"时,否定词只能加在"是"上,经常构成元语情态成分,如e、f。

(36) a. 我话个啊<u>冇</u>说啊。(我没说话。)

　　　b. 阿姐的房子那么大的个<u>没有</u>。(姐姐的房子没有那么大。)

　　　c. 明儿你们再来的<u>不要</u>。(明天你们不用再来。)

　　　d. 调货够俩,再买的<u>不要</u>。(调料够了,不用再买。)

e. 阿姐的房子那么大的个<u>不是</u>。（姐姐的房子不是那么大。）

f. 衣裳样子好看么，质量那么好的个<u>不是</u>。（质量不是那么好。）

西宁话"不要"相当于普通话"不用"，是"不＋动词/助动词"的谓词性结构，所以可以单独担任句尾小句核心；而其合音形式"覅［po³⁵］"则在意义上相当于普通话"别"，在功能上是否定副词，副词不再能独立担任小句核心，必须加在另一个成分×（×一般是动词）上，再由"覅＋×"整体担任句尾小句核心：

（37）a. 明儿你们再覅来。（明天你们别再来。）

b. 调货够俩，再覅买。（调料够了，别再买。）

这一语言类型上的变化导致了一种与一般汉语方言完全不同的成分否定现象。

首先，句子否定形式和它所依附的成分之间是一种紧密的关系，一般不能插入其他成分，只有极少数例外，如古代汉语"不之知"，法语的"Je ne le dis pas"(I do not say it.)，代词宾语"之、le"，可插入句子否定形式"不、ne"与定式成分"知、dis(说)"之间。

因此，在例(37)中，当对"再来、再买"进行否定时，否定形式不能加在它的外面，而必须插入其中去依附动词"来、买"，这就把"再"给"挤"到了外围，形成"再＋neg＋V"的结构；另一方面，和其他定式语言一样，虽然有这一句法上的强制，但语义上这是对句子整体的否定，故在语义上，"覅"否定的是"明儿你们再来"和"再买"这个整体；"再"依然可以充当否定域，被成分否定，只要它获得焦点重音。

这一点也可以解释西北方言中常见的"甚＋不＋A"形式，它常表示普通话的"不＋太＋A"结构的意义，如：

（38）a. 阿姐的房子<u>甚不大</u>。（姐姐的房子不太大。）

b. 家里水喝上的多了着，<u>甚没渴</u>着。（在家喝的水多，不太渴。）

看上去很奇怪，其实这是我们用汉语的眼光来看，才觉得奇怪，才觉得是

"错配";从定式语言角度看,一点也不奇怪,是它理所当然的语言策略,是"正配"。这里"甚"和前面的"再"一样,虽然是 VP 的一部分,但否定形式要依附在核心谓词上,所以在句法上,"甚"被"挤"到了外围;可是这一否定是对句子整体的否定,故在语义上,"不"否定的是"阿姐的房子甚大"这个整体,而"甚"由于是表量的(量化词具有很强的焦点性),所以依然会成为在语义上实际被否定的那个成分。其他具有相同定式性质的语言也往往是如此,如徐江(2011)所举例子。(另见唐正大 2012)

总之,VP 中除核心谓词以外的那些部分,在句法上全都被否定形式"挤"到了外围;但在语义上,它们都可以充当否定域,被成分否定;具体谁充当否定域,还可以通过其他符号或语言形式的帮助来实现,在西宁方言中主要依靠重音,也依靠一些语气词作为焦点标记,如下面的"垭、咬"如:

(39) a. 傢 好好儿 书不看/傢书 好好儿 不看。(他不好好儿看书。)

b. 我直接 北京 垭不走/我 北京 咬直接不走。(我不直接走北京。)

再如以下例子语序相同,依靠重音突出不同的焦点(例引自王双成 2012):

(40) a. 傢 教室里 书没看着。(他在看书,但不是在教室。)

b. 傢教室里书 没 看着。(他在教室里,但不是在看书,在做别的。)

c. 傢教室里 书 没看着。(他在教室不是在看书,而是在看别的。)

"把"字结构、时间成分、工具、处所、方式等,也是如此。(见唐正大 2012)再如士森(2001)的东干话例子:"很很地不热"指"不太热","光嫑瞧呢"指"不要只是看","都也不是好的"指"不都是好的"。

最后看唐正大(2012)中的一个例子:

(41) 我往西安甚没去过。/我甚往西安没去过。/我甚也往西安没去过。

　　这反映了定式语言的另一种倾向,即所否定的成分可以通过移位来突显,只不过与例(22)不同,"甚"是向句首移位,是向远离否定词的方向移位,其目的是获得"话题焦点"的地位,以实现突显它的目的。

　　受到上述基本性质转变的影响,西宁方言的其他方面也不能不发生调整,因为除句子核心外的所有的成分被放在前面,使得区别性标记也发达起来。一个是名词化标记"的、的个",如:

　　(42) a. 家里水喝上的多了着,那么渴<u>的个</u>不是。

　　　　　b. 我给你不给<u>的</u>不是。(我不是不给你。)

　　这一点是有句尾否定形式的 SOV 语言的一种策略,如韩语的长式否定前也要有名词化标记-i 等。名词化标记的功能是把前面的整个部分,包括谓词性成分"打包",一起担任句尾核心谓词的宾语。

　　另一个是宾格标记"哈",如:

　　(43) a. 我你<u>哈</u>不给的不是。　　b. 我以前傢<u>哈</u>甚认不得。

　　在类型学上,主格宾格标记与一致性关系共同构成一个句法语义维度,它是用来表示小句中与核心成分关系最密切的那个论元的。这一语法规则倒过来理解则是:如果一个语言没有西方语言学理论的那种小句核心成分(定式成分)的话,就没有必要建立主格宾格标记与一致性关系。而西宁话由于正在定式化,所以有使用主格宾格标记的内在动力。

　　最后应该看到,同是西北方言,在这一基本性质转变方面有快有慢,并不整齐。如唐正大(2012)所说的关中方言,在这方面就比西宁方言慢,表现为:

　　1. 有时动词后还可有宾语,或 TMA 成分后还可有谓词。

　　2. 两种语法策略——定式与非定式——在共时平面并存,因此在很多情况下有两种表述方式,这两种否定策略谁占优势因情形而异。

　　3. 没有发展出发达的前置成分的区别性标记。

五、结　语

我们可以从发生学上看到不同的策略的可能。儿童第一语言习得研究揭示，在否定获得中有一个普遍性的规律：早期都经历过将否定标记放在句子最外围的阶段，如英语的"no supper、no eat、no the sun shining"(Bellugi 1967)、汉语的"不天气冷才可以去游泳"(Erbaugh 1992)。因此，完全可以把[neg[X]]结构看成人类语言的最基本的否定结构（请注意，这一公式只表示内外，不表示前后关系）。不过，考虑到儿童及原始语言的简单性，有理由假定最初这一结构中X应该只是简单的NP、VP或AP形式，如单个的名词、动词或形容词等，如下所示：

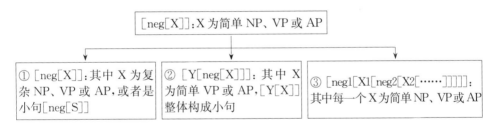

在从零句（词和词组形式）向完整的小句结构发展的过程中，从逻辑上看，至少有三个平行的衍化路径：

① 将X复杂化，并最终使它成为一个完整的小句。这一路径导致了"全句否定形式"的产生，最终形成[neg[S]]结构。

② [neg[X]]结构不变，X依然保持为简单的谓词，不过把它用在一个完整的小句结构中，去担任小句核心，这样一来，就形成了"核心否定形式"。它的特点是一个小句用一个[neg[X]]结构，如英语。

③ [neg[X]]结构不变，X依然保持为简单的谓词，但是用多个这样的结构形成套叠，从而形成复杂的多层句子结构，如汉语。

西方句法理论的核心，是小句结构；而小句结构中的核心，是定式项与定式成分。几乎所有的小句层次的操作,都会围绕着这一显性结构核心来进行。这就不难理解为什么生成语言学把小句称为 IP,并以 I(inflection)作为小句核心了。I 正是定式项与(部分)定式成分的集合,其中最重要的是时态和一致性关系,还有情态成分。句子否定的实质是否定小句所表示的命题的真值,而真值性正是由定式项实现的;故句子否定操作,如果不是在句子整体之外操作的话,就应当在这一显性结构核心上进行,并应当具有[定位性]和[唯一性]两个特征。这样的否定策略,长于真值否定,却短于成分否定。

但是,这一理论体系不合乎汉语的实际。汉语是时态、一致性关系等定式范畴没有完全语法化或语法化程度极低的一种语言,所以小句没有显性的结构核心,因此把西方"小句"与"定式"语法理论照搬过来,只能是"削足适履"。必须批判地吸收西方理论中的合理部分,并看到语言类型上的本质差异,即:汉语是一种非定式语言,小句是一种"多层套叠主从结构",其中每一层是一简单的论元结构,其谓词担任核心,只要不违反语义语用上的要求,每一层都可以进行句子否定操作。这样,在每一层中依然满足[定位性]和[唯一性]特征,但是对整个句子而言,则可以自由地出现多个不同位置的句子否定形式。这样的否定策略,长于成分否定,一般可以直接通过否定词的不同插入层次来实现之,但在明确的真值否定上有一些困难。

"非定式语言"是本文的核心概念,汉语很可能并非唯一的非定式语言,考察表明泰语和越南语的句子否定也呈现出不少相似的性质,有关研究尚待进一步开展。

参考文献

陈振宇《枢纽语法》,四川师范大学硕士学位论文,2003 年。

邓守信《汉语的否定》,*Journal of Chinese Linguistics* 2.2,1975.又见邓守信《汉语语法论文集》,北京语言大学出版社 2012 年版。

李然辉《香港手语的否定式》,《当代语言学》2011 年第 2 期。

刘丹青《汉语否定词形态句法类型的方言比较》,〔日〕《中国语学》2005 年总 252 期。

太田辰夫《中国语历史文法》,蒋绍愚、徐昌华译,北京大学出版社 1987 年版。日文原版
　　1958 年。

覃风余、黄阳、陈旁《也谈状语否定句的语序》,《民族语文》2010 年第 1 期。

唐正大《关中方言否定结构——兼谈西北方言中否定与状语的辖域》,2012 语言的描写与解
　　释研讨会论文,收入本辑。

王森《东干话的语序》,《中国语文》2001 年第 3 期。

王双成《西宁方言的否定句》,2012 语言的描写与解释研讨会论文。

韦钰婷《莎士比亚悲剧中的否定结构研究》,《柳州师专学报》2010 年第 4 期。

吴铮《藏缅语否定范畴研究》,中央民族大学博士学位论文,2007 年。

Bellugi, U., *The Acquisition of the System of Negation in Children's Speech*. Harvard Uni-
　　versity, 1967.

Dahl, O., Typology of Sentence Negation. *Linguistics* 17, 1979.

Erbaugh, M.S., The Acquisition of Mandarin. In D.I. Slobin(ed.) *The Crosslinguistic Study
　　of Language Acquisition*, Vol.3. Hillsdale, NJ: Laurence Erlbaum, 1992.

Givón, T., *Syntax: An Introduction (Volume I)*. Amstrdam/Philadlphia: John Benjamins
　　Publishing Company, 2001.

Jespersen, O., *Negation in English and Other Languages*. Historisk-filologiske Meddelelser
　　1. 5, 1917.

Jespersen, O., *The Philosophy of Grammar*. New York: Norton, 1924.又见廖序东主持翻
　　译,商务印书馆 2010 年版。

Payne, J., Negation, In Timothy Shopen ed. *Language Typology and Syntactic Description*,
　　Vol.1: Clause Structure. Cambridge: Cambridge University Press, 1985.

Stockwell, R. et al., *Integration Study of Transformational Theories on English Syntax*.
　　Los Angeles: University of California, 1968.

原载《语言研究集刊》第十一辑,上海辞书出版社 2013 年版

关于"们"与"-s"

陈光磊

现代汉语有些语素,如"了""着""过""们"等,不具备词汇意义而只表示某种语法意义。在说明它们的语法性质的时候,可以同印欧语中既有的一些语法范畴作比较。当然,这种比较不能流于仅仅用印欧语既有的语法范畴来说解汉语中这些语素的语法性质,因为汉语这些语素所表示的语法意义同印欧语既有的语法范畴所表示的意义是并不一定相同。譬如"了""着""过"缀加在动词后面所表示的语法意义,用印欧语动词的"时""体""式""态"等范畴都套不上。曾经把"了""着""过"当作是表示"时态"的,现在大家已经不再这样看了,因为这些语素没有印欧语动词的"时制"意义,即使说"态",也并不是印欧语动词的那种"态",而是一种行为过程的"动态",它们的语法特性还须深入探究。又如"们",同印欧语中"数"的语法范畴意义也并不一样。这里我们仅就"们"的语法性质问题说述一些看法。

有一种看法,认为现代汉语里的"们"同英语中表示名词复数的词尾"-s"具有相同的语法作用:表示与"单数"相对的"复数"(或"多数")。

在对外汉语教学中,这种讲法无助于外国学生学会正确使用"们"。外国学生在汉语习得过程中常会出现用错"们"的病句,如:

(1) 英国大学们的中文系不很多……(Colleges in England don't have many chinese departments……)

（2）一九八一年九月二十六日，二十七个利兹大学的同学们到了中华人民共和国。（On September，26，1981，twenty-seven students from Leeds university arrived in the people's Republic of China.）①

（3）在饭馆里遇到了两个复旦同学们。（met two Schoolmats of FuDan University on the rectaurant.）

这类病句的产生，一方面固然可以说是外国学生汉语习得中母语（英语）的干扰（或负迁移），但另一方面，也不妨说是同我们汉语研究和教学上对"们"的语法性质说解得不够清楚有关；于是外国学生就把"们"与"-s"的语法功用看作是相同的了。

其实，"们"与"-s"的语法性质和作用并不相同，两者所表示的数量意义也并不一样。

1. "们"只适用于指人名词和人称代词，如"人们""学生们""战士们"和"我们""咱们""你们""他们"，表示人物的集合数量；它不适用于一般非指人的名词，不能有"书们""商店们""大学们""狗们""老虎们"之类的用法。只在书面上可以用在物称代词"它"之后而有"它们"这种非指人意义。还有，修辞上如果将物拟人，也可加"们"：

（4）外国人说听觉敏锐的人能听见跳蚤的咳嗽；那一晚上，这副尖耳朵该听得出跳蚤们吃饱了噫气。（钱锺书《围城》163页）

至于"-s"则不限于指人名词，而是适用于一切可数名词的，在这一点上，它的范围比"们"广；但它不能用在有关的代词后面，在这点上它的范围又不如"们"大。这可以图示如下：

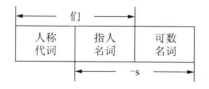

_____

① 例1、2引自任念麒《对比分析和留学生汉语教学》，刊《对外汉语教学论文选》，中国教育学会对外汉语教学研究会，1983年。

2. 缀加"们"的名词或代词在语句中对于相关的词并无数的一致要求和限制。如说"我们是学生",用了"我们",非但"是"不必(而且也不具备)有"复数"的表示;就是"学生"也不必(而且也不能)有"复数"的表示,不必也不能说成"我们是学生们"。而这在英语就得说成"We are students",are(是)和 students(学生)都是复数形式,否则语句不合法。名词加"-s"成为复数对相关词语(如动词、代词、指示词等)要求有数的一致性,这在英语语法是必须的;"们"则不然,汉语语法没有这样的必要性。这是由汉语语法系统的整体性特点所决定的:汉语不具备印欧语那样的形态变化系统。"们"在汉语语法系统中的地位同"-s"在英语语法系统中的地位是并不恰相对应的。

3. 特别值得注意的是,"们"与"-s"在运用上有不同:缀加"们"对于汉语人物名词表示集合量的"复数"是充分条件,而并非必要条件;而"-s"对于英语可数名词的表"复数"不但是充分条件,而且也是必要条件。在汉语里,"学生们"固然表示"不止一个"的意思,即所谓"复数"形式;但"学生"并不一定就是表示"只有一个"的意义,即所谓"单数"形式,而同样可以表示"复数",如:"你的学生都来了。"句中"学生"虽未加"们",表示的却是"复数",因为副词"都"表明所指"不止一个"。而即使不用"都",说成"你的学生来了",句中"学生"是"一个"还是"多个",就得靠语境来判别,单从语法上无法断定"学生"的"数"。但上两句中如都用"学生们"则一定是"多个"学生,是"复数"。总之,有了"们"一定是复数性的,而不用"们"却不一定就是单数性的。而"-s"之于英语可数名词,则凡表复数都是必要的。

4. 如上所说,缀加"-s"对于英语名词的计论数量是必要的。所以,名词前边有了计量数词,就必须缀加"-s",如 two books(两本书)、five students(五个学生);不缀加"-s",即不合语法。这是强制性的。而"们"则不然,在指人名词前有了确定的数量词,就不能再缀加"们",不能说"五个学生们""八个演员们"。而且这也是强制性的:不是可加可不加,而就是不能加;加了就不合语法。

对"们"的这种语法性质,王力先生曾经作过如此解释:"'们'字……表示了指人复数。有了数目字不再用'们',这不能认为构形法的不能普遍应用,应该认为:有了数目字之后,单数或复数已经很明白了,就没有加'们'的必要了。"①这似乎并没有把问题说清楚。英语的名词不正是因为前边有了一以上的数目字才须得加"-s"的吗?two books、five students 等名词前面有了数目字,复数当然已经明确,但正是这样,就一定要加"-s"来构成名词的复数形式。在汉语里,有了确切计量的数目字而不能加"们",这是因为"们"的语法性质与"-s"不相同,它在语法上所表示的数量意义并不就是"-s"所表示的那种复数意义。

5. 关于"们"的语法性质,它所表示的语法意义,在汉语语法研究上也提出了一些不拘于一般表数意义的见解。

陈望道先生认为"们"是用来表"统括"和表"概余"的,如"同志们""战士们",就是加"们"用来统括指称若干名或众多的"同志"和"战士"的;而如"我们""张三们",就是用"们"来举一以概其余(同伴或同类)的。②这就是考察到了"们"与一般表数方式的不同。

陆宗达、俞敏先生认为"们"作为名词的词尾,是"表示量的","凡是加上'们'的名词都加上'好几个'的意思,比方'学生们''孩子们'。只有称呼人的名词才有资格用这个词尾……"③这也就是不拘于一般的表数意义,而点出了"们"的集合量的意义。

胡裕树先生主编的《现代汉语》则明确指出:

"们"经常附着在指人的名词后边,表示"群"的意义。"群"是不计算数量的多数,同它相对的格式是计算数量的多数。如"同志们"和"×位同志"

---

① 王力《关于汉语有无词类的问题》,《汉语的词类问题》(第二集),第50页。
② 陈望道《文法简论》,上海教育出版社1978年版,第90、91页。他的看法在1953年《语文知识》四月号就由王大生(倪海曙)"文法随笔"作了说述。
③ 陆宗达、俞敏《现代汉语语法》(上册),群众书店1954年版,第56页。

相对。因此用了"们",前边就不能再用数词和量词了。我们可以说"全体同学们",但是不能说"三个学生们"。"们"附着人称代词后边表示多数,同它相对的是"单数"。"我们、你们、他们"是"我、你、他"相对的多数形式。①这就把"们"的语法性质和语法意义揭示得更加深刻和更加清楚了。

6. 不同语言表达数的语法手段可以是不同的。一种语言本身计数称量的语法方式往往也不是那么单一的,而可以有不同方式。汉语指人名词表数的基本方式可能有两种:

〈1〉计量的称数法,用"数词·量词·名词"的配置式来表示,如说"三个学生"、"五位演员",指的就是个体单位量累计相加的和:"三个学生=(一个)+(一个)+(一个)学生。""五位演员=(一位)+(一位)+(一位)+(一位)+(一位)演员。"这是着眼于人物数量的计算,所用的方式也就是一般名词计数称量的方式。

〈2〉论群的称数法,也可以说是非计量的称数法,用缀加"们"来表示:"学生们=若干名或众多学生的集合。"说"学生们",不在于计论学生数量的多少,而在于指称学生的某一群。"群"是个体的集合,当然在数量上也不妨可以看作是一种"多数"或"复数"。而在汉语语法上这种集合量的"统数"表达法与累计量的"和数"表达法是两相对待的。如说"五个学生都说明了自己的情况",那就是指五个学生各自说了各自的情况,不允许有人不说,一般也不必包含五个学生之间相互的说明;而如说"学生们说明了自己的情况",那就可能不单指一群学生各自说明各自的情况,而且可以包含学生之间相互的补充说明,甚至可以允许其中有人并没有说什么——这就是因为说"学生们"是把它作为一个整体或集体看的,而说"五个学生"是作为五个个体的加合看的。

英语语法上,可以说并没有明确划分出上述这两种不同称数法。而"-s"既

---

① 胡裕树主编《现代汉语》,上海教育出版社 1981 年版,第 330 页;又胡裕树《从"们"字谈到汉语语法的特点》,《语文园地》1985 年第 12 期。

可用于计算数量,也可用于指论群体,它所适用的范围比"们"要广泛。也可以图示如下:

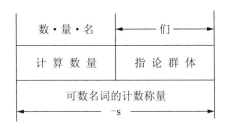

7. 鉴于上述关于"们"是表"群"意义的认识,我们认为可以对下面一些语法问题或语言事实作出适当的解释。

〈1〉为什么指人名词前边有了确切的数量词就不能再加"们"?为什么"三个学生们"、"八位演员们"的格式在汉语里是不合法的?这是因为它混淆使用了计数和论群两种不同的称数方式,反而称数不当。前面所引述王力先生的解释没有能说明这一点,只认为是避免数量的重复,就显得说服力不足。也可以说,"数·量·名"的配置式表示的是累计量,确切量;"们"的缀加式表示的是集合量,模糊量,是两相对待的。把相对的表达方式混淆使用会使语法手段失去规则性和明确性。所以,汉语里事实上不存在"三个学生们"这种不合法的说法。而且中国人在汉语习得过程中一般也不会出现这样的错误。

〈2〉在汉语的事实里却存在着"诸位先生们""那些孩子们""全体同志们""二三十个婆姨们"一类的说法。有些语法学家认为这些说法不合法,理由是前面既有表数量的词就不能再加"们"。有些语法学家则承认这样的说法在汉语里是合法的,而且还是一种"有生命力的用法"①。根据上面对"们"的语法性质的讨论,应当承认这些事实上普遍存在的配置式在汉语里是合法的,因为这些

---

① 参见邢福义《论"们"和"诸位"之类并用》,《中国语文》1960年第6期;又程观林《"们"的一种有生命力的用法及其修辞作用》,《汉语学习》1985年第1期。

配置里名词之前的数量词是不定的,其作用并非在于计算数量而也在于指论群体,缀加"们"就使之论群意义的表达更加充分,更加明晰,更加形式化。可以说,"七八个孩子"与"七个孩子"或"八个孩子"这样确切计量的用法不同,而与"孩子们"的计量用法属同一范畴,表示的是集合量、模糊量,是指"群"。因此,虽然名词前面有了确定数量词就不能缀加"们",但名词前面若带不确定数量词(全称量、大概量、不定量等),则仍可加"们"(当然,也可不加"们"——如前所说,"们"对表"群"通常是充分条件,而并非必要条件)。

同时,汉语里有些词语本身已经是群体意义,但在用法上仍允许加"们",如"民众们""观众们""听众们"等①。甚至在"一群""一伙"这样的数量词后面也可加"们",如:

(5)大家一望见一群莽汉们奔来,纷纷都想躲避。(鲁迅《理水》)

(6)三仙姑又团结了一伙孩子们,比当年的老相好更多,更俏皮。(赵树理《小二黑结婚》)

(7)恽成抬头看去,那边灯光锃亮,门口又聚着一群妇女和孩子们,周汉生刚从屋里走出,朝公路跑来了。(高晓声《老友相会》)

这些语言事实,一再显示出"们"对于表示群体意义的词语具有相容性。

〈3〉在汉语事实里也存在着个人名词加"们"的用法。例如:

(8)门外是大良们笑嚷的声音。(鲁迅《孤独者》;"大良"是一个孩子的名字。)

(9)几个孩子聚在屋外,就是大良二良们。(同上)

(10)跟女掌柜算帐的时候,鸿渐说这座客店里跳蚤太多。女掌柜不答应,说他店里的床铺最干净,这臭虫跳蚤准是鸿渐们随身带来的。(钱锺书《围城》,163页;"方鸿渐"是作品中一个主要人物。)

---

① 参见朱林清《说"观众+们"之类》,《中国语文通讯》1985年第3期。

(11) 老杨同志指出他不会接近群众,一来就跟<u>恒元们</u>打热闹,群众有了
问题自然不敢说。(赵树理《李有才板话》;"阎恒元"是作品中一个地主。)

有些语法学家认为这是违反语法的,他们觉得一个人不能成"们"①。可是,
事实上这样的用例却是具有相当的普遍性的,决非个别作家个别作品的特例。
陈望道先生指出,这是"们"的概余用法:举一以概括其余(同伴或同类)来表示
所指的是成"群"的。这对于表"群"法式来说是可以理解的。"我们"这一形式
的存在和成词,就说明了"们"具有概余的功能:"我"只有一个;而"我们"就是
"我和我的同类或同伴"这样的一"群"②。因此,应当承认"们"的这种概余用例
在语法上的合法性。当然,英语中"-s"也可加在个人名词之后表复数,但似乎不
及汉语中"们"这样的普遍和活跃。

〈4〉"们"指"群",也就是表示集合的统括量的。这样,如果将两个具有对称
关系的人算作一个整体,也可以加"们"。如:

(12) <u>夫妻们</u>在自己卧房里有时候免不了说玩话:小二黑好学三仙姑下
神时候唱"前世姻缘由天定",小芹好学二诸葛说"区长恩典,命相不
对"……(赵树理《小二黑结婚》;"夫妻们"即指小二黑与小芹一对夫妻。)

(13) 邻居们见是<u>兴旺弟兄们</u>捆人,也没有人敢给小二黑讲情……(同
上,"兴旺弟兄们"即指金旺、兴旺弟兄两个。)

(14) 这些还没有见他<u>母子们</u>宣布。(赵树理《孟祥英翻身》;"母子们"
即指孟祥英的婆婆和丈夫两人。)

他如"婆媳们""姑嫂们""妯娌们""父子们"等等也便是同样的用法。这又正是
"们"的统括成"群"功能的一种表现。

---

① 陆宗达、俞敏《现代汉语语法》(上册)第56页说:"有人喜欢把'小张儿跟他的朋友或者伙伴儿'
写成'小张儿们',那是违反语法规律的,因为并没有'好几个小张儿们'。"按,其实"小张儿们"的说法是一
种以"们"概余之用,在表义上是明确的,在语法上也具有约定俗成性。

② 陈望道《文法简论》,上海教育出版社1978年版,第90、91页。

正因为"们"具有这种统括成"群"的功能,所以它也就可以用在一组指人名词之后,把这些人物统括起来。如:

（15）家乡的父老兄姐们,总以为从这块富饶丰腴的大地上走出去的人都能大有作为。（高晓声《丢在哪儿》）

（16）她同伯叔们、婆婶们、兄弟姐妹们,没有任何过不去的地方。（高晓声《磨牙》）

别的像"诗人、作家、评论家们"也是同样性质的用例。可以说,"们"之所以能加在词组或短语的后面,就在于它不像"-s"那样仅仅是一种表数的语素,而是一种表"群"的语素。

8. 综上所述,我们可以对"们"的语法性质和语法意义作这样的认识和说明:

〈1〉"们"是汉语里表示人物群体意义的缀加语素,适用于指人名词和人称代词。

〈2〉"们"作为论群的多数,而与"数·量·名"一类计量的多数是两相对待的:"们"表示的是集合量、模糊量,"数·量·名"表示的是累计量、确切量。这两种表达法不可混淆使用。但如果名词前所带数量词是不确定量或指论群体的,允许加"们",因为这时表达的意义不在于确切计量而在于统括论群。

〈3〉"们"对于表示"群"这种集合量的多数意义通常并非必要条件,而是一种充分条件。

〈4〉"们"的用法有两种:一是统括,一是概余。这样,在对称关系的两个指人名词之后、在词组（一组指人名词）之后以至在个人名词之后都允许加"们"以指群。

这些特性使得"们"与英语复数词尾"-s"有相当的不同。了解和阐明这种不同,对于我们的汉语教学特别是对外汉语教学是十分必要的,是有所助益的。

原载《复旦学报（社会科学版）》1987 年第 5 期

汉、英主要"事件名词"语义特征[*]

陆丙甫

一、从 act、move 跟 action、movement 的对比看"复杂度象似性"

表示动作、行为、事件之"过程"的名词,可统称"事件名词"。词类分析中,问题最多的就是"事件名词"跟动词之间的纠缠。

并非所有动、名兼类词中的名词都是事件名词。英语 construction 表示"建设"的义项,如在 under construction(建设中)中,是事件名词,而表示"建筑术、结构体"等的义项就不是。也就是说,只有表示"事件过程"的才是严格意义的,或者说是典型的"事件名词"。问题是,这一点并不总是很明确,特别是事件的"状态"意义,跟"过程"意义很难区分,如"微笑"等,这一点我们将在第 4 节讨论。

先看一个简单的例子。英语的 act 兼有动词性和名词性。作名词表示"法令、条例"时不是事件名词,而表示"动作、行为"时就是事件名词。同源的 action 却只能是个名词,而且是事件名词。

act 作为事件名词时跟 action 的意义差别,一般语法文献都认为 act 指比较短暂、简单的行为,而 action 指过程较长的复杂行为或抽象行为。葛传椝

* 本文是第 16 届现代汉语语法学术讨论会(2010,香港)论文的一部分,感谢与会者的宝贵意见。特别感谢吴为善、刘辉、钟鸣、罗进军、韩蕾对初稿提出不少具体意见和建议。

(1960:21)对此有很具体的解释："act 指一时而简单的动作,action 指继续而复杂的动作。如你看见有人倒在地上,扶他起来,这是 act;要是不但扶他起来,而且替他叫车,送他到家等,那是 action。"例如,In the act/* action of pulling up the old lady, he himself slipped and fell。计划中的行动通常也用 action,因为计划好的行动通常比即兴偶发的行动更复杂。

当然,这个界限是主观的,如 act of God,指"天灾",天灾现象并不简单,为何其中用 act？这就跟主观感知意义有关。如果把天灾看作上帝的作为,对于上帝来说,当然是极其简单的。

move 跟 movement 的区别也很相似。作为事件名词,move 是可数名词,表示具体的一次性动作,如棋子的一步移动等;而 movement 主要是具有集合名词性质的不可数名词,比较抽象;作为可数名词,还可以表示社会运动,如"废奴运动"是 the movement to abolish slavery。

专职事件名词通常在动词上添加名词词缀派生而来,形式上也比较复杂。上述例子表明,事件复杂性跟形式复杂性之间存在某种象似性关系。本文下面的分析表明,这种象似性具有极大普遍性。

二、从汉英对比看事件复杂性跟名词性的关系

大致上相当于 act 和 action 的汉语对应词是"动作/行动"和"行为"。"动作/行动"比"行为"简单,因此"动作/行动"兼有动词性(如"有所动作、行动起来")和名词性("小动作、政治行动"),而"行为"只有名词性("* 有所行为/* 行为起来""政治行为"),基本跟英语对应。可见,越是复杂的事件,越容易编码为具有名词性的兼类动词甚至专职的事件名词,或者说,表达越是复杂的事件的词,其名词性也越强。

换一个角度,如果把动词 act 和事件名词 act 看作同一个"词"的话,也可以

说,act 比起 action,动词性比较强而名词性比较弱。这说明,复杂行为比起简单行为,其意义更容易编码落实为专门的名词形式。

如在 Hornby(1970)中,act 可理解为事件名词的第一个义项是 something done,例子是 To kick a cat is a cruel act。第二个义项是 process of, instant of, doing,例子是 The thief was caught in the act of breaking into the house。第一个义项的例子中的行为比第二个义项例子中的行为更短促、简单。第二个义项更强调了"过程"(process),才是典型的"事件名词"意义。而 action 可理解为事件名词的主要解释就是 process of doing things, movement,相当于 act 的第二义项,即典型事件名词的义项。act 的第二个义项,即次要义项,才是典型的事件名词,而 action 的第一个义项,即主要义项,已经是典型的事件名词,由此可见,action 比 act 更接近典型的事件名词。由此也可见,复杂事件更容易编码为事件名词。

例(1)中几个意义相近而词性不同的词(吴为善在上海 XY 沙龙讨论中提供)也反映了这一点。

(1) 打仗(动词);战斗(动词、名词);战役、战争(名词)

例(1)这组近义词中,根据历时长短和规模来说,是一个比一个复杂。一场战争可以包括许多战役,每个战役可以有若干场具体战斗,一次战斗又可以有几仗。因此有下面的说法,而倒过来的说法"这次战役有三场战争"等都会很别扭或不可接受。

(2) a. 解放战争有三大战役　b. 这次战役经历了三场战斗　c. 这场战斗打了好几仗

更具体地说,"打仗"最具体,往往表达一次性行为,因此是十足的动词。而"战斗"可以是短期的,也可以是长期的,因此兼有动词性和名词性。"打仗"和"战斗"都有较大"偶发性"("正式性"的反面),可表示遭遇战,而"战役"是有部署的战斗,比较复杂。"战争"可以是包括许多战役的、历史更长的更复杂的事件。因此两次"世界大战"都是"战争",而不是"战役、战斗"等等。①

英语中的情况也基本相似。对应词项以复杂度从低到高排列,是 fight、battle、campaign、war。其中最简单的是 fight,因为两个人之间也可以有 fight,而其他几个词所表示的冲突都是指群体之间进行的,行为最复杂的是 war。相应地,fight 的名词性最低,动词性最强,可以说基本上是动词,是带有名词性的动词。而 battle、campaign、war 主要是名词,偶尔用作动词。它们的兼类,与其说是动词名物化,还不如说是"名词活用为动词",是临时性的动词。并且 battle、campaign、war 这三个词,随着行为逐渐复杂,用作动词的概率也越低,war 用作动词是最罕见的。

相似的例子还有"告诉(动词)、讲述/描述(兼类)"及英语中的对应词 tell、narrate(narration)、describe(description);"做/制造(动词)、建设(兼类)"和 make、construct(construction)。

例(3)反映了动词从左到右随着行为的复杂性增加,名词性逐渐增加,即编码为名词的可能性逐渐增加。

(3)

	单音节动词	一般双音节动词	兼类名动词	专职事件名词
例子	猜、想、打	打算、猜想、打仗	规划、假设、战斗	手术、仪式、战争

当然,伴随着"复杂性"的,可能还有一些其他语义特征,如"正规性",即事件事先的"计划性",如"打算"是比较随意的"规划",而"规划"是周密的"打算",因此有"进行规划/*打算"的对立(陆丙甫 2009)。

"相信"和"信任"的句法表现很不同,沈家煊、王冬梅(2000)和高航(2010)从不同的角度进行了解释。两个词的基本差别表现在"相信"没有名词性而"信任"有名词性,而这种差别也可以通过复杂度来解释。"相信"可以是一时的心

---

① 时间表达也有类似的现象,表长期的时间单位"世纪、年代、季度、月、小时"都有明显的名词性,表短暂的时间单位"刻、分、秒"都只能是量词(陆丙甫、屈正林 2005)。

态,其宾语可以是临时的事件;而"信任"必须是长期的心态,其宾语不能是事件,必须是稳定的指称对象,如人物等。长期的心态比临时的心态复杂,至少其形成过程比较复杂,需要更多时间。

大体上,英语中表示简单行为的事件名词,很少有专门名词形式的,几乎都是由动词直接兼任名词,即跟 act 一样。如英语中的 kick、jump、leap、punch、strike,也都通常指形式单一的简单动作;除 push、pull 等少数几个外,所表示的动作通常也都是短暂的。据钟鸣(2011:34)调查,《牛津高阶英汉双解词典》中,表示简单肢体动作的名词,全部用 act of V-ing 释义。反过来,意义复杂的行为,往往就有较复杂的专门名词形式,如 construct-construction、translate-translation、realize-realization、create-creation、theorize-theorization、commit-commitment、achieve-achievement、align-alignment、discuss-discussion 等。

三、"整体性"跟事件名词的关系

从认知上说,做谓语的动词是"次第扫描"(sequential scanning)的结果,而名词是"综合扫描"(summary scanning)的结果(Langacker 1991:21)。也就是说,名词在大脑意象中的整体性比动词更强。这不难理解,典型名词的所指都是占有空间并且边缘清晰的实体。根据这点可以推测,表达完整事件的词语更容易编码为事件名词。这一推测不难证明。我们来看"开始"和"结束"带"事件"宾语的词性差别。

"结束"的事件宾语的名词性显然比"开始"的强:"开始"的事件宾语可以是动词性的,也可以是名词性的,而"结束"的事件宾语通常是名词性的,如例(4);"结束"偶尔也可勉强带动词性宾语,但受到很大的限制,如例(5b)。

(4)a. 开始认真地/的讨论。　　b. 结束认真的/*地讨论。

(5)a. 开始学术讨论;开始讨论学术问题;开始讨论一些学术问题。

　　b. 结束学术讨论;? 结束讨论学术问题;* 结束讨论一些学术问题。

　　同样,英语中表"结束"的 finish 的动词性宾语只能用动名词 V-ing 形式,而表示"开始"的 begin、start 的动词性宾语可以是 to do 和 V-ing,也跟这种区别有关。在英语中,同为限定形式的动名词比起 to 不定式,名词性要高一些,这从例(6)中可以看出:

　　(6) a. She likes constantly/constant reading magazines.[①]

　　　　b. She likes to constantly/* constant read magazines.

　　(7) a. To make a living, Tom had tried writing, painting, and various other things.

　　　　b. * To make a living, Tom had tried to write, paint, and various other things.

例(6)表明,动名词能带形容词定语而 to 不定式不可以。例(7)表明,to 不定式不能跟名词短语构成并列项,即不宜当作事情去指称,而动名词可以。

　　不仅"开始"和"结束"的事件宾语在名词性的强弱上有差别,甚至"开始"跟"开始了"也有类似差别,因为"开始了"至少表示部分的结束。因此,"开始"的宾语可以是名词性的,也可以是动词性的,而"开始了"的宾语只能是名词性的:

　　(8) a. 开始　　认真的/地学习

　　　　b. 开始了　认真的/*地学习

　　(9) a. 开始　　政治学习/学习政治

　　　　b. 开始了　政治学习/*学习政治

　　(10) a. 开始　　战斗/打仗

　　　　 b. 开始了　战斗/*打仗

胡建华(2010)甚至认为表"开始、结束"的词本身也是后者比前者更容易落

----

　　① She likes constant reading magazines 的说法现在用得越来越少,可接受度在降低,但是总的来说仍然比 She likes to constant read magazine 高得多,两种说法在可接受度上的差别还是明显的。

实为名词:"不是所有的动词都可以被用作名词。一般来说,一个动词的物理形态越简单,即其拓扑构型越简单,其神经映像的结构也就越稳定,也就越容易被用作名词。比如,'开始'与'结束'这两个动词的拓扑形态最为简单,所以这两个动词作名词用应该比较容易。另外,'结束'和'开始'相比较,前者的拓扑形态还要简单,其映像结构因此更稳定,所以就更有理由作名词来用。"

这种差别也能用"整体性"解释。因为"结束"这一行为有起点有终点,整体性比较强。不过,这种差别尽管也存在但并不明显。如英语表示"开始"的 start 和表示"结束"的动词 finish 都有名词性。另一对中表示"开始"的 begin 和表示"结束"的 end,后者直接有名词性,前者的对应名词是 beginning,形式稍微复杂些。这一对才显示出"结束"意义更容易编码为名词的微弱优势。

还有一对不那么常用的 commence 和 terminate,其对应名词都是专职事件名词,分别为 commencement 和 termination。可以看出,这对非高频动词所带的事件宾语,通常指复杂事件,不会指日常生活中的简单活动。复杂事件的"开始"和"结束"当然也比简单动作的"开始"和"结束"更复杂,因此这两个动词的意义也更容易编码为高度名词性的专职事件名词。

事件名词意义上的整体性,在语音上也有反映。英语中如果动、名因为重音位置而分化,那么重音在前是名词,重音在后是动词,如 REcord 对 reCORD,IMport 对 imPORT,以及 project、construct、content……等等。像 combat 这种情况,作动词有两种读法,名词只有重音在前这种读法,也体现了同样的对比,不过程度没有那么大,界限不那么分明而已。沈家煊(个人交流)认为这跟名词具有较大的整体性有关,因为"重—轻"结构比"轻—重"结构结合更紧密,整体性更强(柯航 2007)。

其实,类似的现象还有用清、浊擦音来区分名词、动词或形容词和动词的例子,如 believe-belief、breathe-breath、bathe-bath、use-use、wreathe-wreath、clothe-cloth 这样的配对,因为浊擦音相对清擦音来说响度更大,这也可以说是

"重—轻"模式的延伸。当然,这些词都是"重—轻"模式,但感觉上,浊擦音收尾的动词形式比起清擦音收尾的名词形式,偏离"重—轻"模式更大。

并且,英语还有用重轻对比来分化名词和形容词的情况,如名词 ADept 和形容词 adEPT,形容词 loath 和动词 loathe 等等。

此外,英语中复合名词跟定名短语的差别也可通过重音位置来区分,如 BLACKboard(黑板)对 black BOARD/BLACK BOARD。复合词的整体性显然比定名短语强。

汉语也有这类情况。"劈柴"这类"动+名"结构,如果理解为名词性的"定名"结构,重音在前,如果理解为动词性的"动宾"结构,重音在后。

周荐(2002)对《现代汉语词典》(1996 版)中的叠音词做了统计,发现"1+2"节奏的 ABB 叠音词,71.5%都是形容词,如"虎生生、黄灿灿、灰沉沉、活生生"等,名词性的只有 8.65%,如"姑奶奶、老太太"等。而"2+1"节奏的 AAB 叠音词,69.70%都是名词,如"毛毛虫、泡泡纱、面面观、悄悄话、碰碰车"等,形容词只占 6.06%,如"飘飘然、呱呱叫"等。这也证明整体性较强的"2+1"节奏更适合表达整体性强的名词。

可以看出,如果重读位置区分"名词—形容词—动词"三个范畴中的两个,则必然是靠前的那个范畴优先采用重读靠前的模式。这一用重读区分词类的模式表明,形容词的整体性介于动词和名词之间,这可以作为它是名词和动词之间一个范畴的证明之一。

整体性强的节律结构倾向于表达整体性强的名词,整体性弱的节律结构倾向于表达整体性弱的动词。这是一种比较抽象的"声音象征"现象。

"整体性"跟"复杂性"之间有"无标记组配"或"自然关联"的关系(沈家煊 1999:26,31),不妨看作"复杂性"的延伸。

此外,还有其他跟事件"复杂性"有自然关联的语义。如胡建华(2010)根据 Thom(1983),指出名词性跟"语义密度"有关,认为名词的语义密度比动词高。

沈家煊①提出"虚实象似"原理,认为名词和动词的一个重要区别是名词意义较充实,而动词意义较虚灵,即"动虚名实"。"语义密度、虚实程度"都是相对的程度。以这些语义内容为参项去看词性,必然得出表示事件的名、动界限的相对性。

四、汉、英语中的"非自主"事件名词

上述关于行为的长期性、复杂性跟名词性的相关性,会遇到"喷嚏、哈欠"这类反例(刘辉提供,个人交流),这些行为并不复杂,但它们跟 war、"战争"一样是专职的事件名词。可以加入这类的,也许还有表示无意识行为的"梦"。类似地,英语中对应 sneeze、yawn、dream 虽然都是动词,但同时也都是名词。可见,这些意义的词容易落实为名词也决非完全偶然。

这些词所表示的行为、事件都有"非自主性",即这些行为现象都是"可控性和预见性"极低的。这两点似乎都跟非动词性有关。典型动词是施事可以自主控制的动作、行为。这些词表达的行为因为缺乏自主性,因此不是典型的动词。换一个角度也可以说,它们落实为动词比较难,因此就导致它们容易采取名词形式。需要陈述这些现象时,汉语中通常是一个没有实在意义的虚义动词加上这些名词,如"打哈欠/喷嚏、做梦"中的"打"和"做"。在英语中,则通常采用动宾同形重复的格式:to yawn a yawn、to sneeze a sneeze、to dream a dream。两种形式的共性是,整个事件的意义主要由动宾双方中的一方载负,另一方的意义是空虚或者冗余的。

有趣的是,跟英语一样,古汉语中的"梦、喷嚏"也有动词性,如"喷嚏"在下例的用法:

(11)傅黄中为越州诸暨县令,有部人饮大醉,夜中山行,临崖而睡。忽

---

① 中国社会科学院语言研究所 2010 年语言学沙龙上的报告《论虚实象似——韵律和语法之间的联系》。

有虎临其上而嗅之,虎须入醉人鼻中,遂喷嚏,声震虎,遂惊跃,便

即落崖。腰胯不遂,为人所得。(唐《朝野金载》)

另一类容易编码为名词的事件名词是表示自然现象的,如"(下)雨、(下)
雪、(起)风、(打)雷、(降)霜",以及表示灾害的,如"火灾、水灾、灾害"等。它们
所表达的事件,也都具有"非自主性"。它们作谓语时,通常需要一个虚义动词,
如"起风"中的"起";灾害类事件则可以加虚义动词"发生"。

不过,自然现象虽然有非自主性,但不一定是简单的,如"灾难、水灾、饥荒"
等。既然复杂性是事件名词的名词性的一个来源,那么,可以推论,比较复杂的
自然现象,更容易落实为名词,而简单的自然现象,更容易落实为动词。这一点
在英语中有所反映:事件性质较简单的 wind、rain、snow 等都有动词性,而事
件性较复杂的 disaster 就没有动词性。

"灾难"由于有复杂性,所以跟"战争、仪式"一类事件名词接近。这类事件
名词很容易让人联想到事件的有关参与者(这里主要是承受者),而简单的"风、
雨"等不是这样。这是复杂性除了事件过程复杂之外的又一个表现。"灾难"类
同时兼备了导致名词性的"复杂性"和"非自主性",因此名词性最强,这些事件
无法编码为动词,汉英两种语言都是如此。

最后,比较英语 rain 和汉语"雨",应该说 rain 更像事件名词而"雨"更像普
通名词,因为 rain 可直接用作动词,而"雨"不能。也就是说,汉语由于有"下雨"
这个格式的存在,"雨"的事件意义被"下"分去了一部分。虽然"下"可看作虚义
形式动词,但毕竟还带有一些实在的移动意义。

由此可见,"事件名词"的边缘成员及其隶属度,在不同语言中可以不同。

五、事件名词在英语中的边缘成员:"动作名词"

我们不妨把复杂"事件名词"看作"事件名词"这个原型范畴的核心成员。

事实上,复杂事件编码为名词具有极大的跨语言普遍性,如"革命、起义、政变、庆典"这类复杂社会事件,在各种语言中几乎都有名词形式。而事件名词的边缘成员,其语义在各种语言中差别就比较大。下面我们比较汉、英两种语言的边缘性事件名词。

英语中主要有下面三类边缘事件名词,它们在汉语中的对应词通常不是事件名词。第一类就是前面说过的表示简单动作的,如 act、move、jump、kick。这一类的汉语对应表达,通常要加"一"构成"一 V"才能获得名词的解读,如"他这一动"。

第二类跟声音发生有关,包括与人类发声有关的词:shout、call、cry、cheer、scream、shriek、screech、bellow、yell、squeal、whisper、chatter、natter、babble、mumble、mutter;ridicule、scoff、jeer、sneer;groan、moan、howl、growl、stutter、stammer、lisp、sniff;leer、laugh、guffaw、giggle、chuckle;gasp、pant、puff、snort、cough、sneeze、hiccup、burp、belch、whistle、wheeze、sigh、snore、snarl、fart 等。还有表示动物叫声的单词:bleat、neigh、whinny、snort、grunt、bark、meow、squeal、hoot、quack 等。最后还包括其他各种特别声音的单词:rattle、bang、bump、crash、roar、thud、thump、ring、peal、toll、pop 等。跟发声有关的兼类词,其名词意义类似"所V",即动作的结果或内容,在汉语中对应词要加上"声"构成"V-声"才是名词。

第三类主要是与人类表情有关的单词:smile、grin、frown、scowl、grimace 等。这一类词,在汉语中通常可加上"容"构成"V-容"(如"笑容")这样的对应名词。这种情况下,可以说是"状态",也可算广义的"结果"。

像 slap 这个词,可以说兼有第一类"短暂动作"和第二类"发声动作"的特点。汉语对应词"耳光"也是只有名词性而无动词性。

可以说,后两类英语的兼类词作名词时都是多义、歧义的:可以表示动作本身的过程,也可以表示动作结果或伴随的听觉和视觉的感受(声音和状态)。第二种解读已经不是严格意义的事件名词。

因此我们可以说,英语中这三类词作名词时,不是典型的"事件名词",至多是"事件名词"的边缘成员。

上述英语中常见的简单事件名词,汉语中都比较少见。其实,由于它们都代表简单行为,不妨称为"动作名词",以此跟表示复杂事件的典型"事件名词"区分开来。

这三类动词其实都可以算简单动作,英语中它们容易编码为名词的原因可能是因为动作太简单,"过程"不明显,而结果立竿见影,因此表事件的"过程"意义很容易跟"结果"意义混同起来。这类名词多数情况也是"过程"和"结果"两个释义都成立。

事件名词的意义中"过程"跟"结果"难以分清,是个认知上的事实。不仅简单动词如此,一些表示复杂事件的动词也是如此,如 Hornby(1970)对 achievement 的解释是"achieving、something achieved",后一半就是"结果",但仍把两个意义作为同一个义项处理。跟"过程"难以区分的另一个意义是"内容",如 discussion 的解释是"discussing or being discussed",后一半是"内容"。

虽然表示短暂行为和复杂事件的词都存在过程和结果难分的情况,但前者在这方面尤其容易混淆。因此英语中表示短暂的简单动作的动词往往直接用作名词。比较而言,复杂事件的结果落实为名词,通常也是专门、专职的名词形式,如跟简单事件 guess 相对而言较复杂的 hypothesize,结果更容易落实为专职名词 hypothesis。也就是说,简单事件因为过程跟结果很接近,编码形式也更一致,往往表现为同音。而复杂事件的过程和结果距离较大,因此编码形式也差别较大。这是语言象似性的又一个表现。

比较而言,复杂事件名词比简单动作名词更像名词,具有更大的名词性,因此往往加名词词尾。汉语情况也相似,相对来说,事件名词表达的事件越复杂,名词性也越强,也就越容易编码为专职名词。第 2 节比较了"打算"和"规划"在这方面的差别。虽然我们不能说"打算"完全没有名词性,但说其名词性没有"规划"的名词性那样强是有足够根据的。两者的名词性差别表现在这些例子中:"进行规划/*打算""建设规划/*打算"。"三个打算"中的"打算",该理解为结果性的"所打算的内容",如果要说是事件名词的话,也是"简单动作"一类的事件名词。当然,"规划"也有"内容"意义。应该把义为"过程"的"规划"(进行规划)和义为"结果内容"的"规划"(这个规划)作为两个义项处理,前者是典型的事件名词。而"规划中"则是有歧义的,一个意义可扩展为"正在规划中",另一个可扩展为"这个规划中"。

六、英、汉主要"事件名词"的比较小结

韩蕾(2010)考察了汉语的 2900 多个事件名词,把其中最典型的(同时通过她所设立的 6 个测试标准的)事件名词分成 15 类。本文通过汉英对比,根据它们在两种语言中编码为动词和名词的可能性和方式,把它们分成主要是社会现象的"复杂事件"和主要是自然现象的"非自主事件"两大类。前者包括了韩蕾(2010)的"战争类、会议类、比赛类、娱乐类、文体类、饮食类、礼仪类、考试类、课程类、时间类、活动类"这 11 类,后者包括了其"自然现象类、灾害类、梦类、疾病类"这 4 类。我们所选择的两个语义参项"复杂性"和"非自主性",都跟编码形式直接相关。

汉英比较显示,在事件意义的名词性编码方面,两种语言的共同点是,最容易落实为名词的都是复杂事件,表现之一是这类词往往容易落实为专职的名词。英语中这类词常常带有名词性的形态特征,如表示社会事件的 ceremony(仪式)、operation(手术)、celebration(庆典)、discussion(讨论)等。表示自然事件的通常也都有专职的名词如 disaster(灾害)、fire/conflagration(火灾)。

当然汉英两种语言这方面还是有差异:复杂事件在汉语中落实为专职名词的数量远少于英语,它们在汉语中主要落实为兼类词。

汉英两种语言在处理非自主性现象时,表现出某种相似点:"哈欠、喷嚏、梦"和 yawn、sneeze、dream 这些简单的非自主性突发事件,在需要指称时,汉语中落实为专职名词,用作陈述时需要加虚义动词;而英语中则落实为动、名兼类词。用作陈述时,英语可以用同源宾语格式,汉语必须带虚义形式动词。

汉英两种语言在编码简单动作时,在英语中很容易直接落实为名词,如 kick、shout、smile,即这些词通常兼有名词性。而在汉语中,这类动词不那么容易直接用作名词,kick 类要带数词"一",shout 和 smile 类要添加名词性后缀"-声"或"-容"。

最后,顺带指出,介于简单动作和复杂事件之间的行为,如"驾驶、划船、攀登"等等,汉语中很少有名词性;而英语中要用来指称时,既不会直接用动词形式 drive、boat、climb,又不会加名词后缀或有专门名词形式,而是采用介于两者之间的 V-ing 动名词,如 driving、boating、climbing。动名词复杂度介于两者之间,还可以从 a clap of hands 跟 a clapping of hangs 的对立中看出:前者是"拍一下手"而后者是"拍一回/次手"。"一回/次"可以包括"好几下",因此 clapping 这个行为比 clap 这个行为更复杂,适合用复杂度较高的动名词。

复杂性导致的名词性是积极主动的,根据"跨范畴可别度"(陆丙甫 2005),名词可别度比动词高,而复杂、长期的行为可别度高,因此表达它们的词的名词性也强,容易编码落实为名词。非自主偶发性导致的名词性是消极被动的,因为"过程"和"结果"不那么容易区分。

由此可见,表达事件的词落实为名词,除复杂(社会)事件外,其动因是各不相同的。

参考文献

Hornby, A. S., *The Advanced Learner's Dictionary of Current English*. Oxford: Oxford University Press, 1970.

Langacker，R.W.，*Foundations of Cognitive Grammar*，Vol. Ⅱ：Descriptive Application. Stanford，CA：Stanford University Press，1991.

Thom，R. Translated from the French by W.M. Brookes and D. Rand. 1983. *Mathematical Models of Morphogenesis*. Chichester：Ellis Horwood.

高航《参照点结构中名词化的认知语法解释》,《汉语学习》2010 年第 3 期,第 17—27 页。

葛传槼《英语惯用法词典》,时代出版社 1960 年版。

韩蕾《事件名词的界定》,第 16 届现代汉语语法学术讨论会论文,香港城市大学,2010 年。

胡建华《实词的分解和合成》,第 16 届现代汉语语法学术讨论会论文,香港城市大学, 2010 年。

柯航《现代汉语单双音节搭配研究》,中国社会科学院研究生院博士论文,2007 年。

陆丙甫《语序优势的认知解释:论可别度对语序的普遍影响(上、下)》,《当代语言学》2005 年 第 1 期,第 1—15 页,第 2 期,第 132—138 页。

陆丙甫《基于宾语指称性强弱的及物动词分类》,《外国语》2009 年第 6 期,第 18—26 页。

陆丙甫、屈正林(时间表达的语法差异及其认知解释:从"年、月、日"的同类性谈起),《世界汉 语教学》2005 年第 2 期,第 12—21 页。

沈家煊《不对称和标记论》,江西教育出版社 1999 年版。

沈家煊、王冬梅《"N 的 V"和"参照体—目标"构式》,《世界汉语教学》2000 年第 4 期,第 25 32 页。

钟鸣《英汉事件名词比较》,南昌大学硕士论文,2011 年。

周荐《现代汉语叠字词研究》,《南开语言学刊》2002 年第 1 期,第 71—80 页。

原载《当代语言学》2012 年第 1 期

施事角色的语用属性

张伯江

一、施事角色意义的理解

自从 Fillmore(1968)提出用语义角色"施事""受事"等来代替主语、宾语等句法概念以来，人们倾向于认为，施事、受事等角色是具有跨语言共性的，施事、受事也是概念内部相对比较清楚的。汉语语法学界主、宾语问题一直不易说清，也有相当多的学者认为采用施事、受事这样的语义概念描写句型比主语、宾语等概念好用。比如李临定(1986)就声明："本书在描写各种动词句型时，用名$_{施}$(表施事的名词)、名$_{受}$(表受事的名词)、名$_{结}$(表结果的名词)等代号名称，而一般不用'主语'、'宾语'等术语；……这样做，主要是为了能比较细致地描写句型格式，也是为了避免使用还存在有分歧的术语。"(自序)这种想法跟 Fillmore 的初衷是吻合的。但是，在句法分析中引入语义角度定义的概念，显然并没有解决汉语的主宾语问题。同时，国外学者已有不少对 Fillmore 格理论作出新的探讨，可参看徐烈炯(1995)第 12 章以及徐烈炯、沈阳(1998)的概述。他们介绍的主要是形式语义派的情况，而较少涉及认知语义派的有关研究。认知派对施事的研究主要有 Talmy，DeLancey，Langacker 和 Croft，他们较为一致的视角是，把施事放到事件结构中看，看重施事作为使因的特点。综合起来看，这些学者或者希望从动词的语义特征预测施事角色,或者希望从事件类型中预测施事角色。比如说,Jackendoff(1976)认为施事的定义涉及两个方面,一是角色的基本"运动等级",如[CAUSE(w),GO(x,y,z)],二是所谓"行为等级",如:AFF(x,y)。其中 AFF=影响,x=行为者,y=受事。他总结道:"关于施事的解剖,总起来看,它分为三个半独立的部分:行为的行为者(AFF 的第一个论元),有意的行动者(AFF$_{+vol}$的第一个论元),外来的动力(CAUSE 的第一个论元)。"(见Van Valin and Wilkins 1996)可见,Jackendoff 确认施事关乎行为者、意愿者、致使者三个概念。所有论者都把施事当作语法解释的至关重要的概念,他们共同认可的一个事实是:施事属性的确定,是典型的名词属性(如生命性,意愿性)和典型的事件属性(如行为性,致使性)的混合。

与此同时,国内一些汉语学者也在探究施事角色的理解问题。李临定(1984)区分了三类施事成分,分别是指人的、指动物的和非生物的名词。他赖以区分的句法标准是主谓句的正反疑问方式以及否定的答问方式,例如:

哥哥修自行车

——哥哥修不修自行车?/哥哥不修自行车

老黄牛撞了我一下

——*老黄牛撞不撞我?/$^?$老黄牛不撞我

树枝划了我一下

——*树枝划不划我?/*树枝不划我

仔细观察即可发现,李临定关注的实际上是施事的"意愿性"(volitionality)特征,他称"哥哥修自行车"一例为"意志施事",后两种为"非意志施事"。他认为三者都可以看作广义施事的理由是,它们总位于谓语动词的前边,而不能在动词前后自由移动(*修哥哥、*撞老黄牛、*划树枝)。史有为(1991)区分了"直接施事"和"间接施事",关注的则是行为者是否直接参与事件的问题,也就是"行为者"和"意愿者"是分离还是合一的问题。至此,汉语里的"施事"成了一个有问题的概念:如果我们把施事的语义理解严格限于有意愿的直接参与事件的人的话,那么不具备这些特征的大量"非意志施事"或"间接施事"也难有一个统一的概括;如果我们着眼于最宽泛意义上的概括,那么凡是跟"起因"意义有关的东西都有可能包括进来,就跟我们使用"施事"这一术语的初衷大相径庭了。重要的是,从强意志性,到弱意志性,到非意志性,其间是一个连续统。以往的学者曾经从名词的角度(李临定 1984)和动词的角度(马庆株 1988)做过努力,试图给出区分"意志施事"和"非意志施事"/"自主动词"和"非自主动词"的标准。本文将对有关现象作更细致的观察,目的是要说明,不论是从名词的角度还是动词的角度,都不足以确定地预测施事,施事的理解很大程度上是语用作用的结果。

二、名 词 和 施 事

从名词自身考察意志性的强弱,基本对应于语言学文献中对"生命度"(animacy)的关心。作为语言学概念的生命度,不可能完全对应于生物学意义上的生命度,"原来意义上的生命度,即从人类经动物到无生命这个等级参项,不可能是我们必须在其范围内进行讨论的唯一框架"(Comrie 1989,中译本 247 页)。有些论著指出,生命度等级在语言中一个普遍的特征是反映为"话题价值"的等级,即,在生命度等级中越是处于较高位置的越容易做话题。汉语的话题位置可以容许各种语义角色,排除受事、工具、处所、与事、感事等典型的非施事角色以后,对句子所述事件具有起因责任的话题名词都或多或少带有施事的性质。这一节我们集中考察这些带有施事性质的成分施事性的强弱。

在著名的"人类>动物>无生命物"这个基本框架下,我们进一步把人类区分为有理性的和无理性的,把动物区分为行为有目的的和行为无目的的,把无生命的事物区分为具体的和抽象的。如果从行为特征的角度看,我们可以把典型的施事行为分解出这样一些特征来:行为的具体性(可以用副词性形式"实实在在的"等词语来测试),方向性(可以用状语"冲着我"等词语来测试),可控性(用"一阵阵的"等词语来测试),随自然时序而变化(用"一天天的"等词语来测试),意愿性(用"故意的"等词语来测试),以及篇章中的话题连续性(用反身代词来测试)。这些测试词语的添加,实质上也就是语用条件的添加。以下我们就结合实例看看不同类型的名词在这些特征面前(或者说在具体语用环境里)的反应:

(1) 工地噪音吵了我一宿

    →[?]工地噪音实实在在吵了我一宿

    →[*]工地噪音冲着我吵了一宿

(2) 门坎儿绊了我一个跟头

    →门坎儿实实在在绊了我一个跟头

    →[*]门坎儿冲着我绊了我一个跟头

(3) 石滚子轧着我脚了

    →石滚子实实在在轧着我脚了

    →石滚子冲我滚过来轧着我脚了

(4) 石头把门砸开了

    →[*]石头一阵阵的把门砸得开开又关上

(5) 风把门吹开了

    →风一阵阵的把门吹得开开又关上

(6) 风往南吹过去

    →[*]风一天天的往南吹

(7) 小苗往上长

    →小苗一天天的往上长

(8) 那蚊子叮了我一口

    →[*]那蚊子直冲着我叮过来

(9) 那狗咬了我一口

    →那狗直冲着我咬过来

（10）婴儿打破了玻璃窗　　　　　　　（11）劫匪打破了玻璃窗

　　→婴儿不小心打破了玻璃窗　　　　→$^?$劫匪不小心打破了玻璃窗

　　→*婴儿故意打破了玻璃窗　　　　→劫匪故意打破了玻璃窗

（12）他答应我过来解决　　　　　　　（13）我答应他过来解决

　　→他$_i$答应我$_j$自己$_{*i/j}$过来解决　　　→我$_i$答应他$_j$自己$_{i/*j}$过来解决

以上例句所反映的事实是：

a）抽象事物的施事性低于具体事物：（1）<（2）

b）不可移动的具体事物的施事性低于可移动的具体事物：（2）<（3）

c）靠外力移动的具体事物的施事性低于自动的具体事物：（4）<（5）

d）无生命的事物的施事性低于有生命的事物：（6）<（7）

e）无意愿的生物的施事性低于有意愿的生物：（8）<（9）

f）无理性的有意愿生物的施事性低于有理性的有意愿生物：（10）<（11）

g）被叙述者的施事性低于叙述者：（12）<（13）

每个对比对儿里，我们用的是不同的测试词语，为的是凸显每两个句子之间的差异，这并不意味着某种差异只存在于该两个句子之间。事实上，低一级的特征必然存在于高一级的特征里，诸特征之间是一种蕴涵关系，如下表所示：

	(1)	(2)	(3)	(4)	(5)	(6)	(7)	(8)	(9)	(10)	(11)	(12)	(13)
具体性	−	+	+	+	+	+	+	+	+	+	+	+	+
可移动	−	−	+	+	+	+	+	+	+	+	+	+	+
自动力	−	−	−	−	+	+	+	+	+	+	+	+	+
生物性	−	−	−	−	−	−	+	+	+	+	+	+	+
有生命	−	−	−	−	−	−	−	+	+	+	+	+	+
有意愿	−	−	−	−	−	−	−	−	+	+	+	+	+
有理性	−	−	−	−	−	−	−	−	−	−	+	+	+
叙述者	−	−	−	−	−	−	−	−	−	−	−	−	+

我们看到,从最抽象的事物(几乎没有直接关系的使因成分)到最具体的第一人称说话者(意愿的直接发出者),几乎每种名词都可以从某种意义上看作是施事。所不同的是,各类名词体现施事意义时对语境的依赖程度不同:包含上述特征越多,越倾向于不依赖特别的语境理解为施事;包含这些特征数目少的名词,添加不同的语境词语常会有不同的理解。具有全部或者绝大多数上述特征的名词毕竟是少数,因此普通名词做主语的时候并不必然带有施事性信息。

三、动词和施事

根据上面的讨论,我们初步认识到,典型的施事特征是有理性的、有明确目的的自动的行为者;而仅仅作为一个事件的使因、自身不可移动或没有动力的肇事者,是不典型的施事。以往的语法研究关注的多半是我们这里所谈的典型施事,尤其是把动词因素考虑进来的时候。

基于"动词中心说",多数人相信靠给动词分小类可以讲清哪类动词预测哪种语义角色,也就是说,某类动词可以预测施事角色。汉语方面较早关注这个问题的是马庆株(1988)关于"自主动词"(volitional verb)和"非自主动词"(non-volitional verb)的研究。这项研究的意义在于,它不同于以往着眼于动词后面带不带宾语、带什么样的宾语的分类角度,而是第一次把眼光放到了整个行为的发起者身上,从施动者的角度对动词进行概括性的语义分类。马文指出"自主动词和非自主动词是汉语动词的基本类别","全部动词都可以纳入这个系统"(179—180页)。

我们的问题是,是不是所有的自主动词都可以确定地预测施事?换一个问法是:什么样的动词确定地预测典型施事?什么样的动词预测施事的能力弱些?

提出这样的问题的依据是功能语法论者的"动态论元结构假说"(The

Emergent Argument Structure Hypothesis),这种学说认为,动词能带的论元类型及其范围不是固定不变或因先验性而确定了的,而是具有开放性和流动性的;一个动词越是使用频率高,其论元结构流动性就越大,也就不会总是跟一个固定的论元结构相联系(陶红印 2000,Thompson and Hopper 2001)。这就使我们对汉语的所谓"自主动词"问题作出一个预测:高频的自主动词和低频的自主动词在与施事论元的关系上会有差异。依据马庆株(1988)开列的自主动词表,我们依靠《汉语词汇的统计与分析》,逐一进行了词频考察,得出的结果表明,尽管这些动词分布在从高频到低频各个级次上,但最高频的和最低频的动词之间确实是存在明显差异的,而真正能够帮助确认施事的,恰恰是那些最低频的动词。

　　先看单音节动词的情况。在马庆株(1988)自主动词词表中排在使用频率前十位的动词是:(括号里的数字是按词频排序时的序号)

　　　　说(14)、看(30)、做(77)、写(106)、听(108)、问(128)、带(178)、给(192)、找(194)、送(216)

这些动词尽管在直观上都以自主用法为主,但我们还是可以见到它们的非自主用法。

自主用法	非自主用法
说:说自己的心事	说胡话/说梦话
看:专看马连良的戏	马连良没看多少,净看小丑表演了
做:做了一辈子好事	做了自己最不情愿的事
听:竖起耳朵听	净听他一人瞎嚷嚷了
带:带给你两本书	带来一阵凉风
给:给你这支笔用用	给了敌人可乘之机
找:找了你半天	找了一场大麻烦
送:送他两百块钱	反倒送了他个便宜

右列的事实说明,这些高频动词非常容易受语境因素的左右,弱化其固有的施事性蕴含。

排在使用频率最后十位的动词是:

掘(5288)、供(5589)、锯(5613)、搀(5994)、奖(6038)、宰(6131)、传(6143)、评(6316)、枕(6386)、赏(6961)

这几个词很难找到非自主用法。这些词都有鲜明的语义特点,就是,都在词汇意义中凝聚了语用规定内容。什么是"语用规定内容"呢? 比如说"看",人可以看东西,低等动物也可以看东西;既可以有意地看,也可以无意地看。而"盯"或者"瞄"就不同了,一定是指有意的、专注的看,这里的"有意、专注"就是"盯"或者"瞄"的语用规定内容。"看"在不同的语境里,可以依不同的语境规定表示有意的或无意的看的行为,这种语用规定完全是在语境中获得的。而对于"盯"来说,"专注"的语用特征已经凝结在词汇意义里边了。低频的自主动词,如"掘""锯""宰",都是只有人类才能做的行为,而且一定是有目的、借助特定工具才能实现的。再如"评""赏""供""奖""搀",都是人类的理性行为,也就是说,不仅是出于自愿,而且往往是经过一定程度的逻辑思考才能作出的行为。所以说,这些词的词义里边已经凝聚了语用规定内容。

高频的自主动词里边,"看""做""听""带"可以说都少有语用规定性。而"说""给""找""送"本来是有明确意愿性特点的,但由于这些行为的日常性特点,这些词语的高频使用,使得它们的适用性日益广泛,语用规定性也就弱了。

我们这里所论述的"低频自主动词往往凝聚了语用规定内容、高频自主动词少有语用规定内容"的观点,可以得到以下事实的证明,那就是,我们所谓凝聚了语用规定内容的词,往往不再有下义词(hyponym),而很容易找到其上义词(hypernym);那些少有语用规定性的词,则很容易找到具有进一步语用规定性的下位词。例如,《现代汉语词典》用"挖"给"掘"释义,说明"挖"是"掘"的上义词;用"杀"释"宰",说明"杀"是"宰"的上义词;用"拉(lá)"释"锯",说明"拉

(lá)"是"锯"的上义词;在"奖""赏""赠""供"的释义中都有"给"或"给予""送给"等词语,说明它们都是"给"的下义词;在"谈""讲"的释义中都有"说",说明它们都是"说"的下义词;在"盯""瞄"的释义中都有"看",说明它们都是"看"的下义词。高频自主动词往往都是上义词,也可以说是基本层次范畴(basic level categories)的词,所以多有下义词;低频自主动词往往是基本层次范畴以下的,所以不再有下义词:

较高的概括	接触	表达	使……得到	取	弄死
基本层次范畴	看	说	给	挖	杀
下义范畴	盯、瞄	谈、讲	奖、赏、赠、供	掘	宰

表中在基本层次范畴之上的动词没有强制性的自主用法,基本层次范畴之下的很少有非自主用法,而处于基本层次范畴的这几个词则显出一定的灵活性:

(14) 他不经意间视线接触到了电视。 *他直勾勾地视线接触着电视。

ʔ他不经意间看上了电视。 他直勾勾地看着电视。

*他不经意间盯上了电视。 他直勾勾地盯着电视。

(15) 小王不小心弄死了一只鸽子。 ʔ小王不听劝阻用菜刀弄死了那只鸽子。

ʔ小王不小心杀了一只鸽子。 小王不听劝阻用菜刀杀了那只鸽子。

*小王不小心宰了一只鸽子。 小王不听劝阻用菜刀宰了那只鸽子。

下面我们再看看双音节动词的情况。双音节自主动词的数量不如单音节的多,也不像单音节的那样容易产生非自主用法。但是,仍然有其他句法倾向性方面的证据可以证明高频自主动词和低频自主动词的区别。一个明显的现象是,某些高频自主动词其语义指向在某些结构里比较灵活,而低频的自主动词则没有这种表现。例如:

(16) 学习(215)：突击队的学习　解读一："突击队"为施事；解读二：
"突击队"为受事

(17) 研究(184)：印度人的研究　解读一："印度人"为施事；解读二：
"印度人"为受事

(18) 反驳(6839)：他们的反驳　"他们"只有施事一种理解，不可能
为受事

(19) 推荐(7003)：老张的推荐　"老张"只有施事一种理解，不可能
为受事

这里的原因同样在于"学习"和"研究"自身不含什么语用规定意义，而"反驳""推荐"都是带有较多语用规定意义的：二者都必然涉及他人，前者带有强烈的主观否定色彩，后者带有强烈的主观肯定色彩。如果说例(16)(17)"解读二"反映了"学习""研究"这样的高频自主动词论元结构上的些许灵活性的话，那么我们不妨把低频的、论元结构相对固定的"反驳""推荐"称作"绝对自主动词"。①同样，上文分析的低频单音节自主动词也是绝对自主动词。

以上考察表明，"自主动词"不是铁板一块，其内部有一定的程度差别。其中的规律是，越是高频的动词，其联系的论元的身份就越不易确定，或者说论元结构不确定。动词对施事的预测性，取决于动词的语用规定性。

四、句式和施事

汉语句式常常使用"名_施"、"名_受"这样的符号描写，如果这里的"名_施"代表的不是最广义的施事，而是典型的施事，那么我们就应该检讨一下，哪些句式的

---

① 在语法学界曾经引起讨论的"母亲的回忆"之所以有明显的歧义，原因也在于"回忆"是个高频动词，以至于受事理解几乎可以跟施事理解分庭抗礼；而低频动词"反驳""推荐"则很少可能发生类似现象：*谬论的反驳，*产品的推荐。

哪些成分强制性地要求施事角色。

我们以句子组成成分的多少为序,逐一考察现代汉语主要句式。

4.1 不及物主谓句——SV

这种句式几乎可以说是非自主意义的温床,如"孩子醒了"、"房塌了"。这种单一论元的句子并不强制性地要求施事,也正因为如此,这种句子常常有另一种语序:"又醒了两个孩子"、"塌了两间房"。

4.2 一主一宾的主谓句——SVO

这种句式以"名施＋动＋名受"为原型,但 S 不是典型施事的情况也很常见:

(20)嘈杂的人声惊醒了酣睡的渔妇

(21)李老汉又添了个孙子

4.3 把字句和被字句——S 把 OV 和 O 被 SV

张伯江(2001)论证了被字句和把字句比普通主谓句更能容纳非典型施事,甚至是非直接使因成分:

(22)阴雨把远道的客人困住了

远道的客人被阴雨困住了

*阴雨困住了远道的客人

4.4 双主语句——SSV

汉语的双主语句有两种比较典型的包含施事的形式:"名受＋名施＋动"和"名施＋名受＋动",如"龙虾我不吃了"和"我龙虾不吃了"。但不包含典型施事的例子也有:

(23)军事院校近视眼往往不收

(24)商品房靠水的更贵

(25)那场雨我们都淋着了

4.5 双宾语句——SVIODO

双宾语句的原型语义是"施事者有意地把受事转移给接受者"(张伯江

1999),但也有 S 不是典型施事的:

(26) 晚会供应我们便餐

(27) 他的讲话给了我们极大的鼓舞

4.6　连谓句——SVV

"连谓句"是一种笼统的叫法,从内部语义结构的角度看,包含了不同的类型,所以不能一概而论连谓句是不是强制性地要求施事。特别引起我们注意的是其中的两种句式:

4.6.1　使役式

汉语使役式的构成是:$S+V_{cause}+A+V_{do}$。值得注意的是句中含有 S 和 A 两个名词:

(28) a. 他$_S$让我们$_A$承担全部费用

宝康你$_S$叫服务员$_A$上菜吧

他$_S$要我$_A$陪你一会儿

b. 政府$_S$鼓励农民$_A$垦荒自耕

傅朋$_S$托刘媒婆$_A$到孙家提亲

蒋介石$_S$指使何应钦、白崇禧$_A$要求新四军$_A$撤至黄河以北

c. 全村人$_S$选他$_A$当村长

他$_S$要招大青哥$_A$当养老女婿

老张$_S$拉表弟$_A$来充数儿

这些句子有一个共同特点是"意志的传递",即,S 有一个愿望,希望某事件实现,他把这个愿望传递给 A,由 A 来实施。这样我们看到 S 和 A 分别承载了两项重要的施事特征——"意愿性"和"实施性"。

首先我们讨论句中 A 的"实施性"特点。孤立地看,"实施性"不是最强的施事性属性,何况在这种句式里 A 的行为只是执行 S 的意愿,很多情况下他所做的不是出于自发的意愿。但是,汉语使役句式里还包含有更多的语用规定意

义。一是 S 相信 A 有足够的理性理解并接受 S 的意愿;二是 S 相信 A 能够接受并传达 S 的意愿,这样 A 就获得了行为的意愿;三是 S 相信 A 有执行 S 的意愿的能力,即 A 有操纵事件发生的能力。我们很少把意愿传达给不具备这样的能力的实施者:

(29)* 我让微波炉热剩饭

因此我们可以确定地说,使役句里 A 的位置是施事角色的一个强制性位置。

其次讨论 S 的"意愿性"。从上面所述的句中的语用规定意义来看,S 的意愿性是毋庸置疑的,S 的施事身份也应该没有问题。但问题还有另外一面:意愿跟行为的结合才是施事性最稳固的保证,意愿如果跟行为分离就不那么稳定了。这一点在语言形式上也有清楚的反映。据杨成凯(1986)研究,上例中的 a 类为"使令"义动词,c 类是"行动"义动词,b 类兼有二义。句法证据是,a 类可以说"他叫我们怎么样?""他要我这样。"c 类不能说"* 全村人选他怎么样?""* 老张拉表弟这样。"b 类二者皆可;c 类可以说"全村人选他干什么=为什么?""老张拉表弟干什么。"a 类不能说"* 他叫我们干什么?""* 他要我干什么?"b 类二者皆可。从这个论证我们清楚看出,c 类是意愿和行为集合于 S 一身的,因此 S 的施事性是强制性的;a 类 S 只是发出意愿的指令,行为要靠 A 去完成。当说话人的立场站到行为的实施者时,S 有时只是说话人归咎的对象。这种情况往往发生在 a 类动词和部分 b 类动词身上:

(30)这场雨让我留在你们家了

(31)裁判叫他们队淘汰了对手

(32)海伦的故事鼓励我发愤读书

而不可能是 c 类动词:

(33)* 民意选他当村长

(34)* 尴尬的局面拉表弟来充数儿

总而言之,现代汉语的使役句里,A 的位置总是要由实实在在的施事角色充当的;其中,c类动词(招、拉、轰、拖、带、选等)造成的使役句里,S是典型施事出现的一个强制位置;a类和b类动词造成的句式里,S也常常是典型的施事,但是存在着根据说话人立场的不同而放弃施事角色的可能。

4.6.2 目的式

目的句是连谓句中常见的一种,两个动词短语陈述同一个行为者,后面的动词短语表示前一个动词短语的目的。做事带有明确的目的性,是强烈意愿的表现。吕叔湘(1944)说"目的和原因相通:来自外界者为原因,存于胸中者为目的。"(1982年版403页)现代汉语里的连谓结构 VP₁ 和 VP₂ 之间,有这样一些标明 VP₂ 为 VP₁ 的目的的语法标记成分:非形容词性的"好"、"以便"、"来/去"等是积极意义的目的连接词;"以免"、"免得"、"省得"等是消极意义的目的连接词。(参看吕叔湘1944、郑怀德1988)

凡是在语法结构上明确标明目的成分的行为,即连谓结构 VP₁VP₂ 中的VP₁,一定是含有施事语义的。例如:

(35)我得早点着手准备**好**应付考试。

(36)我也想知道知道,知道了**好**提防着点儿。

(37)政府制定了一整套政策**以便**更好地保护野生动物。

(38)她拼命讨好上司**以免**遭到解聘。

(39)我们要夺取敌人的武器**来**武装自己。

(40)他特意戴上个草帽**免得**太阳晒。

这些句子的目的意义也可以用句末轻读的"干什么₌为什么"来测试:

(35′)你这么早就动手准备干什么?

(36′)你想知道这个干什么?

(37′)政府制定了这么一套政策干什么?

(38′)她拼命讨好上司干什么?

(39′)你们夺取敌人的武器干什么?

（40′）他特意戴上个草帽干什么？

正如吕叔湘（1944）所指出的，文言里目的式有专用的表示法——"以"字式（自耕以食，自织以衣）；现代汉语里除去上述连接词外更常见的是没有标志的目的式：打开窗透透空气/画个画儿留个纪念。以上（35）—（40）各例里除了表示消极意义的连接词不能删去以外，积极意义的都可以略去不说。

总之，汉语的目的句的主语位置是明确要求施事角色的。

4.7　以上简略考察了汉语主要句式中对施事角色的强制性要求情况。依照普遍语言研究和汉语研究的经验性结论，我们可以首先把上述句式分为无标记的和有标记的两大类：SV（不及物句）和 SVO（普通及物句）是无标记句式；SVIODO（双宾句）、SSV（双主句）、S 把 OV/O 被 SV（把/被句）和 SVV（连谓句）是有标记句式。有标记句式对角色规定的强制性比无标记句式高，几种有标记句式里都有一个倾向于指派施事角色的位置。其次我们可以把有标记句式分为具有明确施事性标记的和没有明确施事性标记的两类：连谓句里的目的句和使役句是有明确施事性标记的，其他是非施事性标记的。

这样，汉语句式按是否具有施事角色强制性排列的等级是：

施事性标记句式＞其他有标记句式＞无标记句式

五、弱施事性与句子的主观性

本文第二节的讨论揭示出，第一人称代词几乎是绝对的施事，第四节关于句式的考察中，我们又发现目的式是强制要求施事的一种句式。吕叔湘先生早就说过目的表达对于说话者来说是"存于胸中"的（见上文），DeLancey 说："完全的施事原型只能主观地体验。"（转引自 Van Valin and Wilkins 1996，316 页）这就启发我们思考施事性与语言的主观表达之间的关系。说到语言的主观性，至少有两个因素是跟句子的施事选用相关的：一是说话人的视点（viewpoint），二是说话人的感情(affect)。视点反映的是叙述人观察事件的基本立场,在篇章中一般是贯串始终的。一般情况下,叙述者总是站在故事主角(protagonist,Chafe 1994)的立场上展开叙述,轻易不会中途改变立场,这是最便于听/读者理解的策略。而叙述者的情感却可以因句而异,也就是说,一篇叙述篇章里,句式常常因说话人的移情焦点(empathy focus)的变化而有不同的选择。Zhang(1994)曾经令人信服地论证了汉语"被"字句的产生是由于说话者移情焦点的转移。在本文第四节里所讨论的几种句式中,S 位置不由常规施事充当的情况往往是因为句中说话人的移情焦点优先占据了句子主语位置。以"把"字句那一例来说,"阴雨把远道的客人困住了"正是因为说话人的移情焦点"阴雨"占据了施事角色的常规位置,而反映说话人立场的"远道的客人"退居"把"字宾语位置;再如双宾句"他的讲话给了我们极大的鼓舞"也是因为说话人的移情焦点"他的讲话"占据了施事角色的常规位置,反映说话人立场的"我们"退居间接宾语位置。这样我们就可以理解弱施事性成分的来历——"工地噪音吵了我一宿"句中正是因为移情焦点"工地噪音"的存在。这就引出一个重要事实:作为语用角色的叙述视点、移情焦点,都有一种与施事合一、与句子主语合一的倾向。在第一人称主语句里,这两种"合一"是充分实现了的;在"把"字句和"被"字句里,动词前都有两个句法位置——全句的主语和"把/被"之后的位置,这两个位置都处在动词之前,都具有"自立性"特点(张伯江 2000),这里我们暂且称作"主语"和"次主语"位置,叙述视点、移情焦点以不同的方式分布在这两个位置上:

	主语	次主语
我把客人留住了	移情焦点/叙述视点/强施事	
阴雨把远道的客人困住了	移情焦点/弱施事	叙述视点
客人被我留住了	移情焦点	叙述视点/强施事
远道的客人被阴雨困住了	移情焦点/叙述视点	弱施事

在实际语言中,"门坎儿绊了我一个跟头"这样的说法并不常见,更常见的说法是"门坎儿把我绊了一个跟头"和"我叫门坎儿绊了一个跟头",原因也就在于"主语是说话人移情的固有位置"(Kuno and Kaburaki 1977,转引自 Stein 1995,130 页);叙述视点也有尽量靠近主语的倾向(Stein 1995)。主语和次主语是这两种语用角色的理想位置,放在动词之后就显得不自然。这样看来,移情焦点的语法化程度更高一些,固定在句首位置上,①叙述视点的句法强制性并未形成,只表现出一种优先选择的倾向性规律②:

　　　　主语＞次主语＞使役句的受使语＞双宾句的间接宾语＞单宾句的宾语

但叙述视点的特性(总跟说话人的直接意识或曲折意识③一致,换句话说,总是相当于第一人称的)决定了它在第二节所讨论的施事特征强弱等级上总是处于最强的一端,所以,当叙述视点居于常规施事位置时,句子里的施事就是强施事;当叙述视点离开常规施事位置时,如到了"把"字句的次主语位置、双宾句的间接宾语位置、单宾句的宾语位置等,句中的常规施事位置就会出现弱施事成分。

　　这一部分的讨论总结起来就是,弱施事成分的出现,是因为叙述视点与常规施事位置的分离;叙述视点之所以离开常规施事位置,是由于在与句中另一

---

① 这里对"把"字句中移情焦点的看法与沈家煊(2002)有差异,沈文认为"把"字句的移情焦点在"把"字的宾语上,即本文所谓"次主语",本文坚持移情焦点在句首的处理。笔者就此与陶红印先生作过讨论,他的来信中说:"你区别 point of view 与 affect 是有效的,问题是在 Kuno 那里,point of view,perspective 和 empathy 基本上是一回事。现在人们谈的 affect 实际上是对语言的主观属性的一个深化认识。所以,如果把大主语位置跟 point of view 即 empathy 联系起来,把小主语跟 affect 联系起来就既解决了你的问题又跟沈先生的分析没有大的出入了(细节的出入可能有,那要取决于沈先生把 empathy 赋予多少 affect 的内涵,从他的文章看他是把所有三种主观性属性都安排给了'把'的宾语了,我觉得这个可能过于淡化了大主语的视点作用)。对 subjectivity,empathy,point of view,affect 等概念的理解的出入是不奇怪的,国外语言学在这方面的研究也属于一个薄弱环节。"谨对陶先生给本文的帮助表示感谢。
② 上文指出,叙述视点是叙述人观察事件的基本立场,叙述视点的一致性是就篇章而言的,未必固定在某一句法位置上;移情焦点是因句而异的,所以更强烈地要求固定在某一句中位置。这也是移情焦点语法化程度高于叙述视点的原因。
③ 在第一人称的叙述里,说话人的意识就是主人公的意识,这就叫直接意识;在第三人称的叙述里,说话人往往认同于主人公的意识,这就是曲折意识。见 Chafe(1994)。

个语用角色——移情焦点的竞争中失败而让出了位置。

六、施事角色的语用属性

普通语法理论里施事已是一个公认的基本语义角色,Holisky(1987)提出一个富于挑战性的观点:施事意义更多的是由语用因素所赋予的(见 Van Valin and Wilkins 1996)。本文从四个方面考察了汉语的施事理解问题。第一是主语名词的意愿性等级,第二是动词自主意义的强弱,第三是哪些句式强制性地要求施事,四是弱施事意义的来源。前三个方面关于强施事意义的考察,得出了不同角度的若干发现。这些事实可以用一句话统摄起来,那就是:典型的施事只出现在具有明确语用规定性的环境里。在第二节里,我们看到,词汇本身强烈地表明施事特性的,只有第一人称代词以及"劫匪"这样的凝聚了语用规定内容的词,此外,其他名词就要依赖状语"故意""一天天""冲着我"这样的语用环境了;在第三节里,我们明确指出,只有那些自身词汇意义里凝聚了语用规定内容的动词,才对施事有预测性,少有语用规定性的动词则需要句中的语用环境;在第四节里,我们发现几乎所有常用句式,尤其是只有一个动词短语的句式里,没有哪个位置是强制性地绝对要求施事角色的,只有两种固定的连谓句式里明确要求施事,可以说,这两个句式(construction)是在格式意义里凝聚了语用内容的,其他句式中施事的理解则要依靠句中其他语用成分。

汉语语法学者接受了普通语言学的施事概念,其初衷是把它作为基本的语义角色,可以用来刻画句子里的基本语义关系。但由于对其中的语义特征和语用特征没有仔细分辨,不免造成深入研究中的一些困惑。本文的分析表明,除名词中的高意愿性词汇内容、动词中的绝对自主动词和句式中具有外露的意愿—目的规定成分的情况以外,汉语中更为常见的主语名词、谓语动词和常用句式都不必然要求施事,施事意义更多的是由语用条件赋予的。既然强意愿性、自主性、推动性、施力性、控制性等这些特点都不是词汇语义中天然带有的意义而是来自语用环境,那么我们也就没有理由在"名_施"这个句法语义角色中规定这些内容了。Van Valin and Wilkins(1996)说:"施事根本不是一个基本的语义角色,而且很少动词实际上词义中要求一个施事论元。而是,大多数动词只是带致效者(effector)论元,它可以在适宜的条件下,在句子语境整体中释义为施事。施事显得重要而具有普遍意义的原因在于多数动词都是带着致效者论元表示行为情景的,这样的论元又经常是人;当这种指人致效者在行为句里高频出现时,默认的语用释义原则就导致句子主语释义为施事了。"(319 页)汉语语法学界对"原型施事"的介绍已有一些(陈平 1994,徐烈炯、沈阳 1998),本文的研究显示,即使是像施事这样的有强烈语义色彩的角色也必须用语用、动态功能的视点来加以解释。一些相关的问题是,其他语义角色(尤其是受事)如何解释? 语义和语用各自在语言结构解释上的地位如何? 其间关系是什么?这些都有待我们进一步的探讨。

参考文献

北京语言学院语言教学研究所《汉语词汇的统计与分析》,外语教学与研究出版社 1985
　　年版。

陈平《试论汉语中三种句子成分与语义成分的配位原则》,《中国语文》1994 年第 3 期,第
　　161—168 页。

李临定《施事、受事和句法分析》,《语文研究》1984 年第 4 期,第 8—17 页。

李临定《现代汉语句型》,商务印书馆 1986 年版。

吕叔湘《中国文法要略》,商务印书馆 1982 年版。

马庆株《自主动词和非自主动词》,《中国语言学报》1988 年第 3 期,第 157—180 页。

沈家煊《不对称和标记论》,江西教育出版社 1999 年版。

沈家煊《语言的"主观性"和"主观化"》,《外语教学与研究》2001 年第 4 期,第 268—275 页。

沈家煊《如何处置"处置式"? ——论"把"字句的主观性》,《中国语文》2002 年第 5 期,第 387—399 页。

史有为《施事的分化与理解》,《中国语言学报》1991 年第 4 期,第 37—48 页。

陶红印《从"吃"看动词论元结构的动态特征》,《语言研究》2000 年第 3 期,第 21—38 页。

徐烈炯《语义学》(修订本),语文出版社 1995 年版。

徐烈炯、沈阳《题元理论与汉语配价问题》,《当代语言学》1998 年第 3 期,第 1—21 页。

杨成凯《"兼语式"分析》,《语文论集》(二),外语教学与研究出版社 1986 年版,第 162—188 页。

袁毓林《现代汉语祈使句研究》,北京大学出版社 1993 年版。

张伯江《现代汉语的双及物结构式》,《中国语文》1999 年第 3 期,第 175—184 页。

张伯江《论把字句的句式语义》,《语言研究》2000 年第 1 期,第 28—40 页。

张伯江《被字句和把字句的对称与不对称》,《中国语文》2001 年第 6 期,第 519—524 页。

郑怀德《好+动》,《语法研究和探索(四)》,北京大学出版社 1988 年版,第 218—227 页。

Chafe, Wallace, *Discourse, Consciousness, and Time: The Flow and Displacement of Conscious Experience in Speaking and Writing*. Chicago: University of Chicago Press, 1994.

Comrie, Bernard, *Language Universals and Linguistic Typology*, University of Chicago Press, 1981. 中译本:沈家煊译《语言共性和语言类型》,华夏出版社 1989 年版。

DeLancey, Scott, *Functional Syntax*, LSA Summer Institute, UC Santa Barbara, 2001.

Fillmore, Charles, The case for case, in *Universals in Linguistic Theory*, eds. by Emmon Bach and Robert T. Harms, 1968:1-90. Holt, Rinehart and Winston, New York.

Stein, Dieter, Subjective meanings and the history of inversions in English. In Stein and Wright, 1995:129-150.

Stein, Dieter and Susan Wright eds, *Subjectivity and Subjectivisation: Linguistic Perspectives*. Cambridge University Press, 1995.

Talmy, L. A., Force Dynamics in Language and Cognition, *Cognitive Science* 1988(12): 49-100.

Thompson, Sandra A. and Paul J. Hopper, Transitivity, clause structure, and argument structure：Evidence from conversation，*Frequency and the Emergence of Linguistic Structure*，eds. by Joan Bybee and Paul Hopper，2001：27-60. Amsterdam/Philadelphia：John Benjamins Publishing Company.

Van Valin，R.D.，JR. and D.P. Wilkins，The Case for 'Effector'：Case Roles，Agents，and Agency Revisited，in *Grammatical Constructions：Their Form and Meaning*. eds. by M. Shibatani and S.A. Thompson，1996：289-322. Oxford：Clarendon Press.

Zhang，Hongming，The Grammaticalization of 'Bei' in Chinese，*Chinese Languages and Linguistics*，Ⅱ：*Historical Linguistics*. eds. by Li P. Jen-Kuei，Huang Chu-Ren，Tang Chih-Chen，1994：321-360. Taipei：Academia Sinica.

原载《中国语文》2002 年第 6 期

论《春秋公羊传》的语法观

严 修

    《马氏文通》(1898—1900 年出版),是中国第一部研究汉语语法的专著。在此以前,汉语语法研究还没有成为独立的学科,中国还没有严格意义上的语法学。但这并不是像胡适先生所说的那样,"中国人从来不曾发生文法学的观念"[①]。杨树达先生曾说:"吾国今日文法之学自欧洲移植而来,此事实也。……惟以吾先民有精核之文法知识。"[②]王力先生也曾说:"语法在中国的语言研究中是一门新兴的学问,但是我们不能说中国古代学者完全没有语法的概念。"[③]杨树达、王力两位先生说得极是。

    中国古代学者关于语法的论述,主要散见于训诂学(如《毛传》《郑笺》)、文学评论(如《文心雕龙》)、辞章学(如《文则》)等著作之中,并没有形成系统的、专门的语法著作。

    在先秦,中国古代学者的语法观念已相当精审,其中最为突出、最具有代表性的著作,当推相传为战国时齐人公羊高所著的《春秋公羊传》。

    《春秋》是儒家五经之一,地位崇高。由于《春秋》非常简略,不易理解,于是

[①] 胡适《胡适文存》第一集,卷三,上海亚东图书馆 1926 年版,第 628 页。
[②] 杨树达《中国文法学小史》,见《古汉语论集》(第一集),湖南教育出版社 1985 年版,第 338 页。
[③] 王力《汉语史稿》上册,中华书局 1980 年新一版,第 12 页。

产生了许多对《春秋》进行解释的传。现存的有《左传》《公羊传》《谷梁传》三家，合称《春秋三传》。

蒋伯潜先生说："《公羊》兼传《春秋经》之'微言''大义'；《谷梁》惟传'大义'；《左传》则并'义'亦不传。"①实际上，《左传》与《公羊传》《谷梁传》的性质不同。《左传》详于叙述《春秋》经文所书的事实，是史传，非经传之正体，但它有很高的史学和文学价值。而《公羊传》《谷梁传》详于解释《春秋》的"书法""义例"，用问答体的形式阐明《春秋》经文的"微言""大义"，是典型的训诂之传，为经传之正体。《公羊传》《谷梁传》都是今文经，在西汉时就立于学官，置博士。而《左传》为古文经，在西汉时未立学官，只在民间传授。

在今文经盛行的西汉，治《公羊传》的学者多，治《谷梁传》的学者少。在东汉，古文经兴起，今文经逐渐衰落。东汉灵帝时的《熹平石经》中，竟然没有《谷梁传》。这大概是由于《谷梁传》出现在后，又比较粗疏，论大义不及《公羊传》深刻，论史事不及《左传》翔实，故而受到冷落。章太炎先生说："《谷梁氏》淡泊无味，治之者稀。"②杨树达先生亦云："《谷梁》说不及《公羊》之善。"③

《公羊传》是春秋学里第一部重要典籍，历史上不断有学者利用《公羊传》来形成自己的学术体系和政治主张。例如，汉代董仲舒利用《公羊传》来提倡"大一统"思想，近代康有为改造《公羊传》的"三世说"来推进变法维新运动。从这些可以看到《公羊传》对中国政治文化的深远影响。

《公羊传》在解释《春秋》时，常常"咬文嚼字"，反复诘问，在语言剖析中常有精辟见解。因此，如果要研究古代汉语，可以从中获得许多启发。

本文着重在语法方面进行论述。下面分七个方面对《公羊传》的语法观加以介绍。一、对词序的分析；二、对词素的分析；三、对虚词的分析；四、对句式转

---

① 蒋伯潜《十三经概论》，上海古籍出版社 1983 年版，第 428 页。
② 章太炎语转引自蒋伯潜《十三经概论》，第 434 页。
③ 杨树达《中国文法学小史》，见《古汉语论集》（第一集），湖南教育出版社 1985 年版，第 342 页。

换的分析;五、对主动、被动和内动、外动的分析;六、对省略、重复、歧义、多义等特殊语法现象的分析;七、对隐性语法关系的分析。

一、对词序的分析

汉语缺少形态变化,有些语法意义是通过词序来体现的。所以中国古代学者对词序十分重视,也十分敏感。《春秋公羊传》中就有不少地方对词序问题进行了精细的分析。

(1)《春秋·隐公元年》:"元年,春王正月。"

《公羊传》:"元年者何? 君之始年也。春者何? 岁之始也。王者孰谓? 谓文王也。曷为先言王而后言正月? 王正月也。何言乎王正月? 大一统也。"

按:"元年,春王正月"是《春秋》全书的第一句,《公羊传》对这句经文逐词加以解释,说明词序如此排列的道理。王,在这里代指周王朝的历法,即周历、周正。周正与夏正、商正不同。夏正以孟春(正月)为正,商正以季冬(十二月)为正,周正以仲冬(十一月)为正。《公羊传》认为,《春秋》记载年月,前面用"王"字,即采用周正,是为了体现周王朝大一统的思想。

(2)《春秋·僖公十六年》:"十有六年,春王正月戊申朔,陨石于宋五。是月,六鹢退飞过宋都。"

《公羊传》:"曷为先言陨而后言石? 陨石记闻,闻其磌然,视之则石,察之则五。……曷为先言六而后言鹢? 六鹢退飞,记见也。视之则六,察之则鹢,徐而察之则退飞。"

按:《公羊传》认为《春秋》经文中词语先后排列不是随意的,而是与"记闻""记见"有关,是与人们观察事物的过程一致的。

(3)《春秋·定公二年》:"夏五月壬辰,雉门及两观灾。"

《公羊传》:"其言雉门及两观灾何? 两观微也。然则曷为不言雉门灾及两观? 主灾者两观也。时灾者两观,则曷为后言之? 不以微及大也。"

按:《公羊传》这段分析相当精彩。事实上是两观先失火,然后殃及雉门。然而《春秋》经文却说"雉门及两观灾",不说"两观灾及雉门",这是由于"两观"轻微,不能"以微及大"之故。

(4)《春秋·哀公十三年》:"公会晋侯及吴子于黄池。"

《公羊传》:"吴何以称子? 吴主会也。吴主会则曷为先言晋侯? 不与夷狄之主中国也。"

按:吴子指吴王夫差。吴国在艾陵战胜齐国后,欲称霸中原,便召集诸侯会于黄池。既然吴国夫差是这次盟会的召集人,为什么将"吴子"排列于"晋侯"之后呢?《公羊传》认为,是因为"不与夷狄之主中国也"。就是说,吴子虽然是新霸主,但是吴国是南方夷狄之国,所以鲁国仍然尊重老霸主晋侯,不赞成由夷狄来主宰中原。

二、对词素的分析

古代汉语中单音节词占优势,但也存在不少双音节词。《公羊传》常对一些双音节词的词素进行分析,其中有词根的分析,也有词缀的分析。

(5)《春秋·桓公九年》:"春,纪季姜归于京师。"

《公羊传》:"京师者何? 天子之居也。京者何? 大也。师者何? 众也。必以众大之辞言之。"

按:《公羊传》解释了"京师"构词的词素。天子所居之地方,必须要用"众""大"之类的美好字眼来称说它。

(6)《春秋·襄公十五年》:"刘夏逆王后于齐。"

《公羊传》:"刘夏者何? 天子之大夫也。刘者何? 邑也。其称刘何?

以邑氏也。"

按：刘夏是人名，是专有名词，《公羊传》分析了它的构词词素，刘本为封邑，后成了姓氏。

（7）《春秋·定公五年》："於越入吴。"

《公羊传》："於越者何？越者何？於越者，未能以其名通也。越者，能以其名通也。"

按：於越即越，於为词缀，无义。杜预说："於，发声也。"甚确。越人读越为於越，中原人读越为越，无发声。史官记事，或从中原书越，或名从主人，从俗书於越，故一名有二称。《公羊传》认为，当越国未能与中原友好交往时，就用带词缀的方言词，称於越；当越国能与中原友好交往时，就用中原地区的雅言，称它为越。

三、对虚词的分析

阮元曾经说过："经传中实字易训，虚词难释。"①所以《公羊传》对经文中的虚词十分留意，常加解说。下面我们举"及"字为例。

（8）《春秋·隐公元年》："三月，公及邾娄仪父盟于昧。"

《公羊传》："及者何？与也。会、及、暨，皆与也。"

（9）《春秋·桓公二年》："春王正月戊申，宋督弑其君与夷及其大夫孔父。"

《公羊传》："及者何？累也。"

（10）《春秋·襄公三年》："（六月）戊寅，叔孙豹及诸侯之大夫，及陈袁侨盟。"

---

① 阮元为王引之《经传释词》所作序文的第一句，见王引之《经传释词》，岳麓书社 1984 年版，第 1 页。

《公羊传》:"曷为殊及陈袁侨?为其与袁侨盟也。"

(11)《春秋·昭公五年》:"夏,莒牟夷以牟娄及防、兹来奔。"

《公羊传》:"其言及防、兹来奔何?不以私邑累公邑也。"

(12)《春秋·哀公三年》:"五月辛卯,桓宫、僖宫灾。"

《公羊传》:"何以不言及?敌也。"

按:例(8)《公羊传》认为"及""会""暨"同义,都是"与"的意思。都是表示并列关系的连词。

例(9)《公羊传》认为这里的"及"是连累的意思,是动词,不是连词。

例(10)《公羊传》认为,春秋经文中的两个"及"字意思是不同的。实际上经文将加盟的人区别为三,《春秋》为鲁史,一切盟会均以鲁为主。叔孙豹为鲁大夫,是主体,诸侯之大夫为已盟之同体,因陈国大夫袁侨迟到,是需要与之特别补盟的客体,此盟是专与陈袁侨盟,而不是叔孙豹与诸侯之大夫的再盟。前一"及"字相当于连词"和",后一"及"字相当于介词"同"。《公羊传》已看出了前后两个"及"字的区别。

在例(11)和例(12)中,《公羊传》从正反两方面说明,并列连词"及"连接的成分,有时在意义上有尊卑、主次之分,尊的、主要的放在"及"之前,卑的、次要的放在"及"之后。

例(11)说莒国大夫牟夷带着牟娄和防、兹三个城邑来投奔鲁国,因牟娄为公邑,防、兹是私邑,有公私、尊卑之分,故用"及"字,以表明"不以私邑累公邑"。何休注曰:"公邑,君邑也。私邑,臣邑也。累,次也。义不可使臣邑与君邑相次序,故言及以绝之。"

例(12)《公羊传》认为,为什么不说桓公的庙及僖公的庙发生火灾呢?因为桓公、僖公地位相等,故不能用有尊卑主次之别的"及"。《谷梁传》说:"言及,则祖有尊卑,由我言之,则一也。"这话是对《公羊传》很好的补充说明。

四、对句式转换的分析

《春秋公羊传》在训释经文的过程中,常常利用句式的转换来说明语义。

(13)《春秋·襄公二十五年》:"十有二月,吴子谒伐楚,门于巢卒。"

《公羊传》:"门于巢卒者何? 入门乎巢而卒也。入门乎巢而卒者何? 入巢之门而卒也。"

按:《公羊传》将"门于巢"解释为"入门乎巢",又解释为"入巢之门",三者句式不同,在词性、词序上也有区别。"门于巢"的"门"为动词,"于巢"这 介宾结构作"门"的地点补语。"入门乎巢",门为名词,作"入"的宾语,"乎巢"等于"于巢",这一介宾结构作"入门"这一动宾结构的地点补语。"入巢之门",门为名词,作"入"的宾语,而"巢"却变成了"门"的定语。三种不同的句式,表达了同一种意思。

(14)《春秋·庄公九年》:"冬,浚洙。"

《公羊传》:"洙者何? 水也。浚之者何? 深之也。"

按:《公羊传》对动宾词组"浚洙"作了细致分析。对宾语专名"洙"作了解释后,就转换为代词"之"。接着又把普通支配关系的"浚洙",转换为特殊的使动关系的"深之",使语义更为明朗。

(15)《春秋·桓公三年》:"有年。"

《公羊传》:"有年何以书? 以喜书也。大有年何以书? 亦以喜书也。此其曰有年何? 仅有年也。彼其曰大有年何? 大丰年也。仅有年亦足以当喜乎? 恃有年也。"

按:"有年"指国无水旱刀兵之灾,农作物有收成,与"大有年"有区别。有年不过是有收成而已,为什么也值得"以喜书"呢? 因为桓公弑兄篡位,受赂成乱,足以受天谴,故元年有大水灾,若今年再无收成,社会将发生动乱,政权就要崩溃,今国家得以不亡,就依靠此"有年",因而值得喜庆而加以记载。《公羊传》在这里对"有年""大有年"两种结构作了比较分析,指出有没有状语"大"字,意思是不一样的。

五、对主动、被动和内动、外动的分析

古代汉语中动词表示主动(施动)还是被动(受动),内动(不及物)还是外动(及物),情况比较复杂。有时书面形式上没有区别,有时为了婉言或避讳而晦涩表述,对这些不易理解的语言现象,《公羊传》常常加上解释。

(16)《春秋·庄公二十八年》:"春王三月甲寅,齐人伐卫,卫人及齐人战,卫人败绩。"

《公羊传》:"春秋伐者为客,伐者为主,故使卫主之也。曷为使卫主之?卫未有罪尔。"何休注:"伐人者为客,读伐长言之,齐人语也。……见伐者为主,读伐短言之,齐人语也。"

按:"伐者为客,伐者为主"的说法,在《公羊传》僖公十八年中也出现过。"伐"既表主动,又表被动,书面形式上是一样的,但读音上有"长言""短言"之别。为什么《春秋》经文不作"齐人及卫人战,大败卫人",而作"卫人及齐人战,卫人败绩"呢?这是因为齐为客,卫为主之故。因为卫国无罪,所以叙事时以卫人作主语。"伐者为客,伐者为主",前"伐者"是施事者,后"伐者"是受事者,含有主动、被动的区别。

(17)《春秋·僖公元年》:"夏六月,邢迁于陈仪。"

《公羊传》:"迁者何?其意也。迁之者何?非其意也。"

按:《公羊传》以为迁有主动、被动、内动、外动之分。"邢迁于陈仪",是邢主动迁徙,"迁"为内动,是迁者自愿的,故曰"其意也"。如果说"迁邢于陈仪","迁"是外动,"邢"不是"迁"的主语,而是"迁"的宾语,那么邢之迁是被动的,不

是出于自愿,将要沦为附庸,不再是独立的国家,所以说"非其意也"。

（18）《春秋·成公十六年》:"秋,公会晋侯、齐侯、卫侯、宋华元、邾娄人于沙随。不见公。"

《公羊传》:"不见公者何? 公不见见也。"

按:晋厉公于数月前,曾派人来鲁国乞师,鲁国未答应,故晋厉公怀恨,在这次沙随之会上,晋人逮捕了鲁国大夫季孙行父,并拒绝接见年幼的鲁成公。晋侯等"不见公"是用主动句来表述,"公不见见也"（鲁成公不被接见）是用被动句来表述。

（19）《春秋·成公元年》:"秋,王师败绩于贸戎。"

《公羊传》:"孰败之? 盖晋败之。或曰贸戎败之。然则曷为不言晋败之? 王者无敌,莫敢当也。"

按:王师"败绩"的"败绩"是内动词,以自败为文,含尊尊之意,故云"王者无敌,莫敢当也。"若说"晋败王师","败"为外动词,即诸侯打败周天子,是不敬的。故不用外动词"败",而用内动词"败绩",让"王师"做主语,而不让"晋"作主语。

六、对省略、重复、歧义、多义等特殊语法现象的分析

古代汉语除了大量通常的表达形式外,往往还会出现一些特殊的表达形式,如省略、重复、歧义、多义等。《公羊传》常常对这些特殊语法现象加以解释。

（20）《春秋·僖公五年》:"公及齐侯、宋公、陈侯、卫侯、郑伯、许男、曹伯会王世子于首戴。秋八月,诸侯盟于首戴。"

《公羊传》:"诸侯何以不序? 一事而再见者,前目而后凡也。"

按:前句"会于首戴"序列八位诸侯,而后句"盟于首戴"只笼统地说"诸侯"。《公羊传》认为,一件事再次出现的,在前面要序列其细目,后面只需统括地说一下就行了。所以何休注说:"省文,从可知。"

(21)《春秋·宣公元年》:"公子遂如齐逆女。三月遂以夫人妇姜至自齐。"

《公羊传》:"遂何以不称公子? 一事而再见者,卒名也。"

按:后面只称"遂",省去"公子"二字,是承上省略,最终只用其名即可,无需繁文。故何休注说:"卒,竟也,竟但举名者,省文。"

(22)《春秋·僖公二年》:"秋九月,齐侯、宋公、江人、黄人盟于贯泽。"

《公羊传》:"江人、黄人者何? 远国之辞也。远国至矣,则中国曷为独言齐、宋至尔? 大国言齐、宋,远国言江、黄,则以其余为莫敢不至也。"

按:《公羊传》认为,贯泽之会,参加的诸侯众多,这里只举齐、宋、江、黄四国,是一种概括省略的说法,中原大国举齐、宋作代表,边远小国举江、黄为代表。

(23)《春秋·僖公二十八年》:"春,晋侯侵曹,晋侯伐卫。"

《公羊传》:"曷为再言晋侯? 非两之也。然则何以不言遂? 未侵曹也。未侵曹,则其言侵曹何? 致其意也。其意侵曹,则曷为伐卫? 晋侯将侵曹,假涂于卫,卫曰不可得,则固将伐之也。"

按:经文中重复提"晋侯",为什么不说"晋侯侵略曹国,接着就讨伐卫国"呢?《公羊传》分析说,这并不是"侵曹""伐卫"连着发生的两件事,实际上是,晋侯本意在侵曹,向卫国借道,卫国拒绝,于是晋侯就舍曹而伐卫。重复主语"晋侯",以表示上一句是未然的预想,下句是已然的事实。如果后句不重复"晋侯",写成"晋侯侵曹伐卫",人们会误认为是相继发生的已然的事件。

(24)《春秋·襄公五年》:"公会晋侯、宋公……薛伯、齐世子光、吴人、鄫人于戚。"

《公羊传》:"吴何以称人? 吴鄫人云,则不辞。"

按:上文有"仲孙蔑、卫孙林父会吴于善稻",上文只称"吴",此处称"吴人",故问。《公羊传》认为,这里"吴人""鄫人"的"人"必须重复,如果省略掉"人"字,就变成了"吴鄑人",这种说法不成话。

(25)《春秋·桓公五年》:"春正月甲戌、己丑,陈侯鲍卒。"

《公羊传》:"曷为以二日卒之? 怴也。甲戌之日亡,己丑之日死而得,君子疑焉,故以二日卒之也。"

按:陈侯鲍之死,《春秋》经文记有两个日子。存在歧义,令人生疑。《公羊传》解释说,是因为陈侯鲍得了疯狂病,他于甲戌日逃亡外出,己丑日寻找到他的尸体,中间相隔十六天,君子(指孔子)不能决定究竟死于何日,所以将外亡之日与得尸之日两个日子作为陈侯的死日,以存历史之真实。

(26)《春秋·庄公元年》:"三月,夫人孙于齐。"

《公羊传》:"孙者何? 孙犹孙也,内讳奔为孙。"

按:孙,古逊字,逊有二义,一为遁,一为让。在鲁桓公被齐襄公谋杀后,夫人文姜在鲁国受到强烈谴责,于是她就逃遁到齐国躲藏。但逊还有避让之义,尧让贤去位曰逊,夫人离开宫闱亦曰逊,在文字上用"孙"不用"奔",利用"逊"的多义性,显得体面一些。

七、对隐性语法关系的分析

隐性语法关系,是指某种语义关系被一种与之不相符的语法形式所隐蔽,是语法结构与语义结构互相背离的现象。《公羊传》善于透过语法假象去捕捉语义真谛。

"定哀多微辞"(《公羊传·定公元年》),其实不仅在定哀之世,整部《春秋》,也多"微言""微辞"。蒋伯潜先生说:"大义尚可于文字间求之,微言则诚如《列子·说符篇》所谓'不以言言之'矣,不以言言之者,谓不能于文字求之也。"[1]而

---

[1] 蒋伯潜《十三经概论》,上海古籍出版社 1983 年版,第 456 页。

《公羊传》不仅对《春秋》的"大义"进行阐发,而且对《春秋》的"微言""微辞",也就是对《春秋》的隐性语法关系,加以发掘、剖析,归纳出书法义例,帮助读者领会《春秋》经文潜在的内容。

《公羊传》分析隐性语法关系时,常用的术语主要有四种:"内辞也","实与而文不与","×者,不宜×也","犹者何? 通可以已也"。

7.1 "内辞也"

(27)《春秋·桓公十八年》:"春王正月,公会齐侯于泺,公夫人姜氏遂如齐。"

《公羊传》:"公何以不言及夫人? 夫人外也。夫人外者何? 内辞也,其实夫人外公也。"

按:鲁桓公夫人文姜,是齐襄公(诸儿)之妹,出嫁前兄妹曾乱伦私通。后嫁与鲁桓公。这次随桓公来齐,与齐襄公复通。"夫人外也"意为夫人被绝弃,实际上这是内辞,是为鲁桓公保全面子的说法,其实是"夫人外公",即夫人主动地绝弃了鲁桓公。

(28)《春秋·庄公九年》:"九月,齐人取子纠杀之。"

《公羊传》:"其取之何? 内辞也,胁我,使我杀之也。"

按:齐国公子纠与公子小白争夺君位,小白胜,后为著名的齐桓公。公子纠在鲁国政治避难。经文说"齐人取子纠杀之",字面上似乎是齐人杀了子纠,其实这是内辞,是为鲁国避讳的含蓄说法,实际上是齐国胁迫鲁国将子纠杀掉了。

(29)《春秋·僖公二十八年》:"公子买戍卫,不卒戍,刺之。"

《公羊传》:"不卒戍者何? 不卒戍者内辞也,不可使往也。"

按:鲁僖公派大夫公子买前往卫国戍守,公子买最终没有去戍守。"不卒戍"是内辞,是站在鲁国立场上所说的好听的话,实际上公命不行于大夫,鲁僖公指挥不动公子买。

(30)《春秋·文公十五年》:"齐侯侵我西鄙,遂伐曹,入其郭。"

《公羊传》:"入郛不书,此何以书? 动我也。动我者何? 内辞也。其实我动焉尔。"

按:"动我",指齐国想以此来威吓我。"动我"是内辞,是为鲁国避讳的一种好听的说法,实际上,是"我动",即,看到同姓的曹国国都外城都被齐国攻陷了,我鲁国的确害怕得很。

7.2 "实与而文不与"

(31)《春秋·文公十四年》:"晋人纳接菑于邾娄,弗克纳。"

《公羊传》:"纳者何? 入辞也。其言弗克纳何? 大其弗克纳也。何大乎其弗克纳? 晋郤缺帅师,革车八百乘,以纳接菑于邾娄,力沛若有余而纳之。邾娄人言曰:'接菑晋出也,貜且齐出也。子以其指,则接菑也四,貜且也六。子以大国压之,则未知齐晋孰有之也。贵则皆贵矣,虽然,貜且也长。'郤缺曰:'非吾力不能纳也。义实不尔克也。'引师而去之。故君子大其弗克纳也。此晋郤缺也,其称人何? 贬。曷为贬? 不与大夫专废置君也。曷为不与? 实与而文不与。文曷为不与? 大夫之义,不得专废置君也。"

按:"实与而文不与",指实际上赞成,而文辞上不赞成,这是《公羊传》解释《春秋》中"微辞"的一种重要术语。邾娄文公元妃齐姜,生貜且,二妃晋姬生接菑。文公卒,邾娄人立貜且(定公),接菑奔晋。今晋人送接菑回邾娄,欲代貜且继位。邾娄人拒而不纳。晋大夫郤缺觉得邾娄人有理,引师而还。"实与"指赞成郤缺能明礼义,"文不与"指《春秋》经文不称"晋大夫郤缺",而贬称"晋人",因为"不与大夫专废置君"之故。

(32)《春秋·定公元年》:"三月,晋人执宋仲几于京师。"

《公羊传》:"仲几之罪何? 不蒇城也。其言于京师何? 伯讨也。伯讨,则其称人何? 贬。曷为贬? 不与大夫专执也。曷为不与? 实与而文不与。文曷为不与? 大夫之义,不得专执也。"

按:宋大夫仲几未按规定用草来覆盖宋国分工修筑的成周城垣。晋大夫韩不信在京师逮捕了仲几。"实与"指实际上赞成"伯讨",即赞成晋以霸主身份来惩治"不蓑城"的宋大夫仲几。"文不与"指《春秋》经文贬称"晋人",而不称"晋大夫韩不信",因为"不与大夫专执"之故。

(33)《春秋·昭公十六年》:"楚子诱戎曼子杀之。"

《公羊传》:"楚子何以不名? 夷狄相诱,君子不疾也。曷为不疾? 若不疾,乃疾之也。"

按:楚王诱骗戎曼子到楚国后加以杀害。对于夷狄之间的互相诱骗残杀,君子表面上好像不屑一顾,不加痛恨,实际上是很厌恶、很痛恨的。"若不疾,乃疾之也"是"实与而文不与"的变化形式,若用"实与而文不与"格式来套换,就是"实疾而文不疾"。

7.3 "×者,不宜×也"

(34)《春秋·庄公二十四年》:"戊寅,大夫宗妇觌,用币。"

《公羊传》:"用者何? 用者,不宜用也。见用币,非礼也。"

按:八月戊寅这一天,同姓大夫的妻子们拜见夫人姜氏,姜氏用玉帛作见面礼。据礼制,女子见面礼一般用枣、栗、脩(干肉),今姜氏竟用币(玉帛)作见面礼,是违反礼制的,是非礼的行为。《春秋》经文中的"用币"中的"用",实际上是说"竟然用""居然用",含有批评、否定之义。故曰"用者,不宜用也"。

(35)《春秋·成公六年》:"二月辛巳,立武宫。"

《公羊传》:"武宫者何? 武公之宫也。立者何? 立者不宜立也。立武宫,非礼也。"

按:武公为鲁隐公的曾祖父,鲁成公的九世祖。按祭法,诸侯五庙,为已祧之远祖立庙,非礼。"立"有"竟然立""居然立"的意思,隐含"不宜立"之义。

(36)《春秋·闵公二年》:"夏五月乙酉,吉禘于庄公。"

《公羊传》:"其言吉何? 言吉者,未可以吉也。曷为未可以吉? 未三年也。"

按:孝子于丧终后换穿吉服,其仪名为"吉",其礼称"禘",大祭于太庙。今庄公死后只有二十一个月,还未满三年,闵公居然就举行吉禘,过早断绝亲情,所以要加以讥刺,故曰:"言吉者,未可以吉也。"此与"×者,不宜×者"表述形式相似,可以套换成:"吉者,不宜吉也。"

7.4 "犹者何? 通可以已也"

(37)《春秋·僖公三十一年》:"夏四月,四卜郊,不从,乃免牲,犹三望。"

《公羊传》:"犹者何? 通可以已也。"

按:所谓郊,即郊天,是祭天的祭名。所谓望,即山川之祭。鲁之三望,一般认为指祭泰山、黄河、东海。《春秋》经文说,夏季四月,鲁国四次占卜郊天,均不吉,就免而不杀牲牛,但还是举行了三望之祭。《公羊传》认为,三卜合于礼,四卜不合于礼;而且只有天子才能郊天,鲁国郊天也不合于礼。既然四卜郊不从,乃天意谴责其不合礼,就应该一切祭祀全都停止下来,然而鲁国"犹三望",就是居然仍旧进行三望之祭。经文用"犹",含批评,否定之义。通,王引之说:"通之为言犹道也。道,言也。道可以已,言可以已也。"[①]我觉得王引之将"通"解释为"道",略嫌迂远。"通"有"总共""全部""整个"的意思,所谓"通可以已也",就是郊天杀牲、三望全部可以停止。

(38)《春秋·文公六年》:"闰月不告月,犹朝于庙。"

《公羊传》:"犹者何? 通可以已也。"

按:告月,即告朔。郑玄说:"天子颁朔于诸侯,诸侯藏之祖庙,至朔,朝于庙,告而受行之。"每月朔日(初一)诸侯入祖庙请出历书,谓之视朔。视朔后,命祝史宣告,作为当月政令的依据,谓之告朔。告朔后,大臣向国君报告本月当行

---

① 王引之《经义述闻》卷二十四,江苏古籍出版社1985年版,第578页。

之政,谓之听朔。视朔、告朔、听朔三事,为诸侯每月初在朝庙同日举行。闰月是积每月之余分而成,闰月不能独立,如闰十月即附十月,闰月不是正常的月份,可以不告朔。因此经文说"犹朝于庙",意为按礼闰月不应告朔,现在居然还举行了朝庙的祭典。"犹朝于庙",意思说,闰月不仅不应告月,连朝庙全都应该停止。

(39)《春秋·宣公八年》:"壬午,犹绎。万入,去籥。"

《公羊传》:"绎者何? 祭之明日也。万者何? 干舞也。籥者何? 籥舞也。其言万入去籥何? 去其有声者,废其无声者,存其心焉尔。存其心焉尔者何? 知其不可而为之也。犹者何? 通可以已也。"

按:辛巳(六月十六日)这天宣公祭太庙时,鲁大夫公子遂卒于垂的凶讯传来,祭祀在先,凶讯在后,自应完成祭礼即止,但宣公于次日壬午仍举行绎祭,不为卿志哀,故为非礼。但宣公"知其不可而为之",又假惺惺地"万入去籥","去其有声者,废其无声者"。废,《广雅》:"废,置也。"何休注:"废,置也。置者,不去也,齐人语。"《春秋》经文"犹绎"意为"居然仍旧举行绎祭",有批评、否定之意。故曰"犹者何? 通可以已也",意思是说,大夫遂卒,应表示哀悼,绎祭、干舞、籥舞等全都应该停止。

《春秋公羊传》是十三经之一,在中国经学史上、中国政治思想史上,有相当大的影响,又由于它是训诂之传,是经传的正体,对《春秋》经的语言解释十分精湛,因而在古代汉语语法学、词汇学、修辞学的研究上也有很高价值。本文仅从语法学的角度,对《春秋公羊传》作了初步探讨,不妥之处在所难免,敬请方家指正。

原载《古汉语语法论集》,语文出版社 1998 年版

"即""便""就"虚化过程中的错项移植

孙锡信

"即""使""就"本来都是动词,"即"的本义是"就食",如"鼎有实,我仇有疾,不我能即"(《易·鼎》)。引申为"接近"义,如"匪来贸丝,来即我谋"(《诗·氓》)。"便"的本义是"安",即"适合",如"便国不法古"(《商君书·更法》)。"就"的本义是"就高",引申为一般的"趋""赴"义,如"水流湿,火就燥"(《易·乾》)。这三个词后来都产生出副词和连词的用法,形成历时替换的关系。对这三个词由动词虚化为副词的历程以及在副词用法上的替换关系,前贤多有论述,但对它们作为连词的来历、虚化的途径却很少涉及。本文重点探讨后一问题,并从中窥探"错项移植"和"类同虚化"的语法现象。

一

"即"在先秦就完成由动词到副词、连词的虚化历程。虚化前"即"是外动词。《诗·大雅·生民》:"即有邰家室。"郑笺:"就其成国之家室。"孔疏:"后稷就而有之。"《晋语八》:"攀辇即利而舍。"韦注:"即,就也。"此"即"意为"靠近""趋近"。"即"虚化的第一步是由外动词变为内动词,其词义由甲靠近乙发展为甲等同于乙,表示"为""是"义。例如:

(1) 子曰："礼者何也？即事之治也。君子有其事，必有其治。治国而无礼，譬犹瞽之无相与？伥伥乎其何之?"(《礼记·仲尼燕居》)

例中"即"应视作外动词，"即事"意为"行事"，"即事之治"意为"行事的道理"，其句法结构是"即事/之治"；但也可视作内动词，"即"意为"就是"，"即事之治"意为"就是（做）事的道理"，其句法结构是"即/事之治"。"即"在此可作两种理解、两种分析，这正是"即"可由外动词虚化为内动词的句法条件，"即"在此种语法环境中通过重新分析，发生语法化，从外动词变成一个内动词。"即"从先秦产生内动词用法，后代一直沿用。如：

(2) 民死亡者，非其父兄，即其子弟。(《左传·襄公八年》)

(3) 梁父即楚将项燕。(《史记·项羽本纪》)

(4) 少府徐仁，即丞相车千秋女婿也。(《汉书·杜周传》)

(5) 神即形也，形即神也。(范缜《神灭论》)

作内动词时，"即"后跟体词，"即"相当于今之"就是"(刘淇《助字辨略》云：此即字犹俗云"就是")；如果"即"后跟上谓词，那么"是"义随之消失，"即"由空间上的接近变为时间上的接近①，"即"表"遂"、"便"义，就成为一个副词。如：

(6) 君有楚命，亦不使一介行李告于寡君，而即安于楚。(《左传·襄公八年》)

(7) 度不中不发，发即应弦而倒。(《史记·李将军列传》)

前一例用"即"表示"安于楚"离说话时间很近，后一例用"即"表示"发"和"应弦而倒"两个行为相距时间很近。而时间上的"接近"则常表现为事件的顺递关系。因此，"即"顺理成章地用为承接连词，与"则"通用。如：

(8) 三十四十之间而无艺，即无艺矣。(《大戴礼记·曾子立事》)

(9) 先即制人，后则为人所制。(《史记·项羽本纪》)

---

① 参阅李宗江《"即、便、就"的历时关系》，《语文研究》1997年第1期。

"即"作为承接连词是承接前文的,但如果"即"引起的分句意犹未尽,后面接续另一分句来完成句意,那么"即"在句中的作用是既承接前文,又开启下文。例如:

  (10) 今王以汉中与楚,即天下有变,王何以市楚也?(《战国策·秦策》)

  (11) 所贵于天下之士者,为人排患释难解纷乱而无所取也。即有所取者,是商贾之人也。(《战国策·秦策》)

"即"这种用法如同"若",应视为假设连词。在这种用法上,"即"与"则"也是相通的。王引之《经传释词》引《项羽本纪》:"项王谓曹咎等曰:'谨守成皋,则汉欲挑战,慎勿与战。'"而《汉书·项籍传》作"即汉欲挑战"。王氏曰:"'即'与'则'古字通,而同训为'若',故《史记·高祖本纪》作'若汉挑战也'。"

"即"作假设连词在先秦汉代已很普遍。如:

  (12) 庄公病将死,谓季子曰:"寡人即不起此病,吾将焉致乎鲁国?"(《公羊传·庄公三十二年》)

  (13) 尔即死,必于殽之嵚岩。(《公羊传·僖公三十三年》)

  (14) 我兄弟多,即君百岁后,秦必留我。(《史记·秦本纪》)

  (15) 萧相国即死,令谁代之?(《史记·高祖本纪》)

由假设连词到让步连词仅一步之遥,故"即"进一步又由"若"义转而产生"纵然""纵使"义,用作让步连词。《助字辨略》释"即"云:"又假设之辞,犹云'纵令'也。'即'得为'纵'者,'若'之转也。"刘淇的分析是正确的。

"即"从先秦时就开始用为让步连词,汉代沿用。如[①]:

  (16) 桀纣即厚于有天下之势,索为匹夫而不可得也。(《荀子·王霸》)

  (17) 公子即合符,晋鄙不授公子兵而复请之,事必危矣。(《史记·魏公子列传》)

---

① 以下 2 例取自杨伯峻、何乐士《古汉语语法及其发展》。

"即"的连词用法延续到六朝时期,用作假设连词的如:

（18）诸卿以我弟故,欲诛之,即我子,卿等敢尔邪?（《后汉书·樊儵传》）

（19）今陛下立太子,为阴氏乎? 为天下乎? 即为阴氏,则阴侯可;为天下,则固宜用天下之贤才。（《后汉书·桓荣传》）

（20）融答曰:"即如所言,君之幼时,岂实慧乎!"（《三国志·魏志·崔琰传》裴注引《续汉书》）

（21）吴去此数百里,即有警急,赴救为难,将军无意屯京乎?（《三国志·吴志·张纮传》裴注引《献帝春秋》）

用作让步连词的,如:

（22）如令君器易以下议,即斗筲必能叨天业,狂夫竖臣亦自奋矣。（《后汉书·周章传》）

（23）丁掾,好士也,即使其两目盲,尚当与女,何况但眇? 是吾儿误我。（《三国志·魏志·陈思王植传》裴注引《魏略》）

从上述可见,"即"从动词到连词有一根连续虚化的链条贯穿,这根链条可以表示为:

外动词（靠近）→内动词（就是）→副词（就）→承接连词（则）→假设连词（若）→让步连词（纵然）

虚化是随着"即"的词义引申开始的,"即"的实词意义引申到一定程度便变为表示一定的语法关系,实词义变成了关系义,因而使"即"的语法功能发生质的变化。在"即"由外动词虚化为内动词、由内动词虚化为副词、又由副词虚化为连词的几个环节,表现出"即"的实词义一步步变虚,以至湮没,而关系义即其语法作用则一步步增强。语法作用的增强表现在"即"的语用域越来越大:由表承接,进而表假设,又进而表让步。"即"最终能表让步关系,关键是"即"除了有承接连词（则）的用法,还有假设连词（若）的用法。缺少假设连词的用法,"即"的让步连词用法是不可能产生的。

二

"便"和"就"在长期的运用过程中也由动词虚化为副词和连词,但却难以发现连续虚化的踪迹。先看"便"的变化情况。

"便"作动词用时表示"适合、适宜"义,如:

(24) 治世不一道,便国不法古。(《商君书·更法》)

(25) 衣服使之便于体,膳啖使之嗛于口。(《战国策·赵策》)

"便"后跟名词时意为"适合",跟动词则为"以……为便"之意。例如:

(26) 和集周民,周民皆说,河雒之间,人便思之。(《史记·郑世家》)

"人便思之"意为"人们以思之为便"。此处的"便"仍应视为动词。但处在动词前的"便"运用开来以后便渐由"以……为便"转为顺承前文的"遂便"义。例如:

(27) 司马长卿便略定西夷。(《史记·司马相如列传》)

(28) 是时楼船将军杨仆使使上书,愿便引兵击东越。(《史记·东越列传》)

(29) 民有慕义欲内属,便处之;不欲,勿强。(《汉书·贾捐之传》)

(30) 敞免奏既下,诣阙上印绶,便从阙下亡命。(《汉书·张敞传》)

(31) 母大惊,便止东亭,不肯入府。(《汉书·酷吏传》)

可见表"遂便"义的副词"便"在西汉时已见运用,东汉时日见其多,魏晋后已极普遍。"便"作副词用时,与"即"、"遂"同义,故可同义连文为"即便"、"遂便":

(32) 帝将乘马,马恶衣香,惊啮文帝膝,帝大怒,即便杀之。(《三国志·魏志·朱建平传》)

(33) 我临陈使琐奴往,闻使君来,即便引军退。(《三国志·魏志·乌丸鲜卑东夷传》)

(34) 太守不听,遂便升车。(《后汉书·周章传》)

(35) 瓒以为救至,遂便出战。(《后汉书·公孙瓒传》)

南北朝时"便"又可用作让步连词,表示"即使"、"纵然"的意思。如:

(36)凤等问敦曰:"事克之日,天子云何?"敦曰:"尚未南郊,何为天子!便尽卿兵势,唯保护东海王及裴妃而已。"(《魏书·僭晋司马叡传》)

(37)时司空王敬则问射声校尉萧坦之曰:"便如此,不当匆匆邪?"坦之曰:"此政当是内人哭声响彻耳。"(《魏书·岛夷萧道成传》)

表示"遂便"义的副词"便"与表示"即使"义的连词"便"是什么关系?似乎不好遽作回答,因为二者不仅表义不同,而且语法位置也相异。副词"便"用于句中动词前,让步连词"便"却用于小句开头。这两种用法从语法位置到语法义意义都相去甚远,难以论证副词"便"到让步连词"便"的虚化途径。比较"即"和"便"的虚化历程,可以看出二者的差异:"即"从动词到副词再到连词有一条连续的虚化链,而"便"从动词到副词的虚化与"即"从动词到副词的虚化相仿,均由用于名词前变为用于动词前,语法位置的变化为"即"、"便"词义的虚化创造了条件,但"便"从副词到连词的虚化却少了一个环节,即"便"没有像"即"那样的用于句中表示"如果"义的假设连词的用法。"便"从"遂便"义的副词变为"纵使"义的让步连词不是自身自然演变的结果,而是受"便"以外词语影响所致。这个词语就是"即"。"便"从汉代产生副词用法后与副词"即"意义、用法完全相同,因此可以互换。例如:

(38)雨住便生热,云晴即作峰。(庾信《喜晴》诗)

(39)热即池中浴,凉便岸上歌。(王梵志诗)

此二例"便""即"互文,"即便""便即"连文用例也所在都有,表明此二例通用率很高。二词的长期通用使人们产生一种类推心理,以为"即"与"便"完全相同,以致将"即"的让步连词的意义、用法错项移植到"便",使"便"也产生出表"即使""纵然"义的让步连词用法。"便"作让步连词用虽在南北朝时已见用例,但大量运用却在中古以后。下面是唐以后的例子:

(40)便与先生应永诀,九重泉路尽交期。(杜甫《送郑十八虔》诗)

(41) 人情便所遇,音韵岂殊常。(刘禹锡《谢乐天闻新蝉见赠》诗)

(42) 花丛便不入,犹自未甘心。(白居易《赠同座》诗)

(43) 便如地狱,亦不得见王面。(《大目乾连冥间救母变文》)

(44) 莫道千金酬一笑,便明珠,万斛须邀。(柳永《合欢带》词)

(45) 近日既将燕京许与南朝,便如我自取得,亦与南朝。(《三朝北盟会编·燕云奉使录》)

(46) 若一向蛊过,不加仔细,便看书也不分晓。(《朱子语类·总训门人》)

三

再看"就"字用法的演变。

"就"本是动词,《说文》:"就,就高也。"引申为"趋向""靠近"义,如:

(47) 水就湿,火就燥。(《易·乾》)

(48) 处工就官府,处商就市井,处农就田野。(《国语·齐语》)

(49) 我二十五年矣,又如是而嫁,则就木焉。(《左传·僖公二十三年》)

(50) 就有道而正焉。(《论语·学而》)

(51) 吾不忍其觳觫,若无罪而就死地。(《孟子·梁惠王上》)

"就"后带名词表示"接近某地或某人",后边跟上动词则表示"趋、往"义。如:

(52) 使归就戮于秦,以逞寡人之志,若何?(《左传·僖公三十三年》)

(53) 孟子致为臣而归,王就见孟子。(《孟子·公孙丑下》)

这种用法延至后代。如:

(54) 吾王诈病不朝,就赐几杖。(《史记·孝文本纪》)

(55) 恂勒兵入见使者,就请之。(《后汉书·寇恂传》)

(56) 太祖以卓终必覆败,遂不就拜,逃归乡里。(《三国志·魏志·武帝纪》裴注引《魏书》)

由于"就"与后边动词紧相连接,表示"就"和后边动词是在短时间内发生的两个行为,"就"表"趋""往",是附加意义,而后一动词则表示主要意义。"就＋动"连用既久,便使"就"的"趋、往"义逐渐淡薄,而仅表时间短促的"遂便"义,于是动词"就"便虚化成了副词。介于动词"就"和副词"就"之间的用法,南北朝时已见端倪。如:

（57）又以尚书令华歆为郗虑副,勒兵入宫收后。闭户藏壁中,歆就牵后出。（《后汉书·献帝伏皇后纪》）

（58）茂让步曰:"以南阳兵精,延岑善战,而耿弇走之。大王奈何就攻其营。"（《后汉书·张步传》）

（59）滂曰:"滂死则祸塞,何敢以罪累君,又令老母流离乎!"其母就与之诀。（《后汉书·范滂传》）

这几例中的"就"表示时间很短,"就"后边的动作是紧接着前文所述行为或事件发生的,已比较接近表"遂便"义的副词"便"。比较:

（60）闭户藏壁中,歆就牵后出。（《后汉书·献帝伏皇后纪》）

（61）诣请之日,便使杖入,又可使着鹿皮冠。（《三国志·魏志·文帝纪》裴注引《魏书》）

（62）其母就与之诀。（《后汉书·范滂传》）

（63）且陛下方病,而曹肇、秦朗便与才人侍疾者言戏。（《三国志·魏志·明帝纪》裴注引《汉晋春秋》）

例60"就牵后出"与例61"便使杖入"句式相仿,例62"就与之诀"与例63"便与才人侍疾者言戏"句式相仿,"就"在句中的语法地位和语义跟"便"几乎相当。因为此时"就"的此类用法还很少,加之"就"多少还带有一些"往、趋"的动词义,所以还难以断定此类"就"已虚化成了副词,但把它们看作"就"正处在动词向副词转化的过渡形态应该是可以的。副词"就"的产生年代有不同的意见,梅祖麟（1984）认为是在元代,曹广顺（1987）认为是在宋代,李宗江（1997）认为可以上推至唐代。这个问题还可以进一步考察,笔者以为副词"就"有多种语义和作用,就其完备程度而言,以曹说为佳,而就其某种萌芽状态和早期使用而言,时代似亦可前提。

值得注意的是"就"在虚化为副词之前却已用作纯粹的让步连词。请看例句:

(64)就或佞邪,盗言孔甘,犹当清览,憎而知善;谗巧似直,惑乱圣听,尚望文告,使知所由。(《三国志·魏志·公孙度传》裴注引《魏书》)

(65)其子弟念父兄之耻,必人自为守,无降心,就能破之,尚不可有也。(《三国志·魏志·荀彧传》)

(66)就与孙刘不平,不过令吾不作三公而已。(《三国志·魏志·辛毗传》)

(67)就有所疑,当求其便安,岂有触冒死祸以解细微!(《后汉书·霍谞传》)

(68)就臣愚惑,信如言者,前世尚遗匈奴以宫姬,镇乌孙以公主。(《后汉书·皇甫规传》)

(69)敷赞圣旨,莫若注经,而马郑诸儒,宏之已精,就有深解,未足立家。(《文心雕龙·序志》)

(70)就能之,其大小劫之多不可知也。(柳宗元《东海若》)

"就"的让步连词用法同"便"一样,不是来源于动词的用法。"就"也没有假设连词的作用(表"如果"义),因此不存在"即"那种由假设连词(如果)转化为让步连词(即使)的机制。"就"的让步连词用法也是由"即"的让步连词用法错项移植而来的。"就"与"即"在作动词用时意义、功能相同。《说文》:"即,即食也。"徐锴曰:"即,就也。"《诗·卫风·氓》:"匪来贸丝,来即我谋。"郑笺:"即,就也。"《广韵》:"即,就也。""就,即也。"此二词作动词用时均为"趋向、接近"义,因此常常通用。习惯成自然,"即""就"通用引致"即"的让步连词用法转嫁到"就"上。

我们从以下两组例句可以约莫窥见这种转化的轨迹：

（71）如令君器易以下议，即斗筲必能叨天业，狂夫竖臣亦自奋矣。（《后汉书·周章传》）

（72）法孝直若在，则能制主上，令不东行；就复东行，必不倾危矣。（《三国志·蜀志·法正传》）

（73）丁掾，好士也，即使其两目盲，尚当与女，何况但眇？（《三国志·魏志·陈思王植传》裴注引《魏略》）

（74）其子弟念父兄之耻，必人自为守。就能破之，尚不可保。（《后汉书·荀彧传》）

前一组按例71"即斗筲必能叨天业"句法，例72应作"即复东行，必不倾危矣"，此处"即"换用了"就"；后一组按例73"即使其两目盲，尚当与女"句法，例74应作"即能破之，尚不可保"，此处也是"即"换用了"就"。两组例句的句型框架相同，而句中表示让步关系的词语却由"即"换成了"就"，这似乎是一种"词汇兴替"的现象，不过这种兴替并不是直接建立在"即"和"就"完全同义的基础上。"即"与"就"本来仅在作动词时同义通用，此外"即"还有"纵然、即使"义，这是"就"原来不具备的。可是六朝时"即"的此一义项转嫁到"就"上，从而使"就"也产生了让步连词的用法，这是错项移植的结果。

让步连词的意义和用法从"即"转移至"便"和"就"，这是错项移植的作用；而从"便"和"就"几乎同时产生让步连词的用法来说，这又是一种类同虚化。这种类同虚化并未到此结束，可以说"就"的副词用法也受到类同虚化的影响，因为"便"早在汉代已作副词用，"便"的副词意义、用法促进了"就"由动词向副词的转化。由于错项移植和类同虚化的交互作用，终至使"便"和"就"都具备了跟"即"一样的副词和让步连词的用法。再往后，在长期运用的过程中，"用进废退"，"就"逐渐占有优势，在口语中成为最占上风的形式，"即"和"便"就成为文言的遗留形式了。

四

所谓"错项移植"是语法成分在发展过程中产生的语法现象,涉及相关的两个成分。设若甲成分有 a、b、c、d 等项用法,乙成分有 A、B、C 等项用法,由于 a＝A、b＝B、c＝C,于是产生类推作用,甲的 d 用法可能会转移至乙,以致乙也产生出甲的 d 用法,这就是错项移植。

错项移植之所以能成立,应该有一定的机制在起作用。

4.1 认同心理的作用

"认同"应是有某种基础的。两个成分如果词义相异,用法迥别,不可能被认同;而两个成分意义相近,用法相通,就可能被认同为性质、功能相同的成分。比如处置式在继"将字句""把字句"后,又出现了"捉字句"和"拿字句"。"捉""拿"与"将""把"一样,原来都是动词,表示类似的词义(持、握)。"捉"从唐代以后用为表示处置义的介词(如王梵志诗"漫将愁自缚,浪捉寸心悬")①,"拿"从明代以后用为表示处置义的介词(如《西游记》"我们拿他往下一掼,掼做肉坨子")②。"捉"和"拿"用于处置句是因为"捉""拿"与"将""把"有共同的词义基础,这种共同的词义基础使人们对"捉""拿"与"将""把"产生一种认同感。认同的心理促使"捉""拿"孳生出原本没有而同义词"将""把"所具备的处置用法,这样"将""把"的处置用法便移植到"捉""拿"的头上。

"便"和"就"都是因"即"错项移植而产生让步连词用法的,之所以发生错项移植,是因为"便""就"与"即"在意义和用法上有相通之处。但二者的移植途径又不尽相同。"便"和"即"是在副词用法上有诸多共同性,"便""即"作为副词经常通用,认同的途径是从副词到连词;而"就"与"即"是作为动词经常通用,认同

---

① 参阅冯春田《近代汉语研究》4.1.3"捉"字、"拿"字处置句。
② 见向熹《简明汉语史》下册,第433页。

的途径是从动词到连词。二者皆因认同而发生移植,尽管认同的基点并不一致,但认同的结果都是将"即"的让步连词用法移植过来,殊途而同归。这样就形成了让步连词由用"即"而用"便"、而用"就"的梯度,最终是以用"就(就是)"完成了这种语法变化的过程。

错项移植与一般的语法化过程很不相同。一般语法化进程往往是一个实词由于词义的引申变化、语法位置的变迁移动而导致实词虚化,这是一个渐变的过程。而错项移植不表现为这种渐变的模式,它带有跳动感,这种跳动感在"就"用作让步连词时表现尤其明显。"就"本来只作动词用,"就"的动词性减弱后,"就"带有介词性质。可是"就"的介词用法与"就"作让步连词用根本没有关系。"就"后来又作副词用,时代却明显晚于让步连词的用法。那么"就"的让步连词用法究竟从何而来呢? 我们只能从"就"自身变化以外去找原因,这似乎是不合情理的,但又在情理之中。这正如今天我们也会听到"我也很女人嘛""读你的表情"之类的话语。"很女人"的说法是基于女人温柔妩媚的联想,我们决不会去找"女人"这个词怎么由名词语法化为形容词的线索;同样,"读你的表情"也不会引起我们探讨"读"的词义如何由口读"引申"为眼看的兴趣。"很女人""读表情"只不过是一种用法的移植,并没有太深奥的道理。

4.2 句法格式的移用

同义词、近义词有共时与历时之分,历时的同义词本来并不同义,后来词义演变,使两词表义相同了。如战国以前"卒"是"士卒"义,"兵"是"兵器"义。《左传·隐公元年》:"大叔完聚,缮甲兵,具卒乘,将袭郑。"句中"甲兵"与"卒乘"相对,"兵"是兵器,"卒"是步兵。汉代以后"兵"由"兵器"引申出"持兵器的人"的新义,"兵"和"卒"就变成同义词了。既然同义,"兵"就可能代替"卒",出现在新的原来隶属于"卒"的语言环境中。(当然,由于词义的区别、感情色彩的不同、语体风格的差异等因素,同义词并不是都能互相替代的。这里只是一般而言罢了。)相反的情况是,如果本来同义的两个词,由于词义引申演变的关系,其中一个虚化为一个语法成分,而另一个词并未发生相同的虚化,那么这两个词出现的语法环境必定会产生差异。如"被"和"受"本来都表示"蒙受"义,"被"后来虚化为被动句的标记,而"受"没有发生类似的虚化,因此"受"一般不出现在"被"出现的环境,二者表现出明显的差异。不过这种差异并不是一朝一夕形成的,在形成差异的过程中,偶尔也会出现语法环境即句法格式移用的情形。就"被"而言,"被"从南北朝时就产生了"被……所……"的格式(《颜氏家训·杂艺》:"常被元帝所使"),应该说"被……所……"式是被字句的一种格式。由于"被"和"受"原来都有"蒙受"义,"受"因"被"的影响,偶尔也会用到"被"的语言环境中,下面一例"受……所……"就是"被"的句法格式移用于"受"而产生的句子:

(75) 父老所传周世宗筑京城,取虎牢土为之,坚密如铁,受炮所击,唯凹而已。(《金史》卷113)

不过这种移用并未持久,这是因为"被……所……"式(此前还有"为……所……"式)毕竟是一种有生命力的句式,"受……所……"式仅是昙花一现的移用而已。

句法格式的移用是从某一语法成分选择语言环境角度而言的,反过来,从语言环境应选择何种语法成分的角度来说未尝不可以认为是句法成分的移用。所以上面的例子,也可以说是"受"移用于"被……所……"的格式。

相比较而言,"便"和"就"移用于"即"作让步连词的句式便呈现另一幅面貌。"即"作让步连词用始于先秦,盛于魏晋南北朝,而就在此时"便"、"就"也开始用作让步连词。"便""就"的让步连词用法一经产生,就有取"即"而代之之势。这可能是语词运用的"求新"趋势的作用,而"求新"趋势反映了口语发展的需要。

句法格式和句法成分的移用,不同于一般的词语在句中句法位置的变化。词语在句中的句法位置,可以因其与其他词语的关系和配置而发生转移。比如"就"作为动词用时往往后面跟上名词("就位""就职"),"就"是"走上、趋近"义。随着"就"使用范围的扩大,"就"还用于动词前("就戮""就见"),"就"的动词义还未丧失;不过这种语法环境的变更使"就"的动词义逐渐减弱,为"就"从动词虚化为副词创造了条件。"就"的这种变化是在"就"自身运用和发展中发生的,变化的轨迹是词义由实转虚,这正是一般语法化必经的途径。而"就"从表示"接近""趋近"义变为表示"纵然""纵使"义,从用于动词、名词前一变而用于复句中前一分句之前,跳跃的幅度非常之大。这种变化的产生不可能从动词"就"的演化找到根源,它只有两种可能:(1)此一"就"非彼一"就",用作让步连词的"就"跟动词"就"无关,它是一个崭新的词;(2)此一"就"原先即动词"就",但动词"就"用到了另外的语法环境,起了另一种语法作用,因此它不再是动词"就",而变成连词"就"了。我们选择了第二种可能,理由是:"就"与"即"有密切关联,用"即"的地方换用了"就"。从"就"来说,由动词一变而为连词似乎不可思议,似乎不合语法演变的渐变规律,但从"就"与"即"的历史关联来看,又不是没有这种可能。语言运用的主体是人,某种语法变化初始时就是人运用语言的产物。这种变化如果不被人们容忍、吸收,那就不能得到普遍的运用,会遭到淘汰的厄运,如"受……所……""遭……所……"的句式;反之,如果对某种变化,人们并不以为怪,不仅容忍,而且仿习,越用越普遍,那么这种变化就是合理的。"就"用作让步连词就属于此类变化。

4.3 类同虚化的趋势

"即""便""就"演变成副词和让步连词的途径各不相同,但从变化结果看,"即""便""就"均有副词和让步连词的用法,而且存在历时替换的关系,这表明三个词的虚化是类同的。需要说明的是:(1)类同有共时和历时之分,"即""便""就"的变化是历时的类同。(2)类同不是指变化的模式完全相同。"即"从动词变为副词和让步连词是词义引申、语用扩大的结果,而"便""就"并不完全如此,"便""就"仅在演变过程的某一阶段与"即"重合,当"便""就"的演变发生断裂时,因受"即"用法的影响,"便""就"跳过某些阶段,而与"即"再度会合。这种虚化的模式虽然特别,但从结果来看,仍应认为是类同的变化。(3)考察类同虚化不能只关注个别词语某一时段的运用,而应纵观相关一组词语演变的全部历史,否则便难以发现并解释类同虚化的现象。

　　语法变化有以类相从的趋势。语言中某一个词发生语法变化以后,与其意义、功能相似的词在相同的句法条件下可能发生同样的语法变化。处置式从"将"字句、"把"字句到"捉"字句、"拿"字句可以看到这种情形,被动句从"为"字句、"被"字句到"吃"字句(且不说"遭""受"也可用于表示被动)也可以看到这种情形,"与""和""同""跟"均由动词演变为介词、连词[①],"却""着""将""取"等由动词虚化为动态助词[②],同样可以看到这种情形。这说明语法变化不是孤立的现象,它和语言的系统性密切相关。以类相从的语法变化造成某种语法意义和语法关系可能同时由不同的语法成分来担当的现象,这就有可能使语言中出现冗余的语法成分,这不符合语言的经济原则。于是在词语运用中,用进废退、优胜劣汰的竞争无时无刻不在进行。竞争的结果是有的词语在语言中牢牢生根,有强大的生命力;而有的词语或者昙花一现,或者运用一时便告隐退。语法变化就在这种竞争中展现出推陈出新的面貌。

参考文献

曹广顺《试说"快"和"就"在宋代的使用及有关的断代问题》,《中国语文》1987 年第 4 期。

洪波《论平行虚化》,《汉语史研究集刊》第 2 辑,巴蜀书社 2000 年版。

李宗江《"即、便、就"的历时关系》,《语文研究》1997 年第 1 期。

梅祖麟《从语言史看几本元杂剧宾白的写作时期》,《语言学论丛》第 13 辑。

太田辰夫《中国语历史文法》中译本(蒋绍愚、徐昌华修订译本),北京大学出版社 2003 年版。

原载《语言研究集刊》第二辑,上海辞书出版社 2005 年版

---

　　① 　参见马贝加《近代汉语介词》。
　　② 　参见曹广顺《近代汉语助词》。

汉语动量词不产生于先秦说

杨剑桥

从 20 世纪五六十年代以来,关于汉语动量词的产生时代语言学界基本上有一个共识,即认为是在魏晋南北朝时期,而其源头则可上溯到东汉时代。这一方面的主要研究成果有刘世儒《魏晋南北朝量词研究》、王力《汉语语法史》、潘允中《汉语语法史概要》、洪诚《王力〈汉语史稿〉语法部分商榷》等。①近年来则有杨伯峻、何乐士《古汉语语法及其发展》、叶桂郴、罗智丰等著作和文章提出,汉语动量词早在先秦时代就已经产生了。②动量词的产生是汉语史上的一个重要问题,需要我们认真对待,所以在这里提出自己的一点意见。

一

杨伯峻、何乐士提出:"动量词在先秦书中偶然可以见到,东汉魏晋渐多,唐

---

① 刘世儒《魏晋南北朝量词研究》,中华书局 1965 年版。
　王力《汉语语法史》,商务印书馆 1989 年版。
　潘允中《汉语语法史概要》,中州书画社 1982 年版。
　洪诚《王力〈汉语史稿〉语法部分商榷》,《中国语文》1964 年第 3 期。
② 杨伯峻、何乐士《古汉语语法及其发展》,语文出版社 1992 年版。
　叶桂郴、罗智丰《汉语动量词形成的原因》,《古汉语研究》2007 年第 3 期。

宋以后便普遍运用了。"①书中所列举的先秦例句有：

（1）使伯嘉谍之，三巡数之。（《左传·桓公十二年》）

（2）孔子游于匡，卫人围之数匝，而弦歌不辍。（《庄子·秋水》）

（3）先具大金斗。代君至，酒酣，反斗而击之，一成，脑涂地。（《吕氏春秋·长攻》）

（4）婿授绥，御轮三周。（《礼记·昏义》）

杨伯峻、何乐士说"偶然可以见到"，用词还是比较谨慎的。到了叶桂郴、罗智丰，话就说得非常肯定了："关于动量词的产生时间，各家观点不一……吴伯芳证明动量词早在先秦就出现了。我们支持吴伯芳的观点，认为先秦就产生了动量词。吴伯芳的论证无疑是令人信服的……"②文中转述吴伯芳的"全部"先秦例句有（与上面杨伯峻、何乐士重复者不再列出）：

（5）小乐正立于西阶东，乃歌鹿鸣三终。（仪礼·大射仪）

（6）群工陪于后，乃管新宫三终。（《仪礼·大射仪》）

（7）工入，升歌三终。主人献之，笙入三终。主人献之，间歌三终，合乐三终，工告乐备。（《礼记·乡饮酒义》）

我们认为，对于这些例句，有必要进行一番检验。首先是核对原文。例（1）的"三巡数之"，晋杜预注："巡，徧也。"唐孔颖达疏："谓巡绕徧行之。"杨伯峻《春秋左传注》注："巡，徧也。数，上声。谓伯嘉数楚师之数。"沈玉成《左传译文》翻译为："三次遍数了楚军的人数。"这是对原文忠实而准确的表述。可见，"巡"应当是"数"的状语，并不是与"三"结合的量词。关于例（3），陈奇猷《吕氏春秋校释》标点为："反斗而击之，一成，脑涂地。"书中注43："一成即一击。详《论威》注47。"《吕氏春秋·论威》"吴王壹成"，注47："范耕研曰：'高氏（高诱）以一举而成

---

① 杨伯峻、何乐士《古汉语语法及其发展》，第204页。
② 叶桂郴、罗智丰《汉语动量词形成的原因》，第81页。

解壹成,似有增字牵合之嫌。盖壹成犹一击也。本书《长攻篇》"一成,脑涂地",此与之同。言专诸刺吴王一击而中也。'奇猷案:范说是。谓吴王为专诸一击而死也。"由此可见,"一成"的"成"也不像是动量词。例(5)(6)(7)都涉及"三终",是同一个问题。例(7)的"三终",唐孔颖达疏:"工入升歌三终者,谓升堂歌《鹿鸣》《四牡》《皇皇者华》,每一篇而一终也。主人献之笙入三终者,谓吹笙之人入于堂下,奏《南陔》《白华》《华黍》,每一篇一终也。主人献之者,谓献笙入也。间歌三终者,间,代也,谓笙歌已竟,而堂上与堂下更代而作也。堂上人先歌《鱼丽》,则堂下笙《由庚》,此为一终;又堂上歌《南有嘉鱼》,则堂下笙《崇丘》,此为二终也;又堂上歌《南山有台》,则堂下笙《由仪》,此为三终也。……合乐三终者,谓堂上下歌、瑟及笙并作也。若工歌《关雎》,则笙吹《鹊巢》合之;若工歌《葛覃》,则笙吹《采蘩》合之;若工歌《卷耳》,则笙吹《采苹》合之。"宋李如圭《仪礼集释》云:"歌与笙,每篇为一终。间歌,每间为一终。合乐,《鹊巢》合《关雎》、《采蘩》合《葛覃》;《采苹》合《卷耳》,每合为一终。"对于例(7),杨天宇《礼记译注》的翻译是:"乐工进来,升堂唱三首歌,然后主人向他们献酒;接着笙工进来,(在堂下)吹奏三支乐曲,然后主人向他们献酒;接着歌唱和吹笙交替进行,唱三首歌、吹三支曲;最后歌唱和乐器合作,(把《周南》和《召南》中的诗各)演唱了三首。乐正向宾报告乐歌演唱完毕。"对照上述引文,可知"三终"之"终"并不等于现代汉语的"遍、次、回"。而清李光地《榕村语录》卷二云:"古乐有四节,每节有三终。大抵每终皆有翕纯皦绎,不必三终、四节既而始具也。"这就是说,"终"是"节"的下位概念,可译为"小节",四节共十二终,就是四节共十二小节。既然如此,那么"演奏了四节"的"节"不是动量词,"演奏了三终"的"终"当然也不是动量词。这样,上述七个先秦的例子中有五个难以成立,哪里是"令人信服的"呢?

其次,如果说例(1)的"三巡"是数量词,那么又引出了一个问题,就是先秦有没有数词加动量词放在动词前面的句型? 洪诚指出:"动量词一般是放在动词后面,东汉有放在动词前面的,如前引桓谭《新论》'当十遍读',那只能算萌芽时期的偶然现象。唐代动量词前置,虽不是个别的现象,确不太多。"①连唐代都不多、东汉都是偶然的句型,我们很难想象《左传》中已经存在。

再次,我们还必须把字形相同的名量词和动量词严格区分开来。上面例(2)就有这样的问题。在现代汉语中,"刮起一阵狂风"的"阵"和"在家瞎忙一阵"的"阵","一顿晚餐"的"顿"和"一起去吃一顿"的"顿","看了一场电影"的"场"和"大吵了一场"的"场","有这么一回事"的"回"和"才去了一回"的"回",分别是名量词和动量词。例(2)"卫人围之数匝"是说包围了好几层,不是说包围了好几次,可见这里的"匝"应是名量词。吴伯芳另有三个汉代的例,即:

(8)沛公乃夜引兵,从他道还,更旗帜,黎明,围宛城三匝。(《史记·高祖本纪》)

(9)羽闻之……围汉王三匝。(《汉书·高帝纪》)

(10)月明星稀,乌鹊南飞。绕树三匝,何枝可依?(《短歌行》)

这里例(8)(9)的"匝"也是名量词,唯有例(10)"绕树三匝"是说乌鹊环绕着树飞了三遍,这才有下文"何枝可依"的问题产生,这个"匝"才是动量词,但是这一例王力等学者都承认是动量词,时代也已经是汉魏时候了。其实,关于这个问题刘世儒《魏晋南北朝量词研究》一书早就有所解释,他在第五章谈到例(10)"匝"字时指出:

如上所说,它是个古老的量词(至迟在汉代就已经常见,如《史记·高帝记》:"迟明围宛城三匝。"又如《汉书·高帝纪》:"羽闻之,围汉王三匝。"),但并不能因此就证明动量词这一语法范畴早在汉代就已经形成。因为"匝"这个字眼儿是有两面性的。在汉代,说它动量词,毋宁说它还是名量词(如"围三匝"其实就是"围成三匝",如同说"围成三重",都是"成动式"中的名量足语,不是一般动补结构中的动量补语)。②

刘世儒的话无疑是正确的。不仅如此,还有是否真的属于量词的问题。例

---

① 洪诚《王力〈汉语史稿〉语法部分商榷》,《中国语文》1964年第3期。
② 刘世儒《魏晋南北朝量词研究》,第264页。

如例(3),洪诚说:"动量词的起源当在东汉。……高诱《吕氏春秋·长攻》'反斗而击之,一成,脑涂地'注:'一成,一下也。'(高诱用口语词作注,并非以'下'解'成',也并非以'下'解'击'。如果认为'下'是动词,那是误解。倘若用动词作注,当作'一成,一击也'。注文的意思是'一成,击一下也',省'击'字。)"①洪诚是把高诱注作为东汉产生动量词的证据,这是正确的;如果我们进而把《吕氏春秋》"一成"作为动量词的证据,那就误解了高诱注了,也是没看懂洪诚的解说。

关于例(4),我觉得《礼记》一书由汉人戴圣收集整理,有可能混入汉代语言现象,所以此例的"御轮三周"是可疑的。退一步说,即使这个句子确实是先秦已有的,也还有讨论的余地。刘世儒在引到《左传·定公九年》"坐引者,以师哭之,亲推之三"、杜预注"齐侯自推丧车轮三转"时说:"'推轮三转'如同说'推轮使之转三周'。这虽然还不能说就是正规的动量词,但是,后来正规动量词的用法显然也就是从这里发展出来的(例如"镇上走一转……")。"②刘世儒认为杜预注"推轮三转"的"转"还不是正规的动量词,那么"御轮三周"的"周"也应该不是正规的动量词,也就是说,这个"周"还具有动词性。

由此看来,学者们提出的先秦动量词的七个例子都有问题。

其实,认为汉语的动量词可以上溯到周秦之际,更早时候还有傅铭第的《关于动量词"匝"和"周"》一文,所举先秦的例就是上述例(2)和例(4)③。以后,何乐士《〈左传〉的数量词》一文也提出一例:

(11) 必使先射,射三发,皆远许为。(《左传·哀公十六年》)④

另外,郑桦《动量词的来源》一文认为《墨子》中已有动量词"徧":

(12) 居版上,而凿其一徧,已而移版,凿一徧。(《墨子·备穴》)⑤

---

① 洪诚《王力〈汉语史稿〉语法部分商榷》,《中国语文》1964年第3期。
② 刘世儒《魏晋南北朝量词研究》,第266页。
③ 傅铭第《关于动量词"匝"和"周"》,《中国语文》1965年第1期,第27页。
④ 何乐士《〈左传〉的数量词》,《语言文字学术论文集》,上海知识出版社1989年版,第107页。
⑤ 郑桦《动量词的来源》,《宁夏大学学报》2005年第2期,第20页。

（13）鉋其两端，以束轮，徧徧涂其上。（《墨子·备娥傅》）

对于这些句子，我们也应该考察一下。傅铭第的两例上文已辨其误，不赘。对于例（11），何乐士本人并不完全肯定，文中说："'发'在这里可以理解作动词，也可理解作量词。'射三发'究应如何认识，可以讨论。'发'在《左传》里，除此例外都用为动词，这个'发'可能也是动词，以后逐步成为动量词；也可能当时已具有动量词的性质。"①我的意见，这个"发"还是动词。例（12）（13）两例都出于《墨子》。《墨子》一书经汉末和魏晋兵乱，已经散佚不全，南朝梁阮孝绪《七录序》评论说："惠怀之乱，其书略尽。江左草创，十不一存。后虽鸠集，淆乱已甚。"可见此书的语言很有问题，很难说是《墨子》原文。更何况，对于例（12）"凿其一徧"，孙诒让《墨子间诂》注曰："'徧'之借字……下同。"就是说，"徧"当理解为"偏"，并不是"遍"。而对于例（13），孙氏注曰："苏云：'徧字误重。'诒让案：下徧字疑当作编，上云'以麻索编之，染其索涂中'。"这就是说，所谓"徧徧涂其上"原来只有一个"徧"字，而且这个"徧"字还可能是"编"的通假字。退一万步说，我们即使承认原文是"徧徧"（意为一遍一遍），也还得问一下，先秦时代究竟有没有量词重叠这种句型？柳士镇《魏晋南北朝历史语法》第十六章说："此期 AA 式量词重叠表示逐指的语法意义，主要限于名量词，尚未出现动量词的重叠。"②魏晋时期尚未出现的句型，如何能在先秦的文献中出现呢？

由此可见，汉语的动量词决不可能产生于先秦时代。王力、刘世儒、潘允中诸家并非不愿承认先秦时代已有动量词，而是无法承认。王力《汉语语法史》第三章在讲到序数时，有一脚注说："先秦诸子每篇标题，往往标为某某第一，某某第二。这恐怕是后人所加，不足为据。"③在引用《墨子》例句时，有一脚注说："《墨子·备城

---

① 何乐士《〈左传〉的数量词》，《语言文字学术论文集》，第 107 页。
② 柳士镇《魏晋南北朝历史语法》，南京大学出版社 1992 年版，第 213 页。
③ 王力《汉语语法史》，商务印书馆 1989 年版，第 22 页。

门》以下诸篇非墨子所作,当系后人所伪托。"①这种审慎的态度值得我们学习。

二

那么汉语的动量词有没有可能产生于西汉时代呢?

杨伯峻、何乐士所举的西汉例句,除了上面已引到的例(9)以外,还有:

(14)阳虎为乱于鲁,鲁君令人闭城门而捕之,得者有重赏,失者有重罪,围三匝。(《淮南子·人间训》)

(15)莽立载行视,亲举筑三下。(《汉书·王莽传》)

(16)太子击前诵恭王之言,诵三遍而请习之。(《说苑·敬慎》)

(17)孟尝君将西入秦,宾客谏之百通,则不听也。(《说苑·正谏》)②

例(9)上文已经指出其误,这里不赘。例(14),从原文看也还是围成三重之意,不是包围了三次,所以"匝"并不是动量词。例(16)(17)都出自刘向《说苑》,但刘向此书原为二十卷,散佚剩五卷,后经宋曾巩搜辑,复为二十卷,所以此书能否代表西汉语言,尚有疑问。关于例(15),刘世儒已经承认"亲举筑三下"的"下"是动量词,但因为仅有一例,所以他说:"这个动量词虽然远在汉代中叶就已经萌芽,但真正形成一种范畴,则是在南北朝时代的事。"③由此看来,从传世文献来说,很难认为西汉时代就已经产生了动量词。

不过,我们如果把目光转向出土文献,那么这一观点可能会有所改变。陈练军指出,居延汉简中已有动量词"下、通"。例如:

(18)言候击敌数十下,胁痛不耐言。(《居延汉简释文合校》123.58)

(19)出坞上苣火一通,元延二年七月辛未。(《居延汉简释文合校》39.20)

---

① 王力《汉语语法史》,第27页。
② 杨伯峻、何乐士《古汉语语法及其发展》,第205页。
③ 刘世儒《魏晋南北朝量词研究》,第261页。

（20）到北界举坞上旁蓬一通，夜坞上。（《居延汉简释文合校》13.2）

（21）夜人定时苣火三通，已酉日。（《居延汉简释文合校》332.5）①

而在居延新简中则有动量词"下、周、通、发"。例如：

（22）所掀起胡桐木丈从后墨击意项三下，以辜一旬内立死。（《居延新简》EPF22.326）

（23）敲后不欲言，今乃言击敲数十下多所。（《居延新简》EPT52：178）

（24）画地三周，宿其中寇。（《居延新简》EPT59.137）

（25）虏犯入塞随河下行，夜举火二通。（《居延新简》EPF22.392）

（26）第八隧攻候郭君与主官谭等格射各十余发。（《居延新简》EPF16：47）②

我们认为，这些例子中的动量词是确实的。不过，该文也指出："动量词作为汉语词类中的一个分支，在汉代尚处于发展的初始阶段，还没有形成一个完整的体系。"③其主要表现是，动量词数量非常少，使用范围不广；能与之搭配的动词不仅数量很少，而且选择的范围很小；动量词的语法功能单一，只能与数词结合后构成数量短语放在动词或动词宾语之后，充当句子的补语，尚未出现充当状语的用例。

另据魏德胜调查，在湖北云梦出土的秦墓竹简中，汉语的动量词还没有产生，动量的表示仍限于"动词＋数词"或"数词＋动词"。④张俊之等也说："在马王堆汉墓帛书《五十二病方》中都用数字直接放在动词前面或后面表动作行为的数量，而没有动量词。"⑤陈练军则说，江苏连云港尹湾村约为西汉晚期成帝时期

---

① 陈练军《试析〈居延新简〉中的动量词》，《龙岩师专学报》2002 年第 5 期，第 49—51 页。

② 同上，第 49—51 页。

③ 同上，第 50 页。

④ 魏德胜《〈睡虎地秦墓竹简〉语法研究》，首都师范大学出版社 2000 年版，第 128 页。

⑤ 张俊之、张显成《帛书〈五十二病方〉数量词研究》，《简帛语言文字研究》第一辑，巴蜀社 2002 年版，第 209 页。

的六号汉墓简牍,以及约为新莽时期的二号汉墓简牍中也没有出现动量词。[①]
何丽敏也说:"在《竹简(壹)》中并没有发现确定无疑的动量词。"[②]睡虎地秦墓竹
简写于秦始皇三十年(公元前 217)前,帛书《五十二病方》是公元前三世纪的写
本。居延汉简和居延新简的写作年代大致在公元前 86 年至公元 32 年,正是西
汉中期和东汉初年。由此可见,汉语的动量词在西汉中期确实已经开始萌芽,
只是一直到东汉末期,动量词的发展一直处在十分缓慢的过程中,等到魏晋以
后,这种情况才有了比较大的改观。

原载《语言研究》2009 年第 2 期

---

① 陈练军《〈尹湾汉墓简牍〉数量词研究》,《简帛语言文字研究》第一辑,第 424 页。
② 何丽敏《〈长沙走马楼三国吴简·竹简(壹)〉中的数量词》,《简帛语言文字研究》第二辑,巴蜀书
社 2006 年版,第 484 页。

再论上古汉语指示词"之"的语义属性

——基于语篇照应的视角

梁银峰

一、前人研究回顾

"之"是上古汉语中一个使用频率很高而又十分重要的指示词,但对于它的语义属性,古汉语学界看法不一。大致说来,主要有以下四种意见:

1. 认为它的用法同"兹、斯、是、此"等一样表近指,这是目前大多数学者的看法。如王力(1980:277)、吕叔湘(1985:187)、刘景农(1994:226—227)、向熹(2010:88)、中国社科院语言研究所古代汉语研究室(1999:837)、康瑞琮(2008:135)等学者均持此看法。

2. 表远指。如张玉金(2006:151)认为,"它是别于其余诸个而言远处的这个"。

3. 表泛称或泛指。如杨树达(1939:87—89)、郭锡良(1980;1989)、杨伯峻、何乐士(1992:149)等学者持此看法。

4. 表中性指,陈玉洁(2010:403)持此看法。所谓中性指,是指仅实现指示功能,而不附加任何语义特征(如空间距离、时间距离、生命度、地理特征等)的指示,专门实现中性指示的指示词就是中性指示词。

前两种看法虽然有一定的分歧,但就"之"的所指来说,都认为它是对处于自然情景(physical situation)或语言语境(linguistic context)中特定的客体(人或事物)加以指称,两种看法的区别仅在于对距离发话人(空间距离、时间距离、心理距离等)的远近认识有别;而泛指(泛称)意味着不指称具体确定的客体,因而前两种看法与第三种看法存在一定程度的对立。相较而言,我们倾向于接受第四种看法,但为什么将"之"视为中性指示词?另外,同时期的"是"也是中性指示词(参见陈玉洁 2010:87;梁银峰 2013),如果两者均是中性指示词,两者有何区别?对此陈玉洁语焉不详。众所周知,上古汉语的指示词"之"在句法上不能做独立句的主语,在语义上不能指示处于言谈现场中的客体,即没有直指用法(deictic uses)。①一般认为,直指功能是指示词的重要语义特征之一,也是指示词区别于其他词类的重要标志(相关论述可参见梁银峰 2015b),这说明"之"有别于上古汉语中像"彼、此"这样的强性指示词,其指示性较弱。鉴于指示词"之"不是用来指称自然情景中的人或事物,而是语言语境中的命题,这说明它主要是用于话语(discourse)或篇章(text)中的照应(anaphora),因此本文打算重点从语篇照应的视角对"之"的语义属性重新进行深入研究。

二、上古汉语指示词"之"的照应功能

(一) 人称代词和指示词在语篇照应上的区别

直指和照应是指示词的两种重要语义功能,但就上古汉语的指示词"之"来说,它没有直指功能,只有照应功能。在正式讨论上古汉语指示词"之"的照应功能以前,我们先来看一下现代汉语第三人称代词"他"的照应功能。例如:

---

① 所谓直指(也称作"外指",汉语学界或称作"当前指"),指的是对言谈现场中的客体(人或事物)、处所、时间、事件等的指向性指示,这一功能往往伴随有说话人表明所指的手势。直指的特点是其所指要依赖于它所处的语境,语境不同,指称的内容也会不同。

（1）张老师不但没有批评我，他还表扬了我。

一般的理解是，"他"指的是张老师，但发话人在说这句话的时候张老师很可能不在现场，因而这种用法的"他"并不具有直指性，而是和前面的名词性成分"张老师"发生联系。在这种情形下，可以把"张老师"看作"他"的先行词（antecedent），"他"则是照应词（anaphor）。一般情况下，语篇中先行词在前，照应词在后，这种照应关系叫做"回指"。但有时照应词可能出现在前，先行词反而出现在后，这种照应关系叫做"预指（cataphora）"。

需要说明的是，同样用于语篇中的照应，指示词与人称代词相比有一个重要的不同：人称代词用于照应时，其所指与先行词的所指一般是相同的①，即两者共指（coreference），比如上文所举例（1）中"他"就是指前面提到的"张老师"；而当指示词用于照应时，其所指和前面的先行词的所指一般不共指，这是因为指示词的本质功能是指示，而不是对先行词的完全代替（详细讨论可参见梁银峰 2012a）。

在上古汉语中，当"之"用于语篇中的照应时，既可以单独使用，也可以附在某个名词性成分之前（构成"之＋NP"形式）。过去古汉语学界有一种流行的看法，认为单独使用的"之"是第三人称代词用法，而附在名词性成分之前的"之"才是指示词用法，对此我们不敢苟同。实际上，上古汉语单独使用的"之"并非专职的第三人称代词，它仍是指示词，当它回指前文提到的客体时，只是临时起到了第三人称代词的作用，而真正的第三人称代词是在唐代以后才正式产生的（参见梁银峰 2012b）。关于这一点，吕叔湘（1990：153）曾经有过一段非常精辟的论述："严格说，文言没有第二身指称词，'之'、'其'、'彼'三字都是从指示词转变过来的。这本是很合理的，可是这三个字没有一个是发育完全的，合起来仍然抵不了白话里的一个'他'字，虽然另有胜过'他'字的地方。"我们深以为

---

① 特殊情况除外，详见后文的讨论。

是。当"之"用于语篇中的照应时,考虑到它与前面的先行词之间的语义关系以及由此体现出来的语义属性的复杂性,我们认为有必要进行深入研究,下面结合具体实例分类讨论。

(二) 关于指示词"之"是否表泛指的讨论

A

(2) 颍考叔为颍谷封人,闻之,有献于公。公赐之食。食舍肉。公问之。(《左传·隐公元年》)①

(3) 故子胥善谋而吴戮之,仲尼善说而匡围之,管夷吾实贤而鲁囚之。(《韩非子·难言第三》)

(4) 遂逐齐师。……吾视其辙乱,望其旗靡,故逐之。(《左传·庄公十年》)

B

(5) 使弈秋诲二人弈,其一人专心致志,惟弈秋之为听。一人虽听之,一心以为有鸿鹄将至,思援弓缴而射之,虽与之俱学,弗若之矣。(《孟子·告子上》)

(6) 孟子曰:"说大人,则藐之,勿视其巍巍然。……"(《孟子·尽心下》)

(7) 譬如蓑笠,时雨既至,必求之。(《国语·越语上》)

C

(8) 学而时习之,不亦说乎?(《论语·学而》)

(9) 周公对曰:"臣闻之,天子无戏言。天子言,则史书之,工诵之,士称之。"(《吕氏春秋·重言》)

(10) 为人臣之礼,不显谏。三谏而不听,则逃之。子之事亲也,三谏而不听,则号泣而随之。(《礼记·曲礼下》)

在上面三组例句中,A 组例句中"之"的先行词为指人的专有名词,B 组例

---

① 所引例句中加下划线的部分是指示词"之"回指的内容(即先行词语),后文引例同。

句中"之"的先行词为类指(通指)名词(generic nouns),C 组例句中"之"虽然没有明确相应的先行词,不过前文有起到先行词作用的成分——"触发词(trig-gers)"(关于这一术语,参见徐赳赳 2010:346),通过触发词,我们可以准确了解"之"的所指。我们注意到,这三组例句中"之"与先行词或触发词之间虽然都存在照应关系,但它们之间的语义联系很不一样。下面试做详细分析。

在 A 组例句中,指人的专有名词属于单指名词(individual nouns),即某一类中的个体,或者是表示特定群体的名词。在上古汉语中,"之"的这类用法最常见,也是最基本的。在例(2)(3)中,其中的"之"分别回指"颍考叔"和"子胥、仲尼、管夷吾",是单数名词;例(4)中的"之"回指"齐师"(齐国的军队),是复数名词。从语篇照应的角度看,这几例"之"回指的都是上文提及过的某个(些)特定的人,对于发话人(说话人或作者)和受话人(听话人或读者)来说,"之"的所指非常明确,因而这几例"之"的有定性很强,它不可能表示泛指。进一步的问题是,既然"之"和前文指人的专有名词存在照应关系,那么能不能说它们之间具有共指关系呢? 从表面上看,这一推论似乎成立,这三个例句中的"之"好像可以译作现代汉语的"他"或"他们",这也是很多学者把它看作第三人称代词的原因。但我们认为字面上的解读不代表句法上的分析。诚如我们在上文(一)中所言,这几例"之"虽然单独使用,但并没有演变为真正的第三人称代词,指示性并未完全丧失,其本质仍然是指示词。我们认为,如果把"之"翻译成现代汉语,严格来说应该用"指示词+指人名词"这样的形式("这个/那个人"或者"这些/那些人")来对译。

下面两例可以佐证我们的判断:

(11) 赵太后新用事,秦急攻之。(《战国策·赵策四》)

(12) 孟子曰:"西子蒙不洁,则人皆掩鼻而过之;虽有恶人,斋戒沐浴,则可以祀上帝。"(《孟子·离娄下》)

这两例中"之"的先行词也是指人的专有名词("赵太后""西子"),但从文意来看,后面的"之"实际上并非特指这两个人,这说明"之"和先行词虽然有照应关系,但并不意味着两者在语义上就是共指的。在例(11)中,秦国所攻伐的不可能只是赵太后一个人,所以"攻之"的"之"不仅仅指赵太后一人,而应该是包括赵太后在内的整个赵国;在例(12)中,"过之"的"之"也并非仅特指春秋时期越国美女西施,而应该指称以西施为代表的古代美女。杨伯峻《孟子译注》在注释"西子"时转引周柄中《孟子辨正》云:"似乎古有此美人,而后世相因,借以相美,如善射者皆称羿之类。"①周柄中的训释可以作为我们上述分析的最好注脚。

在上古汉语中,如果要做到"之"跟它的先行词完全共指,最可靠的办法是重复使用先行词,或者采用"之＋NP"的形式。重复使用先行词的例子自不待言,关于"之＋NP"形式,略举几例如下:

> (13) 宁戚饭牛居车下,望桓公而悲,击牛角疾歌。桓公闻之,抚其仆之手曰:"异哉! 之歌者非常人也!"(《吕氏春秋·举难》)
>
> (14) 陈成常与宰予,之二臣者,甚相憎也。(《吕氏春秋·慎势》)
>
> (15) 知谓无为谓曰:"予欲有问乎若,何思何虑则知道? 何处何服则安道? 何从何道则得道?"三问而无为谓不答也,非不答,不知答也。知不得问,反于白水之南,登狐阕之上,而睹狂屈焉。知以之言也问乎狂屈。(《庄子·知北游》)知、无为谓、狂屈,作者假托的寓名。若,你。服,行。白水、狐阕,作者假托的地名。

例(13)中,"之歌者"指前面提到的"宁戚";例(14)中,"之二臣者"指"陈成常"和"宰予";例(15)中,"之言"指上文所提到的三个问题:"何思何虑则知道? 何处何服则安道? 何从何道则得道"。由于这几个"之"的后面又出现了名词性成分,这样就保证了整个限定性名词短语和各自的先行词完全共指了。

---

① 参见杨伯峻《孟子译注》第 196 页注①,中华书局 2005 年版。

为了说明这个道理，我们还可以再举一个英语的例子：

(16) Q：There's a cat trying to get in，shall I open the window?

　　A₁：Oh，**that cat** is always coming here cadging.

　　A₂：Oh，**that**'s always coming here cadging.

针对问句有两种回答，答句 A₁ 中用 that cat，指的就是问句中提到的那只猫；答句 A₂ 中只用 that，意思就不一样了，可能仍指问句中提到的那只猫，也可能泛指一般的猫。为什么会有这种区别？原因就在于 that 是指示词，当它单独回指前面提到的 a cat 时，由于它的主要功能是表指示，这时它的所指范围可能就会变宽，即表示包括前文被照应对象在内的一类事物，这个道理跟上古汉语中起照应作用的"之"是一样的。

在 B 组的三个例句中，"之"分别回指"鸿鹄""大人"和"蓑笠"，这三个先行词指称的是某一类鸟（所有的鸿鹄）、某一类人（位高权重之人）、某一类东西（防雨的雨具），并非特指一群鸟、一群人或一些东西，更不是特指某一只鸿鹄、某一个人或某一个东西。由于先行词是类指成分，不指称特定的群体，所以后面的"之"严格来说同样不能用"它们""他们"来对译，因为第三人称代词的复数形式表示的是特定的群体。从语义上看，这三例中的"鸿鹄""大人"和"蓑笠"和例 (11)、例 (12) 中的"赵太后""西子"有相通之处，后两例虽然表面上是指人的专有名词，但实际上其所指也是某一类人，而不是某个特定的人。

在 C 组例句中，前文没有出现与"之"直接相对应的先行词，这是与前两组例句的区别，尽管如此，我们注意到，该组例句前文中有与"之"相关的词语，借助于这些相关词语，我们可以准确地解读"之"的所指。比如例 (8)"学而时习之，不亦说乎"一句，杨伯峻先生翻译为："学了，然后按一定的时间去实习它，不也高兴吗？"①有意思的是，杨先生用"它"来翻译"之"，那么"它"究竟指代什么

---

① 参见杨伯峻《论语译注》，中华书局 1980 年版，第 1 页。

呢？在我们看来，可以通过前面出现的动词"学"很自然地能够联想到"之"指的应该是所学到的知识。从这个角度说，我们未尝不能把这种能够触发联想作用的动词"学"看作"之"的先行词（即触发词），"之"的这种用法可称作"联想用法"（associative uses）（参见梁银峰 2015a）。后两例也可如此分析：在例（9）中，通过前文出现的动词"言"（"言说"义）可以联想到"之"指的是天子所说的话；在例（10）中，通过名词短语"人臣"可以联想到动词"逃"（"逃离"）的关系宾语是国君。①

认为"之"表泛指的学者主要基于以上 B 组、C 组这两类例子，由于这些例子中的"之"的照应对象是类指名词，或者在字面上找不到它的先行词，这两类"之"给人的感觉好像有所指称但又找不到具体确定的对象。我们认为，对于上古汉语指示词"之"的语义属性，首先应该立足于当时的语义系统，不能完全根据它的照应对象来确定。其次，我们认为，当 A 词（先行词）和 B 词（照应词）在语篇上存在照应关系时，这两个词在语义上是否共指取决于 B 词的语法性质：如果 B 词是人称代词，那么一般情况下它是对 A 词的完全代替，两者在语义上是共指的；如果 B 词是指示词，那么它在语篇上和 A 词仅仅有照应关系，在语义上谈不上对 A 词的完全代替，两者在语义上也就不能共指。过去之所以有些学者将上古汉语的"之"看作表泛指的指示词，其心目中往往有一个逻辑前提：既然"之"回指某个先行词，那么两者在语义上就必然是共指的。我们认为，这一逻辑前提本身其实是值得商榷的。

（三）指示词"之"的约束变项用法

关于上古汉语指示词"之"的所指与先行词的所指不一致的现象，我们可以利用乔姆斯基的约束理论（Binding Theory）做进一步的解释。所谓约束，通俗一点讲就是指句子中词语之间的照应关系。乔姆斯基从指称和照应的角度将

---

① 在这个例子中，"随之"的"之"是有先行词的，即前文出现的"亲"（"父亲"）。

名词短语分为如下三类（详参徐烈炯 1995:240）：

1. 专有名词和"指示词＋名词性成分"的有定性名词短语。专有名词不必举例，后者如"那本刚买的书"。

2. 人称代词。人称代词可以起到直指作用，也可以起到照应作用。①

3. 反身代词（如英语中的 myself[我自己]、yourself[你自己]、himself[他自己]）和相互代词（如英语中的 each other②）。这类词的特点是只起照应作用，不起直指作用。

在一个句子或者名词短语的范围内，如果词项 A（先行词）约束词项 B（照应词），主要指的是 A 统制（command）B，而且 A、B 同标（即共指）。③也就是说，要同时满足这两个条件，才能说 A 约束 B（或者说 B 受到 A 的约束）。需要说明的是，乔姆斯基所说的词语的约束范围，即"管辖语域（governing category）"，主要是针对英语中的单句或者名词短语来说的，就汉语而言，词语的约束范围不限于单句或者名词短语内部，也可以是跨句甚至跨段落。比如像上文所举例（2）、例（4）这种跨句子甚至跨段落的用例很常见，而像例（3）这种句内约束的情况反而很少见，这是汉语的特点。

就人称代词的照应来说，其所指与先行词的所指是共指的，但这是一般情况，两者不共指的情况也有，最典型的是先行词由量化名词短语（quantificational noun phrase）来充当。所谓量化名词短语是指"量词＋名词性成分"结构。④英语中的量

---

① 人称代词的照应功能主要是针对第三人称代词来说的，这是因为第一人称代词和第二人称代词一般用于直指（传统汉语语法论著或叫做"面称"），即直接指称说话人和听话人，而不会与句内的某个成分发生共指关系。

② 汉语中没有与英语中的 each other 相对应的相互代词。

③ 在语言学的研究论著中，共指关系往往通过加指标（index）的方式来表示，指标通常是字母 i、j、k 等。由于习惯将指标加在词语的右下角，所以又称为"下标（subscript）"。比如上文所举例（1）可以表示为：张老师$_i$不但没有批评我$_j$，他$_i$还表扬了我$_j$。"张老师"和"他"是共指的，所以都采用下标 i；两处"我"当然也是共指的，所以都采用下标 j。如果两个或两个以上的词语采用相同的指标，说明它们具有"同标（coindex）"关系。

④ 这里所说的量词是指表示数量概念的一些词，不同于汉语语法学术语中表示类别的量词。

词包括 all，every，each，some，many，no 等，数词 one，two 以及零位限定词①
等也可看作广义的量词。与有定的名词短语相比，量化名词短语在照应关系上
有自己的一些特点。例如(转引自徐烈炯 1995：261)：

    (17) a. This person said **he** was right.(这个人说他对。)

         b. Everybody said **he** was right.(每个人都说自己对。)

         c. Somebody said **he** was right.(有些人说自己对。)

         d. Nobody said **he** was right.(没有人说自己对。)

上面四个例句中的代词 he 都可以做先行词的照应词，但只有 a 句中的 he 与前面
的有定名词性成分 this person 共指，b、c、d 三句中的代词 he 却不与前面的名词
性成分共指。原因何在？这是因为后三句的主语是量化名词短语，而量化名词短
语一般认为是不定指的(如 everybody，somebody)或无指的(如 nobody)，但如果
据此推论说后面起照应作用的代词 he 也表不定指或无指，恐怕没有人会接受。
在这种情况下，可以把照应项 he 的这种用法看作"约束变项"(bound variable)。②

    上面说的是人称代词的约束变项用法，其实指示词也存在这种用法。比如
我们在上文所举的 A、B、C 三组例子中，"之"回指指人的专有名词是它的常规
用法(A 组例子)，回指类指名词(B 组例子)和触发词(C 组例子)是它的非常规
用法，即约束变项用法。类指名词和触发词所表示的人或事物，要么是有所指，
但不是具体确定的对象；要么是无所指的。不管哪种情况，后面的约束项"之"
都不与它们共指。既然不共指，自然就得不出"之"表泛指的结论。

---

① 零位限定词即光杆名词形式，不加限定词。

② 徐烈炯(1995：261)还指出，汉语的第三人称代词"他"不能充当约束变项，反身代词"自己"是可
以的，例(17)中 b、c、d 三句英语的汉语译文可以说明这一点。不过汉语第三人称代词"他"不能充当约
束变项可能是就例(17)这样的句子结构来说的，但在其他句法结构中却未必如此，如下面例子中的"他"
就可以充当约束变项(例子转引自董秀芳 2005)：这佛呀，他有真有假(电视剧《铁齿铜牙纪晓岚》)。/每
个人都有他的长处和短处(现代汉语口语)。在这两个例子中，后面的"他"回指的是类指名词("这佛")或
量化名词短语("每个人")，"他"和前面的成分不共指，因而这种"他"属于约束变项用法。

三、指示词"之"约束变项用法产生的句法—语义背景

在上古汉语中,指示词"之"经常位于动词后充当约束变项,但在现代汉语中,在相应的句法位置上却经常不需要这样的照应词。比如上文所举例(7)(10)中,如果翻译成现代汉语,"求之"的"之"和"逃之"的"之"其实是不需要翻译出来的。另外,除了"之"的约束变项用法,即使是它的常规照应用法,以今天的眼光来看也是经常不需要的,当"之"前面的动词是及物动词时这一特点体现得尤为突出。如:

(18) 三人行,必有我师焉:择其善者而从之,其不善者而改之。(《论语·述而》)

(19) 王坐于堂上,有牵牛而过堂下者,王见之,曰:"牛何之?"对曰:"将以衅钟。"王曰:"舍之! 吾不忍其觳觫,若无罪而就死地。"对曰:"然则废衅钟与?"曰:"何可废也? 以羊易之!"(《孟子·梁惠王上》)

(20) 齐宣王问曰:"文王之囿方七十里,有诸?"孟子对曰:"于传有之。"(《孟子·梁惠王下》)

在例(18)中,两个"之"分别回指"其善者""其不善者",翻译成现代汉语,由于先行词是相邻出现,所以后面的照应词不必再出现。例(19)吕叔湘(1990:154)曾引用过,他认为,后文"舍之"的"之"和"易之"的"之"还可以用"它"来对译,而前文"见之"的"之"实在没有必要再用代词"它"来对译了。例(20)也是这种情况。

下面例子中的"之"有点特殊,需要讨论一下:

(21) 叔向见韩宣子,宣子忧贫,叔向贺之。……宣子拜稽首焉,曰:"起也将亡,赖子存之。"(《国语·晋语八》)

(22) 朱亥笑曰:"臣乃市井鼓刀屠者,而公子亲数存之,所以不报谢者,以为小礼无所用。今公子有急,此乃臣效命之秋也。"(《史记·魏公子列传》)

(23) 通说范阳令徐公曰:"臣,范阳百姓蒯通也。窃闵公之将死,故吊

之。"(《汉书·蒯伍江息夫传》)

这几例均出自会话语体。前两例中,"之"与说话人("起""臣")构成照应关系,第三例中,"之"与听话人("公")构成照应关系,有不少学者据此提出这种"之"分别用作第一人称代词和第二人称代词,可分别译作"我"和"你""您"(参见杨伯峻、何乐士 1992:118—119;中国社科院语言研究所古代汉语研究室 1999:833—834;康瑞琮 2008:128—129;陈翠珠 2013:250 等)。我们知道,第一人称代词和第二人称代词代表言语交际的双方,一般用于直指,即直接指称说话人和听话人。假如按照上述学者的分析,上古汉语的指示词"之"是有直指用法的,但实际上这几例仍是"之"的约束变项用法(前文加下划线的词语是它的先行词),"之"虽然和先行词存在照应关系,但并不意味着两者共指。

为什么上古汉语的"之"在动词之后有这么大的强制性呢? 这与上古汉语的句法——语义特点密切相关。汉语学界一般认为,现代汉语是一种 SVO 型语序语言,其实与现代汉语相比,上古汉语的这一语言类型学特点更加突出。比如现代汉语说"鸡不吃了",可以理解为"鸡不吃食了",也可以理解为"(某人)不吃鸡了"。也就是说,在"鸡不吃了"中,"鸡"是施(事)受(事)两可的。[①]但在上古汉语中,这种歧义现象一般不会发生,因为如果句子的谓词由及物动词充当,其后往往有宾语支撑,不会悬空。

在上古汉语中,句法成分和语义角色之间的对应关系如 A 或 B 所示,C 通常是不存在的[②]:

(24) A:主语——及物动词——宾语　　　B:主语——及物动词

施事——动作——受事　　　　　　受事——动作

---

① 梅祖麟(1991)把主语施受两可的现象称作施受关系的中立化,并认为这种现象是从唐代开始的。

② 这一点受到与湖北大学金克中先生在"元白话与近代汉语学术研讨会"(2014 年 7 月·武汉)上交流时所获得的启发,谨在此向金先生表达谢意。

*C：主语—及物动词
　　施事—动作

四、结　　语

本文看法主要有以下四点：(一)上古汉语的指示词"之"回指类指名词或触发词的用法可以用约束理论中的约束变项来解释，由于它只能在语篇中对先行词起到照应作用，而在语义上并不构成共指关系，因而"之"在语义属性上并非表泛指，而仍然是有定性的指示词。(二)"之"在句法上不能做独立句的主语，在语义上不能单独指称处于言谈现场中的客体(人或事物)，即没有直指用法，这说明"之"有别于上古汉语中像"彼、此"这样的强性指示词。(三)与上古汉语的指示词"是"相比，"之"只在语篇中用于照应，而"是"既可用于照应，又可用于直指，可见"是"的使用范围比"之"要广。(四)"之"用于语篇中的照应时，在具体语境中它所体现出来的空间距离、时间距离、心理距离等意义并不明显，因而它是一个指示性较弱的中性指示词。在这一点上，"之"有点像现代汉语用于公文(正式书面语)中的指示词"该"；但与"该"不同的是，后者只能处在定语的位置上，不能单独使用，而上古汉语的"之"既可处在定语位置上(不过这一用法较少见)，又可单独使用。

参考文献

陈翠珠《汉语人称代词考论》，光明日报出版社 2013 年版。

陈玉洁《汉语指示词的类型学研究》，中国社会科学出版社 2010 年版。

董秀芳《现代汉语口语中的傀儡主语"他"》，《语言教学与研究》2005 年第 5 期。

郭锡良《汉语第三人称代词的起源和发展》，原载北京大学中文系《语言学论丛》编委会编，《语言学论丛》第六辑，商务印书馆 1980 年版；又载郭锡良，《汉语史论集》(增补本)，商务印书馆 2005 年版。

郭锡良《试论上古汉语指示词的体系》,原载吕叔湘等著,《语言文字学术论文集》,知识出版
　　社 1989 年版；又载郭锡良,《汉语史论集》增补本,商务印书馆 2005 年版。

康瑞琮《古代汉语语法》,上海古籍出版社 2008 年版。

梁银峰《论上古汉语的指示代词在不同语体中的指示性》,《当代修辞学》2012 年第 1 期。

梁银峰《第三人称代词"他"的判别标准》,《语文研究》2012 年第 4 期。

梁银峰《上古汉语指示词"是"的语义属性》,载复旦大学汉语言文字学科《语言研究集刊》编
　　委会编,《语言研究集刊》(第十一辑),上海辞书出版社 2013 年版。

梁银峰《试论上古汉语中由"之"引导的预指性主从句》,《语言科学》2015 年第 3 期。

梁银峰《中古近代汉语指示词"箇(個、个)"的语义属性及其在现代汉语方言中的流变》,载复
　　旦大学汉语言文字学科《语言研究集刊》编委会编,《语言研究集刊》(第十四辑),上海辞
　　书出版社 2015 年版。

刘景农《汉语文言语法》,中华书局 1994 年版。

吕叔湘《近代汉语指代词》(江蓝生补),学林出版社 1985 年版。

吕叔湘《吕叔湘文集》第一卷《中国文法要略》,商务印书馆 1990 年版。

梅祖麟《从汉代的"动、杀"、"动、死"来看动补结构的发展——兼论中古时期起词的施受关系
　　的中立化》,原载北京大学中文系《语言学论丛》编委会编,《语言学论丛》第十六辑；又载
　　梅祖麟,《梅祖麟语言学论文集》,商务印书馆 2000 年版。

王力《汉语史稿》修订本,中华书局 1980 年版。

向熹《简明汉语史》修订本·下册,商务印书馆 2010 年版。

徐赳赳《现代汉语篇章语言学》,商务印书馆 2010 年版。

徐烈炯《语义学》修订本,语文出版社 1995 年版。

杨伯峻、何乐士《古汉语语法及其发展》,语文出版社 1992 年版。

杨树达《高等国文法》,商务印书馆 1939 年版。

张玉金《西周汉语代词研究》,中华书局 2006 年版。

中国社科院语言研究所古代汉语研究室《古代汉语虚词词典》,商务印书馆 1999 年版。

原载《语言研究集刊》第十五辑,上海辞书出版社 2015 年版

"所到之处"句式源流考

吴金华　王文晖

一

四字格的"所到之处"在元明清文献中颇为常见。请看：

（1）操于高处望见，惊问众将曰："此将何人也？"有识者告曰："此乃常山赵子龙也。"操曰："昔日当阳长坂英雄尚在。"急传令曰："所到之处，不许轻敌。"（《三国志演义》71回）

（2）两人道："别的事没有，只听见海疆的贼寇拿住了好些，也解到法司衙门里审问。还审出好些贼寇，也有藏在城里的，打听消息，抽空儿就劫抢人家。如今只知道朝里那些老爷们是能文能武，出力报效，所到之处，早就消灭了。"（《红楼梦》117回）

（3）那汉道："多承恩兄慷慨施助，将这五万银子，即在沿海地方，分头籴得粮食，接济六郡义师，方无脱巾之变。幸叨天庇，自去年四月起兵，所到之处，犹如破竹。"（《豆棚闲话》第三则）

（4）按此一事，可见汉时弊政，不减后世，王世公所到之处，其……（俞樾《茶香室丛钞》）

据统计，"所到之处"句式仅在《三国志演义》中前后共出现十二次。罗贯中是一位生活于元末明初的作家,从"所到之处"大量地出现于《三国志演义》的事实来看,四字格的"所到之处",至迟在元末明初已凝固成形并被广泛使用。不妨再举几例:

(5)却说玄德前军已到塾沮,所到之处,一者是西川供给,二者是玄德号令严明,如有妄取百姓一物者斩。于是所到之处,秋毫无犯。(《三国志演义》60回)

(6)赵云拔青缸剑乱砍步军,手起衣甲平过,血如涌泉,染满袍甲。所到之处,犹如砍瓜截瓠,不损半毫,真宝剑也。(《三国志通俗演义》卷九)

(7)却说曹操在景山顶上,望见一大将军,横在征尘中,杀气到处,乱砍军将,所到之处,咸不可当。(同上)

二

"所到之处"在隋唐五代的文献中写作"所至之处","至"是"到"的文言形式,"所至之处"显然是"所到之处"的前身。例如:

(8)(隋)炀帝大业三年……九月……又令三市店肆皆设帷帐,盛酒食遣掌藩率蛮夷与民货易,所至之处,悉令邀延就坐,醉饱而散,蛮夷嗟叹,谓中国为神仙也。(《册府元龟》卷170·页2050·二册)

(9)则必拥门扫迹,寂寞是适,所至之处,雀罗在户。(唐《孙可之文集》)

(10)卢兴累任大郡,皆显治声,所至之处,畏如神明。(五代·王仁裕《开元天宝遗事》)

类似的四字格常语还有"所诣之处""所行之处"等。例如:

(11)富春车道既少,动经江川,父难于风波,每行乘篮舆,昝躬自扶持,所诣之处,则于门外树下藩屏之间隐息,初不令主人知之。(《晋书·列传·孝友》)

(12)若受此经,所行之处,魔王助化,终不令人有恶也。(《道藏·唐·

杜光庭〈太上洞渊神呪经序〉》）

三

考察"所至之处"的成词时代,似应追溯到汉末、魏晋南北朝时期。例如:

(13)如来之始,国中豪族,转轮圣王,所至之处,何为自辱持钵乞食?（姚秦·竺佛念译《出曜经·观品》）

(14)诸尼犍辈各各分散,告彼众人,沙门瞿昙今欲来此,然彼沙门委弃父母,东西驰骋,所至之处,能令土地谷米不登,人民饥馑,死亡者众,病瘦相寻,无可救解。（刘宋·慧严译《大般涅槃经十四》）

(15)度律虽在军戎,聚敛无厌,所至之处,为百姓患毒。（北齐·魏收《魏书》卷75）

(16)喜本小人,多被使役,经由水陆,州郡殆遍,所至之处,则结物情,妄窃善称,声满天下。（梁·沈约《宋书·吴喜传》）

汉魏六朝的文献告诉我们:"所至之处"这种句式不仅屡见于我国古代讲究文学语言的士大夫阶层的笔下,而且活跃在富有口语特色的佛经译文之中。这至少可以说明,至迟在东汉末年,这种句式已经形成并被广泛使用。

汉魏六朝是汉语发生巨大变化的时期,口语的大量运用,对古汉语严格的语法规则有所突破,词语结构显得松散和自由,出现了古今同义成分的杂糅。同时,古汉语单音节词急速向双音节词变化,又出现了同义叠架等现象①。单就"所至之处"一类的四字格而言,除此之外,还出现了其他一些与之形义皆近的不稳定的四字格。例如:

(17)为善之人,诸佛卫护,诸天世人所可爱敬,所至之方,终不离善知

---

① 见王海菜《六朝以后汉语叠架现象举例》,《中国语文》1991年第5期。

识。(姚秦·竺佛念译《出曜经·恶行品》)

(18) 人能降心不记彼寿,所至到处,为人所敬。(姚秦·竺佛念译《出曜经·心意品》)

(19) 譬如群牛,志性调良,所至到处,择软草食,饮清凉水。(西晋·沙门法炬译《佛说群牛譬经》)

(20) 现世所称誉者,为天人所叹德,可敬可贵,所游之方,无所里碍。(姚秦·竺佛念译《出曜经·念品》)

(21) 执行之人,所游方域,为人所敬叹,说其德福。(同上)

(22) 是故迦叶从今日始,族姓子所游至处,制心修行,犹如日光照于天下。从今日始,制心修行,犹如密降,所至到处,多所发起。(西晋·竺法护译《佛说大迦叶本经》)

(23) 巧言善语者为人所敬,所至到方,多所饶益。(姚秦·竺佛念译《出曜经·诽谤品》)

"所至之方"即"所至之处";"所至到处"可以看作"所至之处"与"所到之处"的叠架;"所游方域"可以看作"所游之方"与"所游之域"的叠架;"所游至处"可以看作"所游之处"与"所至之处"的叠架;"所至到方"可以看作"所至之方"与"所到之方"的叠架。这些具有明显六朝语词特点的不稳定的格式,可以看作是为了适应佛经译文四字一顿的节奏而临时出现的。由于"所至之处"式历来习用于口语和书面语,具有叠床架屋之嫌的"所至到方""所至到处"等临时新造的四字格处于被淘汰的地位,是不可避免的。

四

东汉以降所习用的"所至之处"等四字格形式,在秦汉以前则喜用"所至""所到"等两字格形式。例如:

（24）六合之内，皇帝之土。西涉流沙，南尽北户。东有东海，北过大夏。人迹所至，无不臣者。（《史记·秦始皇本纪》）

（25）子贡结驷连骑，束帛之币以聘享诸侯，所至，国君无不分庭与抗礼。（《史记·货殖列传》）

（26）军之所至，无刊其木，发其屋，取其粟，杀其之畜，燔其积聚。（《吴子·应变》）

东汉作为语言发展的过渡时期，一方面沿用了秦汉的"所V"两字格形式，如：

（27）宰衡常持节，所止，谒者代持之。（《汉书·王莽传》）

（28）所过欲令贫弱有利，无违诏书。（《后汉书·肃宗孝章帝》页143）

另一方面"所V"开始向四字格的形式扩展。我们可以在这一时期的文献中发现许多"所V"与"所V之处"并存的例子。如：

（29）又沙门瞿昙所至，城郭聚落，为人供养，成就此法者，我应诣彼，彼不应来此。（《长阿含经》卷15，见《大藏经》一册页95中）

（30）又沙门瞿昙所至之处，非人鬼神不敢触娆，成就此法者，我应诣彼，彼不应来此。（《长阿含经》卷15，见《大藏经》一册页95中）

（31）诏先帝巡狩所幸，皆半入今年田租。（《后汉书·孝安帝纪》一册页242）

（32）光武所幸之处，则先入清宫，甚见亲信。（《后汉书·樊宏阴识列传》四册页1130）

不难看出，"所至之处"，是"所至"式的扩展。最典型的例子是：《诗经·周颂·般》东汉郑玄笺"其所至，则登高山而祭之。"唐代孔颖达疏："所至之处，则登其高之山岳而祭之。"汉人的"所至"，被唐人扩展为"所至之处"。此外，类似的例子是"所如"转换为"所往之处"，"所过"转换为"所过之处"。例如：

（33）"仕不为禄，所如不合。"颜师古注："不苟得禄，故所往之处，不合其意。"（《汉书·叙传》十二册页4213）

（34）"王宪北至频阳,所过迎降。"颜师古注:"所过之处,人皆来迎而降附也。"（《资治通鉴》卷三十九·汉纪三十一）

另外一个现象似乎也值得注意:先秦两汉的"所 V"式在向四字格"所 V 之 N"扩展时,"N"往往代之以实指的名词。例如:

（35）盗跖从卒九千人,横行天下,侵暴诸侯,穴室枢户,驱人牛马,取人妇女……所过之邑,大国守城,小国入保,万民苦之。（《庄子·杂篇·盗跖》）

（36）太后所至属县,则施恩惠,赐民钱帛牛酒,岁以为常。（《汉书·元后传》十二册页 4030）

（37）十月,持节北度河,镇慰州郡。所到部县,则见二千石、长吏、三老、官属,下至佐史,考察黜陟,如州牧行部事。（《后汉书·光武帝纪》一册页 10）

（38）子禽问于子贡曰:"夫子至于是邦也必闻其政……"何晏集解:郑曰:"子禽,弟子陈亢也。……亢怪孔子所至之邦,必与闻其国政……"邢昺疏:"子禽疑怪孔子所至之邦,必与闻其国之政事。"（《十三经注疏·论语·学而》页 2458）

（39）乡原,德之贼也。何晏集解:周曰:"所至之乡,辄原其人情而为意以待之,是贼乱德也。"（《十三经注疏·论语·阳货》页 2525）

"邑""县""乡""邦"这些实指的名词同泛指的"处"相比,明显受到使用范围和时代的限制,没能被后世所沿用也就不足为怪了,这也许是"所至之处"之所以能够产生并风行一时、历久不衰的一个原因。

五

"所至之处""所到之处"有时简缩为"到处":

（40）到处尽逢欢洽事,相看总是太平人。（高适《九曲诗》）

（41）儒衣僧帽道人鞋,到处青山骨可埋。（顾瑛《自赞诗》）

（42）操谓松曰:"吾视天下鼠辈犹如草芥耳,大军到处,战无不胜,攻无

不取,顺吾者生,逆吾者死,汝知之乎?"(《三国志演义》60回)

《中文大辞典》四册301页"到处"条说:"所至之处,即处处也。"这个解说可以成立。

六

跟"所至(到)""所至之处""所到之处"等相关的"所"字结构[以下简称"所V(之处)"]在句中的作用主要有两个:或作主语,或作状语。

6.1 作主语

(43)又发奴助兵,号为四部司马。公私穷蹙,米石万钱。诏命所至,一城而已。(《晋书·帝纪》)

"所至"即"所至之处"。"诏命所至"在句中作主语,"一城而已"为叙述性谓语。此句意为"诏命所能(传达)到的地方,不过一个城市罢了"。"诏命"在句中作"所至"的逻辑主语。

(44)风雨至公而无私,所行无常乡。(《管子·形势解》)

"所行"即"所行之处",在句中作主语,"所行"的逻辑主语承上句"风雨"而省。此句意为"风雨所行之处没有一定的方向。"

(45)九德不愆,作事无悔,故袭天禄,子孙赖之。主之举也,近文德矣;所及其远哉!(《左传·昭公二十八年》)

"所及"即"所及之处",在句中作主语,"其远哉"为谓语。"所及"的逻辑主语没有出现,翻译时,应据上下文补出,故全句意为"影响所及是很深远的啊"。

6.2 作状语

"所V(之处)"在句中作状语时,情况较作主语时复杂。试比较下列两个句子:

(46)颜曰:"从此取雒城,凡守御关隘,都是老夫所管,官军皆出于掌握之中。今感将军之恩,无可以报,老夫当为前部,所到之处,尽皆唤出拜

降。"(《三国志演义》64 回)

（47）却说马超自兵败入羌，二载有余，结好羌兵，攻拔陇西州郡。所到之处，尽皆归降。（同上）

为了便于观察，我们将（46）（47）的"所到之处"比较一下：

a. 所到之处，尽皆唤出拜降。

b. 所到之处，尽皆归降。

这两个句子在结构上基本一致，不结合上下文，很容易将"所到之处"误认为是"唤出拜降"和"归降"的主语。事实上，"所到之处"在这里都作状语。例如（46）中"尽皆唤出拜降"的主语应是上一句的"老夫"，"所到之处"的逻辑主语也应是"老夫"，故此句应理解为"老夫在所到之处，老夫尽皆唤出拜降"。由于"所到之处"的逻辑主语与单句主语一致，我们称此类状述结构为"A 所 V（之处），A——型"。例（47）中"尽皆归降"的主语隐含在文意之中，据上下文可理解为"当地人"。"所到之处"的逻辑主语是上文的"马超"，此句应理解为"在马超所到之处，当地人尽皆归降"。由于"所到之处"的逻辑主语与单句主语不一致，我们称此类状述结构为"A 所（V）之处，B——型"。

由此，"所 V（之处）"在句中作状语时可分为两大类型："A 所 V（之处），A——型"（简称 A 型）。"A 所 V（之处），B——型"（简称 B 型）。

应该指出的是，在实际应用中，A 型和 B 型中的主语 A、B 并非在任何句子里都同时出现，根据主语的隐现情况，又可分为以下几种情况：

A 型

〈1〉A 所 V（之处），（A）——。如：

（48）言所至之处，如阳春煦物也。（王仁裕《开元天宝遗事》）

（49）大军所过地方，秋毫无犯。（《水浒传》107 回）

（50）其所之往，辄迎至礼敬，厚加赐赂。（《北堂书钞》五十）

"所 V（之处）"的逻辑主语出现，主句的主语则承前省略。

〈2〉(A)所 V(之处),(A)——

(51) 云不回本营,遂望东南杀来,所到之处,但见"常山赵云"四字旗号。(《三国志演义》71 回)

(52) 孔明嘱咐曰:"西川豪杰甚多,不可轻敌。于路戒约三军,勿得掳掠百姓,以失民心。所到之处,并宜存恤,勿得恣逞,鞭挞士卒。"(《三国志演义》63 回)

(53) 大队人马,各依队而行……所经之处,秋毫无犯。(《三国志演义》87 回)

(54) 久闻梁山泊行仁义之道,所过之处,并不扰民。(《水浒传》60 回)

"所 V(之处)"和主句的主语均承前文而省。

B 型

〈3〉A 所 V(之处),B——

(55) 天子所至曰"幸"……世俗谓车驾所至,臣民被其泽以侥幸。(蔡邕《独断》)

"车驾所至,臣民被其泽以侥幸"这一状述结构在此作"谓"的宾语,应归入此类。

〈4〉(A)所 V(之处),B——

(56) 原来文聘军马先到,一拥而进,在寨中左冲右突,所到之处,人不敢当。(《三国志演义》110 回)

(57) 云救出黄忠,且战且走,所到之处,无人敢阻。(《三国志演义》71 回)

"所 V(之处)"的逻辑主语承前省略,后面主句的主语出现。

〈5〉(A)所 V(之处),B——

(58) 所至之处,畏如神明。(王仁裕《开元天宝遗事》)

(59) 张飞欣然领诺,上马而去,迤逦前行。所到之处,但降者秋毫无犯,径取汉川路,前至巴郡。(《三国志演义》63 回)

"所 V(之处)"的逻辑主语承前而省,后面主句的主语需要根据文意推知。

〈6〉A 所 V(之处),(B)——

（60）"象曰：不恒其德，无所容也。"孔颖达疏："无所容"者，谓不恒之人所往之处，皆不纳之，故无所容也。（《十三经注疏·周易·恒·九三》）

"不恒之人"是"所往之处"的逻辑主语，"皆不纳之"的主语则不必出现。

七

从古文献的用例看，"所 V（之处）"在句中作状语时，通常不加任何介词；当然也有加介词或副词的。例如：

7.1 加"在"

（61）身体得空，气力强盛，周旋生死，常不渴之，所生之处，神足飞行，在所到方，为人所敬。（姚秦·竺佛念译《十住断结经》十册页 971）

7.2 加"每"

（62）术士取龙著小篋中，荷负以行□匈，每所至国，辄令龙舞。（吴·康僧会译《六度集经》）

（63）每所到幸，辄会郡县吏人，劳赐作乐。（《后汉书·肃宗孝章帝纪》）

（64）每所至，众人皆默然。（《三国志·吴主传》注引《吴录》）

（65）孙承公狂士，每至一处，赏玩累日，或回至半路却返。（《世说新语·任诞第二十三》）

7.3 加"凡"

（66）于是严颜为前部，张飞领军随后，凡到之处，尽是严颜所管，都唤出投降。（《三国志演义》64 回）

比较而言，在"所 V（之处）"前加介词、副词的情况并不多见。"在所到方"等形式的出现，当是为了适应佛经译文四字一顿，或为了调整句子的语音节奏而产生。"所到之处"一旦形成凝固的四字格，"所"字之前的介词、副词便随即消失。

原载《语言研究》2000 年第 4 期

编　后　记

　　复旦大学中国语言文学学科至今已走过了整整一个世纪,复旦中文的汉语语法研究在历史的进程中一直起着中流砥柱的重要作用。从复旦老校长马相伯助其弟马建忠完成《马氏文通》起,陈望道引领的中国文法革新讨论及其汉语语法功能说,胡裕树、范晓先生倡导的"三个平面"理论为汉语语法研究竖起了一座座丰碑。胡裕树先生主编的《现代汉语》,张世禄、严修先生主编的《古代汉语教程》在汉语语法教学研究中,影响着一代又一代的学人。我们在此编辑《革新与开拓》的主要目的就在于集聚复旦语法研究之辉煌,铭志而勉后人,使复旦汉语语法研究的精神一代代传承下去。

　　《革新与开拓》共分"汉语语法理论与方法"和"汉语语法描写与解释"两部分。"汉语语法理论与方法"共收录陈望道先生、胡裕树先生和范晓先生在汉语语法学界具有深远影响的 7 篇文章,它们基本代表了"汉语语法功能说"和"三个平面语法理论"的建立和开创。"汉语语法描写与解释"部分又根据研究对象的不同分为"现代汉语"和"古代汉语",其选目均为在中国语言文学系工作,且以汉语语法研究为主要研究方向的老师们具有一定学术影响力的文章。论文集的编排次序基本根据老师们进入复旦大学工作的时间先后。陈光磊、陆丙甫先生曾经在复旦大学中国语言文学系工作过,张伯江先生现被复旦中文系聘为兼职教授,所以我们把他们的论文也收集于此。

　　《革新与开拓》能够成功出版，我们要感谢中文系领导的鼎力支持，同时更要感谢那些支持和帮助过我们的在职的和退休的老师们。从最初的策划讨论到最后的论文选定和替换等工作都离不开他们的参与、帮助和配合。最后，我们还要特别感谢负责本书的编辑同志，没有他们的努力，《革新与开拓》不可能这么快问世。

　　复旦的汉语语法研究有着辉煌的传统，取得了令人瞩目的成绩。正如屈原在《离骚》中所说的"路漫漫其修远兮，吾将上下而求索"，复旦汉语语法研究的探索将永不停息，我们会继承传统，勇于创新，继续前行。

编选者

2017 年 11 月